D1866885

So bekomme ich meine Klasse ruhig – vom Chaos zur Stille

Rob Plevin

Wirkungsvolle Methoden bei Unterrichtsstörungen

Verlag an der Ruhr

Impressum

Titel der deutschen Ausgabe
So bekomme ich meine Klasse ruhig – vom Chaos zur Stille. Wirkungsvolle Methoden bei Unterrichtsstörungen.

Titel der englischen Originalausgabe
Take control of the noisy class – From chaos to calm in 15 seconds.

Autor
Rob Plevin, 2016

Umschlagmotive
Illustration: Les Evans, 2016;
Hintergrund: © Olga Kovalenko – Fotolia.com

Illustrationen
Les Evans, 2016,
wenn nicht anders angegeben

Übersetzung
Fritz Helmschrott

Satz und Layout
Q. Gute Grafik, Köln

Druck
AZ Druck und Datentechnik GmbH, Kempten, DE

Urheberrechtlicher Hinweis
Das Werk und seine Teile sind urheberrechtlich geschützt. Jede Verwendung in anderen als den gesetzlich zugelassenen Fällen bedarf der vorherigen schriftlichen Einwilligung des Verlages. Der Verlag untersagt ausdrücklich das Herstellen von digitalen Kopien, das digitale Speichern und Zurverfügungstellen dieser Materialien in Netzwerken (das gilt auch für Intranets von Schulen und sonstigen Bildungseinrichtungen), per E-Mail, Internet oder sonstigen elektronischen Medien außerhalb der gesetzlichen Grenzen. Keine gewerbliche Nutzung.

Näheres zu unseren Lizenzbedingungen können Sie unter www.verlagruhr.de/lizenzbedingungen/ nachlesen.

Bitte beachten Sie die Informationen unter www.schulbuchkopie.de.

Soweit in diesem Produkt Personen fotografisch abgebildet sind und ihnen von der Redaktion fiktive Namen, Berufe, Dialoge u. Ä. zugeordnet oder diese Personen in bestimmte Kontexte gesetzt werden, dienen diese Zuordnungen und Darstellungen ausschließlich der Veranschaulichung und dem besseren Verständnis des Inhalts.

Bearbeitung für Deutschland
Verlag an der Ruhr
Mülheim an der Ruhr
www.verlagruhr.de

Geeignet für alle Altersstufen
© der deutschen Ausgabe
Verlag an der Ruhr 2017, Nachdruck 2021
ISBN 978-3-8346-3703-1

Widmung und Danksagung

Ich widme dieses Buch meinen Eltern –
für ihre Liebe und Unterstützung und für die Tatsache,
dass sie nie aufgehört haben, an mich zu glauben,
egal wie ich mich im Laufe meines Lebens verhalten habe.

Ich widme dieses Buch auch meiner wunderbaren Lebensgefährtin
Sally und meinen umwerfenden Kindern Joe, Andrew und Poppy.
Ich danke dieser Bande – denn ich bin voller Dankbarkeit
für die Freude, für das fröhliche Lachen und für das Dazulernen,
womit sie jeden Tag meines Lebens bereichern.

Meinem guten Freund Adam Page bin ich zu großem Dank für die Mithilfe bei diesem Buch verpflichtet. Über Jahre hat er meine unrealistischen, auf die letzte Minute gerade noch eingehaltenen Fristen hingenommen.

Mein Dank gilt auch Bob, meinem ersten Mentor, sowie Susan, Gail und Shay. Einige der besten Methoden in diesem Buch stammen von ihnen, aus einer Zeit voller Höhen und Tiefen, die wir zusammen in Gateshead verbrachten. Vielen Dank auch all den Kindern und Jugendlichen, mit denen ich im Laufe der Jahre zusammengearbeitet habe. Die meisten Methoden kamen bei meinen Versuchen zustande, den Stress zu vermeiden, den sie mir bereiteten!

Schließlich gilt noch ein riesiges Dankeschön Caroline, Louise, Emma und dem Team von Crown House. Es ist einfach großartig, mit euch zusammenzuarbeiten!

Inhalt

DIDAKTIK
1
ERSTES
STAATS-
EXAMEN
NOTE 1,0
UNIVERSITÄT
U

Vorwort

Es war einmal ein frisch gebackener Referendar voller Idealismus. Er war mit nagelneuen Ellbogenflicken ausgestattet, er träumte davon, die Welt der Pädagogik ins rechte Lot zu bringen, und er hatte den unbändigen Ehrgeiz, der beliebteste Lehrer an seiner Schule zu werden. Und so schritt er in die Welt hinaus. Er forderte das *Establishment* heraus und gewann. Er veränderte den Schulunterricht für immer. Die Schüler[1] liebten ihn, seine Ergebnisse waren herausragend und der beliebteste Schauspieler Deutschlands gewann sogar einen Oscar, als er diesen Lehrer in einem Film verkörperte.

Leider bin ich an dieser Stelle aus dem schönen Traum erwacht.

Ich muss zugeben, dass ich das **reale Schulleben** ein wenig schockierend fand und etwas unsanft auf dem Boden der Tatsachen landete. Der Umgang mit Kindern und Jugendlichen, die eigentlich alles andere wollten, nur nicht am Unterricht teilnehmen, war nicht einfach. Ich musste schnell erkennen, wie schlecht ich mit praktischen Strategien für das *Classroom Management* ausgestattet war. Ich will ehrlich sein und gebe zu, dass ich mich mit einigen Schülern regelrecht stritt und dass ich kläglich daran scheiterte, die schwierigeren Klassen unter Kontrolle zu halten.

Den meisten Lehrern aus dem Kollegium erging es nicht besser. Aber das war nur ein schwacher Trost. Sicher, es war eine sehr harte Schule. Aber selbst dort gab es ein oder zwei **Ausnahmen unter den Lehrkräften,** die scheinbar auch von den schwierigsten Schülern respektiert und geachtet wurden. Mehr noch, die Schüler mochten diese Lehrer. Wenn sie den Flur entlanggingen, gingen die Schüler eilends auf sie zu, um sie zu grüßen und mit ihnen zu plaudern. Die Stimmung in ihren Klassen war fast immer fröhlich. Sobald sie mit dem Unterricht begannen, senkte sich sofort eine respektvolle Stille über den Raum. *„So ein Lehrer möchte ich auch sein!“*, dachte ich mir. Es galt nur noch herauszufinden, wie sie das anstellten.

---

1 Aus Gründen der besseren Lesbarkeit haben wir in diesem Buch durchgehend die männliche Form verwendet. Natürlich sind damit auch immer Frauen und Mädchen gemeint, also Lehrerinnen, Schülerinnen etc.

Die einfachste Möglichkeit wäre, so dachte ich weiter, sie zu fragen – also die Schüler, nicht die Lehrer. Ich wollte von *ihnen* hören, wie sie sich einen Lehrer vorstellen. Im Laufe der Jahre und in den unterschiedlichsten Schülerkonstellationen stellte ich für meine Klassen **Fragebogen** zusammen. Ich unterrichtete damals **Grundschulkinder und junge Erwachsene** im Alter von sechs bis 18 Jahren. Mit den Fragebogen wollte ich eine Antwort auf diese eine entscheidende Frage finden: Was macht die besten Lehrer aus, mit denen ihr je zu tun hattet?

Mit meinen **Befragungen** wollte ich natürlich noch tiefer bohren. Ich wollte wissen, was diese Lehrer sagen, was sie machen, welche Methoden sie einsetzen, mit welchen Strategien sie Schülern helfen, die am Boden zerstört scheinen. Ich wollte herausfinden, welche Rolle Humor im Unterricht spielt, wie diese Pädagogen die Schüler ermuntern, fleißiger zu arbeiten, wie sie die Schüler dazu veranlassen, Anweisungen zu befolgen, und wie sie die Schüler zum Lachen bringen.

Sie können mich jetzt ruhig besessen nennen, aber ich wollte hinter das Geheimnis kommen. Ich beobachtete diese Lehrer über einige Zeit auch in Aktion. Dann kam mir die Erleuchtung: **Im Vergleich zu ihren Kollegen liebten diese Lehrer ihren Beruf.** Unterrichten war für sie keine Plackerei. Unterrichten war für sie kein zermürbendes Durchhaltetraining, wie mir manch andere Lehrer glauben machen wollten. Es waren Lehrer, die gern in die Schule kamen und die gern Schüler unterrichteten, die sich ihrerseits gern von ihnen unterrichten ließen.

Ich wollte einer von diesen Lehrern werden. Nicht einer von diesen abgestumpften Nörglern, die in einer Ecke des Lehrerzimmers immer leise vor sich hin in ihre Kaffeetasse grummeln. Und aus diesem Grund nahm ich mir so viel Zeit, meine Schüler zu befragen. Die **Ergebnisse** werden Sie genauso wenig überraschen, wie sie mich überraschten. Die folgende ungeordnete Liste nennt die Eigenschaften, welche die Schüler bei ihren „besten Lehrern" sehen wollen:

- Sie gehen freundlich mit uns um.
- Sie loben uns, wenn wir etwas richtig machen.
- Sie bringen uns zum Lachen.
- Sie unterrichten auf unterhaltsame und interessante Weise.
- Sie vertrauen uns.

* Sie sind streng, aber gerecht: Für alle gelten dieselben Regeln.
* Sie haben immer alles unter Kontrolle.
* Sie sind für uns da, sie kümmern sich um uns und sie hören uns zu.

Wie gesagt – keine Überraschungen. Trotzdem war mir lange Zeit nicht bewusst, wie wichtig diese kurze Liste tatsächlich ist und warum sie der Schlüssel sowohl für die Vorbeugung gegen als auch für den Umgang mit Verhaltensproblemen im Klassenzimmer ist. Nach jahrelangen Schülerbefragungen dämmerte mir, warum diesen Lehrern Unterrichten so leichtfällt. Es liegt nicht nur daran, dass sie interessanten Unterricht machen oder dass sie konsequent und gerecht sind. Es gibt einen wichtigen Grund, warum die aufgelisteten Eigenschaften als Ganzes so entscheidend sind, wenn es darum geht, Problemen zuvorzukommen und zu erreichen, dass die Schüler glücklich und zufrieden sind: Diese Eigenschaften befriedigen nämlich drei wesentliche **menschliche Bedürfnisse.**

Womöglich sind Sie mit der Theorie von Abraham Maslow über die Hierarchie der Bedürfnisse vertraut, auch bekannt als **Bedürfnispyramide.** Maslow geht davon aus, dass bei allen Menschen die Bedürfnisse gleich sind. Sind die Bedürfnisse einer Stufe der Pyramide befriedigt bzw. gesichert, wendet sich der Mensch der nächsten Stufe zu. Auf den untersten Stufen sind die elementaren Grundbedürfnisse angesiedelt, also Essen und Trinken, Wärme, Schutz, Sicherheit etc. Danach folgen die vielfältigen Bereiche emotionaler und psychologischer Bedürfnisse – angefangen vom Bedürfnis nach Erfolg über das Bedürfnis nach Zugehörigkeit bis hin zum Bedürfnis nach Liebe und all den anderen Bedürfnissen, die sich irgendwo dazwischen befinden. Diese Bedürfnisse müssen befriedigt werden, damit wir uns glücklich und zufrieden fühlen.

Ich mag die Dinge einfach. Also habe ich in drei Gruppen zusammengefasst, was meiner Meinung nach die wichtigsten psychologischen Bedürfnisse im Rahmen des *Classroom Managements* sind. Die erste Gruppe trägt den Titel **Befähigung** und enthält Bedürfnisse wie Anerkennung, Freiheit, Selbständigkeit, Erfolg, Mitwirkung, Entscheidungsfähigkeit und Kompetenz. Die zweite Gruppe umfasst die Bedürfnisse nach **Spaß und Freude.** Dazu gehören Neugier, Interesse, Entwicklung und Lernen, Abenteuer, Unterhaltung, Überraschung und Abwechslung. Schließlich ist da noch das Bedürfnis nach ***Zugehörigkeit.*** Jeder will akzeptiert, respektiert und geschätzt werden, jeder will gebraucht werden, jeder will mit etwas Anderem oder mit anderen in Beziehung stehen und verbunden sein.

Wenn Sie darüber nachdenken, erkennen Sie sicher den tieferen Sinn: Wir Menschen funktionieren nicht besonders gut, wenn wir in unserem Leben nicht eine gewisse Kontrolle, Entscheidungsfähigkeit, Freiheit und Eigenständigkeit haben. Und dazu müssen wir befähigt werden. Wir können nur ein **glückliches Leben** führen, wenn wir zumindest ein wenig Abwechslung haben, wenn wir aktiv sind und Spaß und Humor das Dasein bereichern. Und schließlich fühlen wir uns isoliert und einsam, wenn wir von anderen nicht geschätzt und respektiert werden oder wenn wir uns mit anderen nicht auf irgendeine Weise verbunden fühlen – wir wollen dazugehören. Wenn diese drei Bedürfnisse in unserem Leben nicht befriedigt werden, fühlen wir uns frustriert und unglücklich. Und dann beginnen die Probleme.

Stellen Sie sich eine durch und durch **langweilige Unterrichtsstunde** vor. Sie wissen schon, was ich meine. Der Lehrer teilt ein Arbeitsblatt nach dem anderen aus und geht regungs- und gefühllos wie eine Schaufensterpuppe den Stoff durch. Nichts ist zu sehen von einer motivierenden Aktivität zum Einstieg in die Stunde, um die Neugier der Schüler zu wecken. Keine Abwechslung bei den Aufgaben, keine Wahlmöglichkeiten nach dem Grad der Schwierigkeit. Nichts Neues und keine Überraschungen, kein Humor und nichts zum Lachen, nichts zum Entdecken und Erforschen, keine Interaktion, keine Bewegung im Klassenzimmer, keine Musik, kein Elan, keine Energie, keine Anerkennung und kein Lob für Leistungen, keine Rücksicht auf unterschiedliche Lernstile. Eben diese Art von Unterricht, bei der die Schüler am liebsten aufstehen und davonrennen würden.

Was passiert nun gewöhnlich während einer solchen Unterrichtsstunde? Genau, Sie haben es erraten: Die Schüler neigen zu **Fehlverhalten** – um es vorsichtig auszudrücken.

Das kann ganz harmlos anfangen – mit Kritzeleien ins Heft oder mit Zetteln, die herumgereicht werden. Setzt sich solches Verhalten ungebremst fort, kann es sich zu enormen Störungen hochschaukeln: Schüler stehen auf und wandern im Klassenzimmer herum, sie werfen mit Gegenständen, sie rufen alberne Bemerkungen in den Raum, sie schimpfen auf den Lehrer, sie arbeiten nicht mit, sie klopfen heiße Rhythmen mit ihren Schreibgeräten, sie weigern sich, Anweisungen zu befolgen, und wollen ihren Willen durchsetzen, sie beschäftigen sich mit ihren Smartphones. Im Endergebnis kommt es zu Fehlverhalten, das typisch ist für **Frustration und tiefe Unzufriedenheit** – aufgrund von nicht befriedigten Bedürfnissen.

Denken Sie daran: Die **psychologischen Bedürfnisse** sind wesentlich und müssen befriedigt werden. Sie sind ein ursprünglicher, unbewusster Durst, der gestillt werden muss. Die Befriedigung dieser Bedürfnisse ist für uns genauso wichtig wie Wasser und Sonnenlicht für eine Pflanze. Wenn der Lehrer keine Mittel zur Befriedigung dieser Bedürfnisse als Teil der täglichen Unterrichtspraxis anbietet, werden die Schüler selbst aktiv und suchen Befriedigung auf unterrichtsfremden Wegen.

Mit anderen Worten: Wenn Sie nicht für Spaß im Unterricht sorgen, dann machen es die Schüler selbst. Geben Sie ihnen nicht das Gefühl, dass sie zu etwas fähig sind, dann werden sie sich Bestätigung auf ihre Weise holen. Und helfen Sie ihnen nicht dabei, dass sie sich geschätzt fühlen, dann steigen die Schüler aus dem Unterricht aus und bilden Gruppen, die Unruhe stiften. Haben Sie sich schon mal gefragt, warum *Gangs* auf junge Menschen so anziehend wirken?

Im Verlauf des Buches werde ich Ihnen einige Möglichkeiten aufzeigen, wie Sie diese drei elementaren Bedürfnisse befriedigen und dadurch einer Menge Probleme im Klassenzimmer vorbeugen und mit ihnen umgehen können. Aus offensichtlichen Gründen nenne ich die zugrundeliegende Strategie den **bedürfnisorientierten Ansatz.** Ich behaupte aber nicht, dass Sie damit alle Probleme lösen können. Aber lassen Sie sich auf die folgenden Methoden und Ideen ein! Mit Sicherheit werden Sie einen enormen Rückgang der unerfreulichen Vorfälle, mit denen Sie täglich zu tun haben, feststellen. Wenn Sie allmählich die wichtigsten Prinzipien umsetzen, garantiere ich Ihnen, dass Sie schon bald große Fortschritte in Ihrer Fähigkeit bemerken werden, mit den alltäglich auftretenden Problemen umzugehen.

Wir werden Möglichkeiten betrachten, wie Sie den Schülern ein **Zugehörigkeitsgefühl** vermitteln können, indem sie sich als ein Teil der Klassengemeinschaft fühlen und indem ein positives Lehrer-Schüler-Verhältnis entsteht, das durch gegenseitigen Respekt geprägt ist.

Für Schüler, die sich große Mühe geben müssen, die mit Problemen behaftet sind oder selbst welche verursachen, macht es einen großen Unterschied, wenn sie in der Schule akzeptiert und willkommen sind und auch respektiert werden.

Wir werden weiterhin Möglichkeiten betrachten, wie Sie den Schülern ein gutes **Selbstwertgefühl** vermitteln können, indem Sie ihnen realistische Chancen einräumen, etwas zu erreichen und erfolgreich zu sein, indem Sie ihnen eine gewisse Freiheit geben und sie selbst Entscheidungen treffen lassen, indem Sie ihnen die Sicherheit geben, dass ihre Bemühungen erkannt und anerkannt werden. Auch das führt letztendlich dazu, dass sich die Schüler respektiert fühlen. Zudem wächst ihr Vertrauen in die eigenen Fähigkeiten, die Unterrichtsaufgaben anpacken und zu Ende bringen zu können.

Und schließlich werden wir Möglichkeiten betrachten, wie Sie die **Unterrichtsstunden verbessern** können, indem Sie sie interaktiver und damit attraktiver und anregender gestalten, indem Sie den Unterricht besser mit der Lebenswelt der Schüler in Beziehung setzen und indem Sie den Unterricht unterhaltsamer machen. Man wird es Ihnen verzeihen, wenn Sie hin und wieder stur nach dem Buch vorgehen oder eine Stunde lang nur Arbeitsblätter verteilen. Man wird es Ihnen nachsehen, wenn Sie hin und wieder einen glanzlosen Auftritt hinlegen und nicht die gewohnte Begeisterung für Ihr Fach zeigen. Kein Problem – so ist das Leben! Probleme tauchen erst dann auf, wenn die Mehrzahl der Stunden nach ein und demselben Muster abläuft. Wenn ständig ein Mangel an Abwechslung, an Neuem und an Herausforderungen herrscht, folgt daraus mit großer Sicherheit ein Mangel an Interesse seitens der Schüler.

All diese präventiven Maßnahmen, Methoden und Ideen dienen dazu, eine **positive Lernumgebung** zu schaffen und aufrechtzuerhalten. Darüber hinaus werden Sie auch eine Vielzahl sehr praktischer, höchst effektiver Möglichkeiten kennenlernen, wie Sie reagieren können, wenn etwas schiefläuft. Sie erhalten einige Ideen für **Konsequenzen,** die wirklich funktionieren, zusammen mit einer Methode, wie Sie diese Konsequenzen ohne Bloßstellung durchsetzen können. Sie werden neue Möglichkeiten kennenlernen, wie Sie Ihre Schüler dazu bringen, Ihren Anweisungen zu folgen. Sie finden zudem eine ganze Reihe erprobter Strategien, mit denen Sie auf viele spezielle Verhaltensprobleme, wie sie in schwierigen Klassen der heutigen Zeit auftreten, reagieren können. Schließlich betrachten wir in **Teil II** des Ratgebers eine **exemplarische Unterrichtsstunde** in einer lauten Klasse. Hier erfahren Sie Schritt für Schritt, wie Sie die Schüler ohne Störungen ins Klassenzimmer lassen, ihre Bereitschaft zur Mitarbeit im Unterricht wecken und sie am Stundenende schließlich mit einem Lächeln verabschieden können.

Meiner Erfahrung nach kann man auch mit der schwierigsten, lautesten und rüpelhaftesten Klasse erfolgreich sein. Man kann tatsächlich den Respekt von antisozialen, nur schwer zu erreichenden Kindern und Jugendlichen gewinnen. Man kann sie dazu bringen, dass sie Anweisungen ohne Diskussion und ohne viel Aufsehen befolgen. Man kann sie dazu bringen, dass sie mit einem Lächeln ins Klassenzimmer kommen und mit Begeisterung im Unterricht mitmachen – ganz egal, wie teilnahmslos und störrisch sie anfangs erscheinen. Und man kann einen stressfreien, lohnenden Unterricht abhalten – ganz egal, wie erschöpft und ausgelaugt Sie sich gerade fühlen und in welch weiter Ferne ein solcher Unterricht Ihnen im Augenblick zu liegen scheint.

Das Beste ist, dass sich diese Veränderungen sehr schnell einstellen können. Ich glaube, dass jeder Lehrer mit praktisch jeder Klasse erfolgreich sein kann, wenn er bestimmte **Schlüsselstrategien** mit der **richtigen Einstellung** und mit der **richtigen Methode** anwendet. Warum? Weil ich genau an diesem Punkt war, an dem Sie womöglich gerade sind. Und ich weiß, wie es sich anfühlt, im Klassenzimmer kämpfen zu müssen.

Zu **Beginn meines Referendariats** ging ich nachmittags oft zornig nach Hause. Es hat mich so aufgeregt, dass meine Schüler wieder mit dem, was sie angestellt hatten, davongekommen waren. Ich war wütend, weil es scheinbar keine Möglichkeit gab, sie zu erreichen und mit ihnen auszukommen. Sie reagierten nicht auf die Kollegen, die nett zu ihnen waren, und lachten den Kollegen ins Gesicht, die ihnen Disziplin beibringen wollten. Nichts schien zu funktionieren.

Ich konnte nicht schlafen, hatte ständig Kopfschmerzen und stand die ganze Zeit am Rande eines Nervenzusammenbruchs. Ich machte mir Sorgen, was meine Kollegen von mir denken würden, und mir graute davor, bestimmte Klassen zu unterrichten, weil ich wusste, dass sie mit mir „Schlitten fahren" würden. Wie peinlich! Wie erniedrigend!

Zuhause wurde meine Stimmung immer schlechter und all meine Gespräche mit Freunden drehten sich nur um das eine Thema: welchen Horror ich tagtäglich in der Arbeit auszuhalten hatte. Ich begann zu resignieren und mich mit der Tatsache abzufinden, dass ich eben nicht das mitbrächte, was für die Arbeit an einer schwierigen Schule mit schwierigen Schülern erforderlich ist. Meine Träume hatten sich in Rauch aufgelöst.

Dann änderten sich die Dinge, und zwar durch einen Zufall: Noch während ich nach einem Ausweg suchte, wurde ich als Hilfslehrer an eine **Schule für schwer erziehbare Kinder und Jugendliche** beordert – und war schockiert! Ich sah Schüler, die wortwörtlich wie wild durch die Gänge rannten, die mit den Türen knallten, die herumschrien und Schimpfwörter brüllten, die auf den Parkplatz hinausliefen und Steine auf das Gebäude warfen. Und das alles geschah während der Unterrichtszeit. Die meisten Kollegen hatten jegliche Kontrolle verloren, einige waren immer wieder in Tränen aufgelöst.

Aber mich hatte es gepackt. Ich war von den Schülern an dieser Schule gleichermaßen fasziniert, wie von ihren Hintergründen schockiert. Mir wurde klar, dass es Ursachen für ihr Verhalten geben musste. Es war kein Wunder, dass nichts zu funktionieren schien – die meisten meiner Strategien und Methoden berücksichtigten in keiner Weise die Probleme und Schwierigkeiten, mit denen sich die Schüler konfrontiert sahen. Ich beschloss, mit diesen jungen Menschen wirklich in Kontakt zu kommen. Ich wollte ihnen helfen, erfolgreich zu sein. Und ich wollte mir die nötigen Fähigkeiten aneignen, um mit ihrem Verhalten umgehen zu können. Letzten Endes blieb ich fünf Jahre in dieser Einrichtung und durchlief das wohl gründlichste Trainingsprogramm, das sich ein Lehrer für den Bereich des Verhaltensmanagements wünschen kann. Es war hart. Aber ich schätze mich glücklich, diese Erfahrung gemacht zu haben.

Die meisten Ideen in diesem Buch stammen aus der Zeit, die ich in Einrichtungen verbrachte, wo das Verhalten der Schüler unglaublich herausfordernd war und eine Art von Umgang erforderte, die in anderen Konstellationen unangemessen und unnötig erschienen wäre. Deshalb mag es Ihnen vielleicht manchmal so vorkommen, dass einige Methoden für Ihre Klassen unpassend sind. Alles hängt selbstverständlich von Ihren speziellen Bedingungen ab – von der Schule, der Altersgruppe, dem Fach und natürlich von den Schülern, die in Ihrer Obhut sind. Was in einigen Klassenzimmern funktioniert, muss sich nicht unbedingt auf andere übertragen lassen.

Meine Absicht ist es, Ihnen **viele verschiedene Ideen** zu präsentieren, aus denen Sie diejenigen auswählen können, die in Ihrem Sinne sind. Es ist nicht notwendig, jeden einzelnen Schritt akribisch zu befolgen, um aus dem Buch einen Nutzen zu ziehen. Zudem möchte ich Ihnen dabei helfen, die Freude am Unterrichten zurückzugewinnen, indem einiges von dem Stress, den schwierige Schüler bereiten können, beseitigt wird und indem Sie das Selbstvertrauen und die Fähigkeiten entfalten, um in jeder Klasse erfolgreich zu unterrichten.

Bevor es gleich ans „Eingemachte" geht, möchte ich Ihnen noch kurz eine wirkungsvolle Methode vorstellen, wie Sie eine laute Klasse in Rekordzeit beruhigen können:

Methode

Vom Chaos zur Stille: Die 15-Sekunden-Methode

Mit dieser Methode bringen Sie nicht nur eine Klasse in wenigen Sekunden zur Ruhe, sondern Sie festigen damit auch das Lehrer-Schüler-Verhältnis, bringen etwas Humor in den Unterricht und schenken schwierigen Schülern die Aufmerksamkeit, nach der sie verlangen. Die Methode funktioniert bei 8-Jährigen, 18-Jährigen und sogar bei 63-Jährigen (darüber hinaus habe ich es noch nicht versucht!). Ich habe sie tatsächlich erst kürzlich bei einer Lehrerfortbildung in Dubai eingesetzt und von einem Teilnehmer diese Bemerkung aufgeschnappt: *„Er hat es tatsächlich geschafft, dass in einem Raum mit 150 lärmenden Leuten innerhalb von 15 Sekunden Ruhe herrschte!"*

Die Methode beruht auf zwei Hauptprinzipien: Verantwortung und Routine. Einige Ihrer Schüler werden gut darauf reagieren, wenn ihnen Verantwortung übertragen wird. Wahrscheinlich werden sogar Ihre schwierigsten Schüler – die Wortführer – am besten darauf ansprechen, weil sie sich nach Aufmerksamkeit sehnen. Eine gute Gelegenheit, ihnen diese Aufmerksamkeit auf positive Weise zu geben, besteht darin, ihnen eine Aufgabe zu übertragen. Bezogen auf die 15-Sekunden-Methode bedeutet das konkret, vier bis fünf Schüler mit dem Job zu beauftragen, in der Klasse für Ruhe zu sorgen.

Wenn Sie den Schülern ausreichend Gelegenheit für Erfolgserlebnisse geben, trainieren – um nicht zu sagen *erziehen* – Sie sie. Fordern Sie jeden ernannten Ruhestifter dazu auf, sein überzeugendstes und lautestes *„Pst!"* von sich zu geben – begleitet von einem finsteren, bitterbösen Blick und der Finger-an-den-Mund-Geste. Erklären Sie den Ruhestiftern nach ein paar Übungsrunden, dass sie gemeinsam als Team im Klassenzimmer für Ruhe sorgen und dabei stets ihr Bestes geben sollen, wann immer sie von Ihnen dazu aufgefordert werden. Erklären Sie den übrigen Schülern, dass sie das Reden einstellen und sich ruhig hinsetzen sollen, sobald sie das *„Pst!"* der Ruhestifter hören. Nach zwei oder drei praktischen Einsätzen während des Unterrichts weiß die ganze Klasse, wie die Methode funktioniert, und Sie haben eine überaus effektive Routine eingeführt.

Um der *„Pst!"*-Routine die besten Erfolgschancen zu verschaffen, sind drei Ergänzungen sehr nützlich. Das habe ich jedenfalls herausgefunden. Erstens brauchen alle Ruhestifter eine regelmäßige

Rückmeldung. Sagen Sie es den Ruhestiftern, wenn sie ihre Aufgabe gut erledigen. Und sprechen Sie sie darauf an, wenn sie stattdessen herumalbern. Geben Sie ihnen außerdem Hinweise und Tipps, wenn es mit dem Ruhestiften zu lange dauert. Denken Sie daran, dass die Schüler, die Sie zu Ruhestiftern ernannt haben, wahrscheinlich kleine Energiebündel sind. Sie brauchen also eine umsichtige Führung, um sicherzustellen, dass sie weiterhin gut mitmachen. Idealerweise sollten Sie jede konstruktive Rückmeldung und jeden korrigierenden Hinweis leise und außer Hörweite der Mitschüler geben.

Zweitens: Ich statte meine Ruhestifter gern mit einer Art Uniform aus, sodass sie leicht zu erkennen sind. Die Uniform besteht lediglich aus einem verrückten Hut oder einer witzigen Mütze. Die Schüler tragen solche Dinge gern, auch wenn ich mir über das Warum nicht sicher bin. Vielleicht hilft es ihnen, sich besonders zu fühlen, vielleicht wirkt dann die ganze Sache nicht allzu ernst. Was immer der Grund ist, die Sache mit der Uniform scheint zu funktionieren.

Und schließlich ist mir aufgefallen, dass die Ruhestifter manchmal eine kleine Extra-Hilfe brauchen, wenn es sich um eine besonders rowdyhafte Klasse handelt. Ich unterstütze sie dann mit einer anderen Routine – dem Countdown. Dabei zähle ich langsam und laut rückwärts von zehn bis eins, wobei ich jede Zahl mit Bemerkungen und Aufmunterungen begleite:

10 … Alle mal herhören! Ich zähle jetzt rückwärts bis eins. Wenn ich bei eins angekommen bin, sitzt ihr alle an eurem Platz, die Schultaschen sind weggeräumt und die Hände liegen auf dem Tisch. Ausgezeichnet, Karla und Sophia, ihr habt es sofort verstanden!

9 … Sehr gut da drüben an diesem Tisch – der Rest von euch sollte dasselbe machen.

8 … Ihr solltet langsam zu plappern aufhören, eure Plätze aufräumen und zu mir herschauen.

7 … Ganz hinten an der Wand ist schon alles bereit, sehr gut. Auf ein paar andere müssen wir leider noch warten.

6 … Also los. Da liegen immer noch einige Taschen herum, einige reden noch immer.

5 … Gut.

4 …

3 … Auf eine Gruppe warten wir noch immer. Sehr schön, jetzt ist auch sie fertig. Ihr sitzt alle perfekt da. Danke!

2 … Ihr habt das gut gemacht. Fast könnte man sagen, eine …

1 … Spitzen-Klasse!

(Pause)

Ruhestifter!

Wenn Sie bei der Zahl Eins angekommen sind, werden sich die meisten Schüler beruhigt haben und aufnahmebereit sein. Die Ruhestifter kümmern sich dann um vereinzelte Schüler, die noch immer reden. Natürlich können Sie den *Countdown* abkürzen oder abbrechen, wenn eine Klasse schon relativ ruhig ist. In diesen Fällen werden die Ruhestifter ihre Aufgabe dann allein erledigen können.

Teil I

Die Kontrolle übernehmen und behalten

SCHUL-
ORDNUNG

1 Classroom Management - die Basics

Alles eine Frage der Einstellung

Ihre Einstellung schlägt sich in allem nieder, was Sie tun. Sie bestimmt, wie Sie zu Ihren Schülern sprechen, welche Aktivitäten und Aufgaben Sie ihnen anbieten, wie viel Zeit Sie dafür ansetzen, Beziehungen zu ihnen aufzubauen – und alles andere daneben auch. Ihre **Einstellung zeigt sich** in der Art und Weise, wie Sie gehen und wie Sie sprechen. Sie verrät sich in Ihrem Gesichtsausdruck, wenn Sie mit den Schülern auf dem Gang sprechen oder Ihre Unterrichtsstunden einleiten.

Was den Umgang mit Ihren Schülern anbelangt, ist Ihre Einstellung ein wesentlicher Faktor. Sie bestimmt, ob Sie sich eines uneffektiven, reaktiven Maßnahmenkatalogs bedienen (der Gefühlsausbrüche, Drohungen, Verwarnungen, abfällige Kommentare und unverhältnismäßige Bestrafungen beinhalten kann) oder ob Sie auf höchst effektive, eher **aktive Maßnahmen** zurückgreifen. Zu diesen gehört eine Vielzahl unterstützender, überlegter und helfender Lösungsansätze, die ein gewisses Maß an Fürsorge und Mitgefühl zum Ausdruck bringen. Sie müssen jetzt kein wissenschaftlicher Spezialist sein, um zu erraten, welchen Ansatz die Schüler vorziehen und auf welchen sie am besten ansprechen.

Wenn ein Schüler während der Unterrichtszeit allein den Gang entlangschlendert und offensichtlich die **Schulstunde schwänzt,** wird Lehrer A ihn anschreien und ihm mit Nachsitzen drohen. Lehrer B wird die Sache ignorieren, weil er eine Gegenreaktion und eine womöglich heftige Diskussion befürchtet. Lehrer C hingegen schenkt dem Schüler ein wissendes Lächeln und fordert ihn in aller Ruhe dazu auf, sich ins Klassenzimmer zu begeben.

Alle drei Lehrer werden womöglich dieselbe Meinung zu den Schulregeln vertreten. Aber sie haben es mit Schülern zu tun, die diese Regeln auf unterschiedliche Weise brechen. Die Reaktion der Lehrer ist jeweils durch ihre *Einstellung* bestimmt.

Lehrer A (der Tyrann) und Lehrer B (der Duckmäuser) sehen in schwierigen Schülern eine Bedrohung – für ihre Führungsrolle, für die Schule, für ihre Reputation, vielleicht sogar für das Gedeihen der Gesellschaft. Sie neigen dazu, auf Probleme fixiert zu sein, und ihre Einstellung ist ziemlich negativ. Einfühlungsvermögen ist entscheidend, wenn man seine Einstellung schwierigen Schülern gegenüber ändern will. Lehrer C hingegen weiß, dass er einen **Schüler „mit Problemen"**, aber nicht einen „Problemschüler" vor sich hat.
Er erkennt in der Situation eine Gelegenheit, das Lehrer-Schüler-Verhältnis sowie das Vertrauen des Schülers zu stärken.

Wenn Tim statt des Arbeitsblattes die Tischplatte mit seinem Stift bearbeitet und Sie ihn auffordern, sich wieder seinen Aufgaben zu widmen, dann ist das eine der üblichen **Standardreaktionen.** Aber Sie gehen damit nicht auf die tieferliegenden Ursachen ein, warum er seine Arbeit einfach unterbrochen hat. Deshalb ändert sich auch nichts an seinem Verhalten – und wenn, dann ist das nicht von langer Dauer. Er wird vielleicht seinen Kopf senken, wenn Sie sich drohend über ihn beugen. Doch sobald Sie ihm den Rücken zudrehen, wird er fortfahren, die Tischplatte zu bekritzeln. Wird das zugrundeliegende Problem nicht angepackt, bleibt der unvernünftige Vandalismus für Tim interessanter als das Arbeitsblatt, das Sie ihm ausgehändigt haben.

Wenn Sie es mit Schülern zu tun haben, die sich kategorisch weigern, mit einer Aufgabe überhaupt anzufangen, die ständig mit dem Nachbarn tuscheln, die überhaupt kein Interesse am Unterrichtsstoff zeigen – und sei er noch so spannend – oder die nach den Ferien erst zwei Tage zu spät in der Klasse erscheinen, dann sollten Sie zunächst die Ursachen für dieses Fehlverhalten herausfinden. Erst dann können Sie verhindern, dass es zum wiederholten Male auftritt.

Hier sind einige **Erklärungsansätze,** über die es sich lohnt nachzudenken:

* Ein Schüler, der herumalbert und den Klassenclown spielt, will womöglich nur Aufmerksamkeit.
* Ein Schüler, der die Mitarbeit verweigert, könnte frustriert sein, weil die Aufgaben zu schwierig für ihn sind und er sich womöglich fürchtet, von seinen Mitschülern abgehängt zu werden.

- Ein Schüler, der leicht gereizt und streitlustig ist, könnte glauben, dass er schikaniert wird, weil er sich die ganze Zeit über beobachtet fühlt. Er könnte annehmen, dass man von ihm „erwartet", etwas Falsches zu machen.
- Ein Schüler, der völlig aus dem Unterrichtsgeschehen aussteigt, könnte ein zu geringes Selbstvertrauen haben. Er könnte davon überzeugt sein, dass es gar keinen Sinn mehr hat, sich am Unterricht zu beteiligen – nach Jahren voller Misserfolge und Scheiterns.
- Einem Schüler, der den Unterricht stört, ist womöglich langweilig. Vielleicht sehnt er sich nach Abwechslung, Anregungen und Herausforderungen, die ihm der Unterricht nicht bietet.
- Ein Schüler, der wütend ist, unter Umständen auch beleidigend und handgreiflich wird, nimmt es vielleicht übel, dass er in der Vergangenheit seiner Meinung nach ungerecht behandelt wurde.

Selbstverständlich ist das nur eine kleine Auswahl möglicher Erklärungsansätze für die vielen Vorfälle unangemessenen Verhaltens, wie wir es tagtäglich in schwierigen Klassen erleben. Es könnte alle möglichen Erklärungen dafür geben, warum sich Schüler nicht so verhalten, wie wir es uns wünschen. Es könnte zum Beispiel Probleme innerhalb der Familie oder im Zusammenhang mit Mobbing geben, oder auch Sorgen wegen einer Schulaufgabe, eine persönliche Auseinandersetzung mit einem Klassenkameraden oder ein Mangel an klaren Grenzen – um nur einige weitere Gründe zu nennen. Aber eines ist sicher: **Es gibt immer einen Grund für das Verhalten,** das ein Schüler in Ihrem Unterricht an den Tag legt. Es ist keineswegs nur ein offener Kriegszustand. Das zu wissen und sich immer wieder in Erinnerung zu rufen, ist sehr wichtig. Denn dadurch ändert sich nicht nur Ihre Einstellung gegenüber diesen Schülern, sondern es ändern sich auch die Strategien, mit denen Sie auf deren unerwünschtes Verhalten reagieren.

Schwierige Schüler verachten Lehrer, die kein Gespür für ihre Probleme haben. Wenn sie nicht sofort mit einer Schimpftirade (oder noch schlimmer) reagieren, werden sie mit Sicherheit ihre Ressentiments hegen und pflegen, die früher oder später zu einer Konfrontation führen. Und denken Sie auch daran: Die meisten Klassenkameraden stellen sich auf die Seite des Schülers, der von einem wütenden Lehrer unfair behandelt wurde – selbst wenn dieser Schüler bei den anderen sonst nicht so beliebt ist. Das liegt an der **unterschwelligen Spaltung** zwischen Lehrern und Schülern an den meisten Schulen. Lehrer, die das vergessen, sehen sich plötzlich mit 25 aufmüpfigen Schülern konfrontiert – anstatt nur mit einem.

Ziemlich zu Beginn meiner Karriere verdarb ich es mir mit einem 15-jährigen Jungen namens Steven, der 15 Minuten zu spät kam und meinen Unterricht ziemlich rüde unterbrach. Es war mein erster Tag an einer neuen Schule und ich war mit mir selbst sehr zufrieden – ich glaube, ich zeigte sogar eine vor Stolz geschwellte Brust! Und Steven befolgte letztendlich meine laut gebrüllte Aufforderung, aus dem Klassenzimmer zu verschwinden. Voller Stolz brachte ich die Stunde zu Ende.

Später am Tag nahm mich ein älterer Kollege zur Seite und erzählte mir von dem emotionalen Druck, dem der arme Junge zuhause ausgesetzt war. Es war kein Wunder, dass er an der Schule Probleme machte. Ich entschuldigte mich bei Steven und war überrascht, wie gut er auf diese Veränderung in meiner Haltung reagierte. Als ich abends nach Hause ging, hatte ich Tränen in den Augen.

Über Jahre hinweg kam mir Steven in den Sinn, wann immer ich es mit einem Schüler zu tun hatte, von dem ich annahm, dass er vorsätzlich aggressiv oder nicht kooperationswillig wäre. Steven hat mir die Augen dafür geöffnet, dass hinter schlechtem Verhalten immer **Ursachen** verborgen sind. Das bedeutet nicht, dass Sie als Lehrer immer in vollem Umfang den Hintergrund Ihrer Schüler kennen müssen, ehe Sie Fortschritte machen können. Es ist nicht nötig, dass Sie in alle Einzelheiten des Familienlebens oder der schwierigen Lebensumstände der Schüler eingeweiht sind. Aber denken Sie daran: Oft ist das Verhalten der Schüler durch die Probleme bedingt, mit denen sie konfrontiert sind und die sie mit sich herumtragen.

Empathie bewirkt eine völlige Veränderung der Sichtweise, mit der Sie auf Ihre Schüler blicken. Und sie bewirkt eine völlige Veränderung der Einstellung und Haltung, die Sie ihnen gegenüber einnehmen. In den folgenden Kapiteln des Buches blicken wir nun auf eine Reihe sehr effektiver, nicht bloßstellender Methoden, die Sie in Ihrem Unterricht einsetzen können.

Seien Sie wachsam –
Was Sie nicht sehen, bleibt bestehen

Oft geht im Klassenzimmer eine Menge vor sich. Vielleicht bemerken Sie gar nicht, dass ein Zettel herumgereicht wird. Oder Sie überhören einen Streit, der leise ausgetragen wird. Oder Sie übersehen, dass Dinge gestohlen oder zerstört werden. Ihre Augen können nicht überall gleichzeitig sein und es ist verständlich, wenn **einige Vorfälle unbemerkt** bleiben.

Aber jedes Mal, wenn ein Schüler ungeschoren davonkommt, wenn er einen Zettel herumreicht, einen Mitschüler mit Schimpfwörtern beleidigt, auf den Tisch kritzelt oder gar Ihre Brieftasche klaut, ist das wie eine **Ermunterung, es wieder zu machen.** Sobald Sie nicht eingreifen, wenn ein Schüler seine Sachen „vergessen" hat, zu spät kommt oder den Unterricht stört, senden Sie die deutliche Botschaft aus, dass er machen kann, was er will, – und damit auch durchkommt! Das ist aber noch lange nicht alles. Denn es wird nicht nur der Täter zum Wiederholungstäter. Auch seine Mitschüler werden zu Fehlverhalten angestiftet, wenn sie mitbekommen, dass dieses nicht sanktioniert wird.

Ein **Mangel an Wachsamkeit** kann dazu führen, dass den Schülern in Ihren Klassen „alles möglich" scheint. Wenn sich diese Ansicht erst einmal durchgesetzt hat, nehmen die Verhaltensprobleme weiter zu und es wird immer schwieriger, sie wieder auszumerzen. Die einzige Möglichkeit, dagegen vorzubeugen, besteht darin, dass Sie noch aufmerksamer sind und bei jedem Problem so schnell wie möglich einschreiten. Schließlich ist es viel einfacher, mit einem Problem umzugehen, solange es noch klein ist – und bevor es sich eingebürgert hat.

Aber wie sieht das in der **Praxis** aus? Wenn zum Beispiel zwei Schüler anfangen, sich zu zanken, dann warnen Sie sie oder setzen Sie sie auseinander – und zwar schnell. Wenn ein Schüler im Unterricht nicht weiterkommt oder sich überfordert fühlt, dann bieten Sie ihm Unterstützung an – und zwar schnell. Wird einem Schüler langweilig oder wird er mit einer Aufgabe früher fertig und beginnt herumzuzappeln, dann geben Sie ihm eine schwierigere Aufgabe oder beschäftigen Sie ihn anderweitig – und zwar schnell. Achten Sie auf diese **Warnsignale** und schreiten Sie ein, bevor etwas eskaliert. Gehen Sie immer auf Regelverletzungen ein – auch bei den Schülern, mit denen Sie sich lieber nicht auseinandersetzen möchten, weil sie zu heftigen Reaktionen neigen. Sorgen Sie dafür, dass Ihre Anwesenheit überall im Raum zu spüren ist. Seien Sie ständig in Bewegung, unterrichten Sie von jeder Ecke des Raumes aus, umrunden Sie die Tische und sprechen Sie mit allen Schülern. Ihre Schüler sollen wissen, dass Sie alles im Griff haben, dass Sie auch „hinten" Augen haben und dass Sie alles, was geschieht, auch mitbekommen.

Ich habe viele Lehrer beobachtet, die während des gesamten Unterrichts ihren **Bewegungsradius** auf einen schmalen Streifen vor der Klasse beschränkten. Diese Lehrer wären erstaunt gewesen, wie sich die Atmosphäre verändert hätte – wären sie nur ein wenig durch den Raum gewandert, als sie zur ganzen Klasse sprachen, hätten sie den Schülern, die sie normalerweise mieden, nur einige Augenblicke freundliche Hilfe angeboten oder einen prüfenden Blick auf ihre Aufgaben geworfen. Wenn Sie so agieren, als ob Ihnen jeder Winkel des Raumes gehörte, werden Sie sofort einen spürbaren Rückgang von störendem Verhalten feststellen – mit dem Sie sich sonst auseinandersetzen müssten.

Bleiben Sie ruhig

Sobald Sie so in Rage geraten, dass Sie einen Schüler am liebsten „auf den Mond schießen" würden, laufen Sie Gefahr, die Situation noch wesentlich zu verschlimmern. Denn dann versuchen Sie, Feuer mit Feuer zu bekämpfen. Ein ruhiges, sachliches Vorgehen ist weit effektiver als ein Schreianfall. Schreien vermittelt nur den Eindruck, dass Sie die Kontrolle verloren haben. Heben Sie sich also **Gefühlsausbrüche** für Gelegenheiten auf, in denen die Schüler etwas richtig und gut gemacht haben. Wenn Sie eine unwiderstehliche Neigung haben, auf den Tisch zu steigen und zu schreien, dann machen Sie das, wenn Tim seinen ersten kompletten Aufsatz abgeliefert hat, sozusagen als „herzlichen Glückwunsch" – aber nicht als Reaktion darauf, wenn er Sie einen „Fettwanst" oder dergleichen genannt hat.

Die **Ruhe bewahren** bezieht sich auch darauf, sich nicht auf die Widerreden der Schüler einzulassen – oder auf ihre Versuche, Sie in eine Diskussion zu verwickeln. Bleiben Sie unbeeindruckt, egal wie stark die Augen verdreht werden, wie viel gebrummelt, sich beschwert oder gar geflucht wird. Andernfalls würden Sie genau mit der Reaktion aufwarten, die Ihre Schüler provozieren wollen. Und Sie würden riskieren, dass sich die Situation zu einem weit ernsteren Vorfall hochschaukelt. Wenn die Schüler es geschafft haben, Sie so richtig in Rage zu bringen, dann wollen sie sicher nicht, dass die „Show" so schnell zu Ende geht.

Werden Sie nicht selbst zum Störenfried – das Gesetz der geringsten Intervention

Stellen Sie sich vor, alle 25 Schüler Ihrer Klasse arbeiten gerade ruhig und mit gesenktem Kopf an ihren Aufgaben. Alle? Nein, einer nicht. Er sitzt ganz hinten und starrt in die Luft. Dieser eine Schüler, unser alter Freund Tim, macht *jetzt* noch nichts, was wirklich stört. Aber natürlich sollten Sie ihn schnell wieder zurück zur Sache bringen, bevor sein Verhalten eskaliert und er etwas anstellt, um die Aufmerksamkeit der anderen auf sich zu lenken.

Ein unerfahrener Lehrer wird ihn ansprechen und ihm sagen, er solle mit seinen Aufgaben weitermachen: *„Tim, hör auf zu träumen und mach dich bitte wieder an die Arbeit."* Das ist eine verständliche

Reaktion. Doch was passiert jetzt? Anstatt nur einem Schüler, der nicht bei der Sache ist, sind es jetzt 25, die abgelenkt sind und sich brennend dafür interessieren, was Tim als Nächstes macht und wie der Lehrer mit der Situation umgeht.

Das **Gesetz der geringsten Intervention** besagt, dass Sie immer die Methode anwenden sollten, die am wenigsten aufdringlich oder störend ist, damit die anderen Schüler nicht bei ihrer Arbeit unterbrochen werden bzw. deren Neugier geweckt wird. Das bedeutet auch, dass der Fluss der Unterrichtsstunde nicht gestört wird.

Ein Schüler beispielsweise, der zu spät kommt, sollte ruhig an seinen Platz gewiesen werden (eine einfache Geste mit der Hand ist ausreichend). Dann bekommt er seine Aufgaben und erst am Ende der Stunde sprechen Sie ihn an. Unter vier Augen können Sie ihn dann in aller Ruhe fragen, ob es einen triftigen Grund für die Verspätung gibt, und – falls nicht – entsprechend weiter verfahren (weitere Methoden bei Zuspätkommen finden Sie ab → Seite 248). Und einen Schüler, der während des Unterrichts Kaugummi kaut, sollten Sie zunächst ignorieren. Erst wenn seine Mitschüler beschäftigt sind, wenden Sie sich ihm zu. Sie könnten ganz lässig den Papierkorb zu ihm bringen und darauf deuten oder ihn leise auffordern, den Kaugummi darin zu entsorgen.

In beiden Fällen ist die **stille Methode** viel besser geeignet, als mit einem Schüler, der eine Regel verletzt hat, ein Spektakel zu veranstalten. Damit würden Sie ihn in Verlegenheit bringen und eine Gegenreaktion hervorrufen oder ihm das gewünschte „Publikum" verschaffen. Wir alle zeigen es gern, wenn wir in etwas gut sind. Und Schüler, die gut im Diskutieren sind, mögen nichts lieber, als sich mit Ihnen in ein Wortgefecht zu begeben, wenn die ganze Klasse zuschaut.

Seien Sie konsequent

Alle Schüler – sowohl diejenigen, mit denen Sie sich gerade auseinandersetzen, als auch diejenigen, die Ihre Auseinandersetzung beobachten – sollten erkennen, dass Sie **konsequent** sind. Die Schüler müssen wissen, dass Sie Ihre Augen „überall" haben und einschreiten, wenn ein Schüler Ihre Anweisungen nicht befolgt. Und sie müssen zusehen, dass Sie alle gleichbehandeln. Lassen Sie beispielsweise zu, dass Chantal ihre Kopfhörer aufsetzt, weil sie gerade in schlechter Stimmung ist und durchdreht, wenn irgendetwas von ihr verlangt wird, dann geben Sie ihr – und ihren Mitschülern – ein deutliches Signal, dass sie auch in der nächsten Stunde ihre Kopfhörer tragen kann. Wenn Sie die Regeln für einen Schüler verbiegen, dann werden Sie zum Schmied Ihres eigenen Unglücks!

In jeder Klasse wird es Schüler geben, die die **Grenzen überschreiten,** egal wie gut Sie es mit ihnen meinen. Manche Schüler wollen einen Lehrer einfach nicht respektieren, der zu „nett" ist. Manche sind darauf aus, eine Unterrichtsstunde zu sabotieren, egal wie motivierend und spannend Sie sie gestaltet haben. Und wieder andere glauben, dass jeder Lehrer, der keine Tätowierungen vorweisen kann, ein Schwächling ist. Das sind alles Gründe, die für ein **System mit abgestuften Konsequenzen** sprechen (→ mehr dazu in Kapitel 4).

Aber denken Sie daran: Es kommt auf die Art und Weise an, wie Sie die Konsequenzen und Sanktionen einsetzen, damit sie wirksam sind. Als Lehrer müssen Sie in jeder Hinsicht konsequent sein. Sie dürfen die Konsequenzen nicht an einem Tag einsetzen, am nächsten Tag nicht. Konsequenzen können nicht für einen Schüler gelten, für seinen Freund jedoch nicht. Als Lehrer dürfen Sie die Sanktionen nicht gegen den einen Schüler mit herablassendem Spott, gegen den anderen mit verzeihendem Gesichtsausdruck verhängen.

Sie müssen das machen, was Sie ankündigen – und zwar immer auf dieselbe Art und Weise. Wenn die Regel bei einer unfertigen Aufgabe zum Beispiel lautet, dass sie der Schüler in der Pause oder nach der Schule beenden muss, dann *muss* das auch so geschehen. Wenn Sie nicht auf die Einhaltung der Regeln pochen, dann dürfen Sie sich auch nicht daran stören, wenn die Regeln bei Ihren Schülern nicht an erster Stelle stehen.

Es ist ein Fall von **kurzfristiger Mühe,** aber **langfristigem Gewinn.** Manche Lehrer wählen gewöhnlich den entgegengesetzten Weg. Sie geben den Schülern nach, die jammern und sich beklagen. Sie lassen Schüler davonkommen, obwohl Sie eine Warnung ausgesprochen haben. Sie warnen immer wieder, ohne wirklich durchzugreifen. Sie lassen sich zu übertriebenen Drohungen hinreißen, die sowieso nicht realisierbar sind. Sie schauen lieber weg oder ignorieren Schüler, wenn sie Regeln verletzen. Denn diese Lehrer wissen, dass es zu Wutausbrüchen und Konfrontationen kommt, wenn sie bestimmte Schüler zur Rede stellen. Und sie haben Angst davor, die Kontrolle zu verlieren. Auf kurze Sicht schlagen diese Lehrer einen Weg ein, der einfach und schmerzfrei scheint. Sie verhalten sich wie Eltern im Supermarkt, die ihren quengelnden Kleinkindern genau das kaufen, was sie ihnen vor zwei Minuten noch hartnäckig verweigerten. Damit schaffen sie sich eine Welt voller Probleme.

Wenn Sie sich für den Weg der kurzfristigen Mühe, aber des langfristigen Gewinns entscheiden, dann mag es Ihnen zunächst so erscheinen, als ob es keinen Fortschritt gebe. Und es kann sogar zu mehr Fehlverhalten kommen, weil sich die Schüler gegen Ihren neuen Unterrichtsstil stemmen. Aber **bleiben Sie standhaft** – die Belohnung für einen konsequenten Lehrer wird enorm sein.

Wenn Sie Ihre Klasse aus dem Zimmer schicken müssen, weil sie Ihnen nicht zuhört, – dann machen Sie es. Wenn Sie mit den Schülern die ganze Stunde üben müssen, sich an der Tür in einer Reihe aufzustellen, weil sie Ihre Anweisungen nicht befolgen, – dann machen Sie es. Und wenn Sie Pausen ausfallen lassen müssen, bis die Klasse begreift, dass Sie es ernst meinen, – dann tun Sie, was Sie tun müssen. Das kann bedeuten, dass Sie mit Schülerbetreuern oder Vertrauenslehrern zusammenarbeiten müssen. Das kann bedeuten, dass Sie zahllose Telefonanrufe nach Hause tätigen oder gar zu Hausbesuchen aufbrechen müssen. Doch diese ganze Knochenarbeit festigt letztlich Ihren Ruf. Und Sie werden ab dem Zeitpunkt Zeit sparen, ab dem die Schüler die Tatsache akzeptieren, dass Sie nicht nachgeben und dass Sie Ihre Linie konsequent verfolgen. Ich kann Ihnen nur versichern, dass Ihre Botschaft bei den Schülern ankommen wird. Sie werden begreifen, dass es auch für sie einfacher ist, das zu tun, was Sie sagen.

Seien Sie höflich und freundlich – wie man in den Wald hineinruft, so schallt es heraus

Es gibt zwei Möglichkeiten, mit Schülern umzugehen, die sich nicht so verhalten, wie Sie es sich vorstellen: gerecht und ungerecht. Es spielt dabei allerdings keine Rolle, was Sie sich unter **Gerechtigkeit** vorstellen. Was die Schüler darüber denken – das zählt. Sie in

Verlegenheit bringen, auf ihnen herumhacken, sie ausschimpfen und sie anschreien – das betrachten Schüler natürlich als ungerecht oder unfair und es kommt zu Stress, Diskussionen und Wutanfällen. Aber in manchen Fällen fühlt sich ein Schüler auch ungerecht behandelt durch die Art und Weise, wie Sie mit ihm sprechen oder auf ihn schauen.

Bekanntlich spielen **Körpersprache und Mimik** bei der Kommunikation eine große Rolle. Ich habe schon mehrmals erlebt, dass ein Schüler nur wegen einer gehobenen Augenbraue zu einem verbalen Angriff gegen einen Kollegen überging und schrie: *„Ich hasse dich! Was schaust du mich so blöd an, du A …?!"*

Kinder und Jugendliche sind Experten darin, unsere **Gefühle** zu lesen. Aber über ihre eigenen Gefühle haben sie nur wenig Kontrolle. Wenn sie glauben, dass wir sie nicht mögen oder irgendetwas gegen sie haben, dann können ihre Reaktionen oft sehr extrem ausfallen. Und wenn eine ganze Klasse zu spüren glaubt, dass ein Lehrer auf Konfrontationskurs geht oder ungerecht ist, verschlimmert sich das Problem mit einem Schlag um ein 20- bis 25-faches.

Bieten Sie den Schülern daher möglichst **keinen Anlass zu Diskussion und Streit.** Das erreichen Sie, wenn Sie höflich und freundlich mit ihnen umgehen – streng, aber gerecht, wenn Sie ihnen zum Beispiel Anweisungen geben oder Konsequenzen aussprechen. Das Klima in der Klasse wird dadurch viel besser. Ab → Seite 51 finden Sie einige Ideen, wie Sie Anweisungen formulieren können, ohne Konflikte auszulösen.

Nehmen Sie es nicht mit allen Schülern gleichzeitig auf

Das folgende Thema wird Ihnen in diesem Buch immer wieder begegnen: Versuchen Sie nie, es mit allen Schülern gleichzeitig aufzunehmen. Es ist einfacher, eine kleine schwierige Gruppe unter Kontrolle zu bringen als eine große. Teilen Sie die Klasse also auf und konzentrieren Sie sich auf **Kleingruppen und einzelne Schüler.**

Wenn Sie Lernteams gebildet haben (→ siehe Seite 149), sind Ihre Schüler bereits in kleine Gruppen aufgeteilt. Richten Sie sich aber darauf ein, widerspenstige Schüler voneinander zu trennen, einzelne Schüler, die Probleme machen, an einem isolierten Platz arbeiten zu lassen oder auch einmal für ein Vier-Augen-Gespräch das Zimmer zu verlassen. Dort können Sie ohne den Druck eines „Publikums" auf die Probleme des Schülers eingehen, Warnungen aussprechen und Konsequenzen erklären. Manchen Schülern gefällt es, sich vor ihren Freunden aufzuspielen. Wenn Sie ihnen Gelegenheit dazu bieten, wird der Umgang mit ihnen wesentlich schwieriger. Erhöhen Sie also Ihre Gewinnchancen – teilen Sie und herrschen Sie!

Führen Sie exakte Aufzeichnungen

Wenn Schüler in Ihrem Unterricht Probleme verursachen, sind genaueste Aufzeichnungen ein Muss. Selbst in den schlimmsten Klassen sind es selten mehr als fünf oder sechs Rädelsführer, die für den Großteil des Ärgers verantwortlich sind. Die Aufzeichnungen bereiten also nicht so viel Arbeit, wie man vermuten könnte. Und die Vorteile überwiegen bei weitem die zusätzliche Mühe.

Sie benötigen lediglich eine A4-Seite pro Schüler in Ihrem Ordner. Für jede Unterrichtsstunde notieren Sie genau, was die Betreffenden sagten oder machten, um die Klasse zu stören. So erhalten Sie ein entscheidendes Dokument, das als **Beweismaterial** dienen kann, wenn Sie mit den Eltern oder mit Ihren Kollegen über diesen Schüler sprechen müssen. Wenn Sie einige Beispiele zitieren können – *„Am 17. März in der 2. Stunde nannte Tim seinen Mitschüler Markus, ohne von diesem provoziert worden zu sein, ein dummes A… und drohte damit, ihm einen Bleistift in den Bauch zu rammen"* –, ist das wesentlich hilfreicher und professioneller als eine vage Klage wie *„Tim hält ständig andere Schüler vom Lernen ab"*.

Vermitteln Sie den Eindruck, alles unter Kontrolle zu haben

Die Art und Weise, wie Sie sich im Klassenzimmer bewegen und geben, sendet eine klare Botschaft aus, wie selbstsicher Sie sich fühlen. Wenn Sie kraftlos dastehen, den Kopf zur Seite neigen, die Beine kreuzen und die Hände falten, dann laden Sie eine schwierige Klasse geradezu dazu ein, Sie zu überrollen.

In **Stress-Situationen** neigen wir alle zu weniger klaren Gesten und Bewegungen, worin sich Angst ausdrücken kann. Wir fassen uns beispielsweise an die Nase, reiben uns am Hals oder zupfen an unserer Kleidung herum. Ähnlich ist es, wenn wir kurz vorm Explodieren sind. Dann ballen wir die Fäuste, pressen die Lippen zusammen und die Kiefer aufeinander, vermeiden Augenkontakt und blinzeln in enormer Frequenz. Diese Verhaltensweisen sind ganz natürlich und laufen meist unbewusst ab. Aber sie sind auch ein klarer Indikator dafür, dass wir die Kontrolle verlieren. Und auch darin sind Kinder und Jugendliche Experten. Sie bemerken ganz genau, wann wir unsere Grenzen erreicht haben. Manche Schüler wollen daraus natürlich Vorteil schlagen, wenn sie spüren, dass ein Lehrer gleich „außer sich" gerät.

Nervöse Menschen zeigen auch einen erhöhten Bewegungsdrang – sie verlagern etwa ihr Gewicht von links nach rechts oder zappeln händeringend herum. Halten Sie Ihren Körper also ruhig! Vermeiden Sie wilde Gesten mit den Händen, wenn Sie sich an Ihre Klasse wenden. Bleiben Sie lieber ruhig auf einem Fleck stehen oder wandern Sie in aller Gelassenheit im Raum herum. Achten Sie auf eine „offene Haltung" – die Hände an der Seite, Handflächen nach oben –, wenn Sie zu Ihren Schülern sprechen, besonders dann, wenn sie auf eine Diskussion aus sind. Kühl und ruhig signalisieren Sie mit dieser Haltung Selbstsicherheit.

Wenn Sie im Klassenzimmer herumgehen, dann nutzen Sie den gesamten Raum aus. So bleiben die Schüler eher aufmerksam. Zugleich verhindern Sie das Aushecken geheimer Pläne in verborgenen Ecken und senden die subtile, aber wirksame Botschaft aus, dass Sie **Herr der Lage** sind. An jedem Tisch können Sie ganz unaufdringlich Ihre Anwesenheit fühlbar werden lassen, indem Sie kurz einen Blick auf die Aufgaben der Schüler werfen, Hilfe anbieten, ein Lob aussprechen und bei Gelegenheit von der Seite oder der Rückwand wichtige Punkte des Unterrichtsstoffs erklären.

Und vergessen Sie nicht zu lächeln! Denn wenn Sie auf die Option *„Bis zu den Weihnachtsferien gibt es nichts zu lachen"* setzen, laufen Sie Gefahr, dass sich die Schüler gegen Sie wenden. Und wenn Sie sich bereits bedroht fühlen, macht ein grimmiger Gesichtsausdruck die Sache nur noch schlimmer. Ein **Lächeln** macht Sie sympathischer und lässt Sie umgänglicher erscheinen als ein Stirnrunzeln. Es ist ein deutliches Zeichen dafür, dass Sie entspannt sind und sich gut fühlen.

Vermeiden Sie Gezeter und Predigten

Schüler haben kein Interesse daran, sich unsere Predigten anzuhören. Ein stellvertretender Schulleiter, mit dem ich zusammenarbeitete, schien den Wohlklang seiner eigenen Stimme zu lieben und ergriff jede sich bietende Gelegenheit, den Schülern lange Vorträge mit vielen mahnenden Worten über das angemessene und unangemessene Benehmen zu halten. So nett dieser Lehrer auch war, so konnte man genau beobachten, wie die Schüler abschalteten, sobald er den Mund aufmachte.

Sie können mit Gezeter nicht gewinnen. Sie müssen stattdessen **mit gutem Beispiel vorangehen,** den Schülern klare Anweisungen und praktische Hinweise geben, ihnen Unterstützung und Begleitung anbieten, sie loben, wenn sie etwas richtig machen, und konsequent Sanktionen einsetzen, wenn das Gegenteil der Fall ist. Das kostet Mühe und Arbeit, aber es ist keine hochwissenschaftliche Angelegenheit.

Richten Sie Ihr Unterstützer-Netzwerk ein

Unterstützung können Sie in drei Bereichen finden: bei Ihren Schülern, bei Ihren Kollegen und der Schulleitung, bei den Eltern bzw. Erziehungsberechtigten.

Suchen Sie Unterstützung bei Ihren Schülern

Nach meiner Erfahrung können die aufsässigsten und schwierigsten Schüler zu Ihren besten **Verbündeten im Klassenzimmer** werden, wenn Sie sie erst auf Ihre Seite gebracht haben. Das funktioniert aus zwei Gründen: Erstens verlangen diese Wortführer nach Aufmerksamkeit und sie sind glücklich mit der ihnen übertragenen Verantwortung. Zweitens sind sie Wortführer aus einem ganz bestimmten Grund – die anderen Schüler folgen ihnen und machen, was sie sagen.

Es kann dauern, bis Sie zu diesen Schülern eine **Beziehung aufbauen** können. Wenn Sie sie direkt um ihre Hilfe bitten, zeigen Sie ihnen die Anerkennung und Wertschätzung, nach denen sie streben. Gleichzeitig entsteht sehr schnell ein gewisses Maß an gegenseitigem Vertrauen und Respekt.

Gehen Sie diskret vor und nehmen Sie den betreffenden Schüler für ein kurzes Gespräch zur Seite: *„Tim, deine Mitschüler reagieren sehr positiv auf dich, sie hören auf dich. Es wäre großartig, wenn du deine starke Persönlichkeit zum Vorteil der ganzen Klasse einsetzen würdest. Wie wäre es, wenn du mir dabei hilfst, deinen Tisch für mich zur Ruhe zu bringen? Würdest du das bitte für mich tun?"*
Es ist erstaunlich, wie verantwortungsbewusst manche schwierige Schüler sein können, wenn Bitten oder Wünsche in dieser Form an sie herangetragen werden.

Suchen Sie Unterstützung bei Kollegen

Wenn es um Hilfe seitens Ihrer Kollegen geht, müssen wir als Erstes auf die **Art und Weise** eingehen, wie sie sich an Sie wenden, besonders in Anwesenheit einer Klasse. Das ist sehr wichtig! Wenn Sie mit einer Klasse kämpfen, dann ist sicher das Letzte, was Sie wollen, dass ein Kollege ins Zimmer marschiert mit Bemerkungen wie: *„Ich mache für Sie weiter. Überlassen Sie das mir!"* Auf diese Weise kann Ihr Ansehen im Nu zerstört werden und Sie stehen plötzlich als völlig unfähig da. Es gibt zwei effektive Möglichkeiten, so etwas zu verhindern: Versteckte Hilfsangebote und zeitweiliges Parken.

Methode

Getarnte Hilfsangebote

Auf getarnte Hilfsangebote stieß ich erstmals, als ich an einer Einrichtung für Schüler mit extremen Verhaltensproblemen tätig war. Oft wurden Kollegen gerufen, um Schüler körperlich zurückzuhalten, die gegeneinander kämpfen oder Sachschäden verursachen wollten.

In einer Situation musste ich einen Teenager bändigen, der auf dem Gang einen anderen Schüler bösartig attackiert hatte. Obwohl ich für den Umgang mit solchen Situationen ein intensives Training durchlaufen hatte (wovon ich übrigens kein großer Fan bin), wurde die Auseinandersetzung sehr schnell „schmutzig". Je mehr sich der Junge wehrte, desto entschlossener wurde ich, ihn nicht loszulassen. Und je mehr ich versuchte, mit ihm zu argumentieren und ihn zu beruhigen, desto aggressiver wurde er. Er spuckte mir tatsächlich ins Gesicht und wollte mich beißen. Und als wir schließlich auf dem

Boden gelandet waren, wurde schmerzhaft offenkundig, dass ich die Situation nur noch verschlimmerte.

Von meinen Kollegen bot sich einer nach dem anderen an, die Sache für mich in die Hand zu nehmen. Aber ich wimmelte alle ab. *„Habe alles im Griff"*, ächzte ich und triefte vor Schweiß. Ich wollte mein Gesicht nicht verlieren – mein Ruf stand auf dem Spiel – und noch weniger wollte ich, dass ein Schüler auf die Idee käme, ich würde mit ihm nicht allein fertigwerden. Also rauften wir weiter und unser Kampf wuchs sich allmählich zu einem Spektakel aus.

Zu meiner Erleichterung erschien ein sehr erfahrener Kollege auf der Bildfläche. *„Herr Plevin – ein dringender Anruf für Sie im Büro, Ihre Frau ist am Apparat. Sie muss unbedingt mit Ihnen sprechen! Ich kann die Sache hier für Sie übernehmen, während Sie ans Telefon gehen."* Natürlich gab es keinen Anruf von meiner Frau – ich war damals noch gar nicht verheiratet. Wir beide wussten das, aber der Schüler nicht. Doch diese kleine Schwindelei verschaffte mir die Gelegenheit, aus der peinlichen Pattsituation ohne Gesichtsverlust zu entkommen.

Mein Kollege machte mir ein getarntes Hilfsangebot, woraufhin ich den Rückzug antreten konnte, ohne dass die Schüler auf die Idee kamen, ich wäre der Situation nicht gewachsen. Und als ich von der Bildfläche verschwunden war, beruhigte sich der wütende Jugendliche fast auf der Stelle. Aus diesem Erlebnis konnte ich lernen, dass es sehr leicht ist, mit einem wütenden Schüler in eine Sackgasse zu geraten, – und dass es für beide Seiten nicht ganz so einfach ist, aus dieser Sackgasse wieder herauszufinden. Hier kann ein zweiter – am Vorfall unbeteiligter – Lehrer wahre Wunder bewirken. Ein erfahrener Lehrer weiß, wann es Zeit für einen Rückzieher oder gar einen Rückzug ist. Ein zorniger Schüler ist dazu nicht mehr emotional in der Lage. Deshalb liegt es am Lehrer, die Situation zu entschärfen. Wenn Sie also im Voraus getarnte Hilfsangebote mit Ihren Kollegen absprechen, treffen Sie für solche Vorkommnisse eine sehr gute Vorkehrung.

Methode

zeitweiliges Parken

Wenn Sie es mit einer schwierigen Klasse zu tun haben, ist es sehr entlastend, wenn Sie während einer Unterrichtsstunde einen Schüler, dessen Verhalten zu störend wird, an einen anderen Ort schicken können, wo er unter Aufsicht weiterarbeitet. Ich nenne diese Maßnahme „zeitweiliges Parken". Sie können sich hierfür mit einem Kollegen absprechen und den betreffenden Schüler in dessen Klassenzimmer während des regulären Unterrichts beaufsichtigen lassen. In manchen Fällen benötigen Sie für einen Schüler auch eine Eskorte, wofür Sie womöglich die Unterstützung eines weiteren Kollegen benötigen. Und aus Rücksicht sollten Sie dem zu „parkenden" Schüler Aufgaben mitgeben, damit er beschäftigt ist und den Unterricht des Kollegen nicht stört.

Tipps !

Schicken Sie einen zu „parkenden" Schüler nur in Klassen, die entweder eine Jahrgangsstufe höher oder niedriger sind, – also in Klassen, in denen er lediglich als eine kleine Nuancierung wahrgenommen wird und nicht als Quelle der Belustigung.

Wenn ein Schüler eine Unterrichtsstunde verlassen muss, kann er das leicht als eine Ehrenauszeichnung ansehen, besonders dann, wenn viele seiner Freunde im „Publikum" sitzen. „Parken" Sie die Schüler daher stets mit Bedacht und bieten Sie ihnen keine Bühne, um sich vor der Klasse zu profilieren.

Ein letzter Punkt noch zum Thema Unterstützung durch Kollegen, der besonders wichtig ist, wenn Sie sich an Vorgesetzte oder die Schulleitung wenden: Achten Sie auf **ausführliche Aufzeichnungen** in Bezug auf das Verhalten eines Schülers und auf Ihre diesbezüglichen Maßnahmen. Sagen Sie nicht einfach: *„Ich komme mit dieser Klasse nicht klar. Ich brauche Hilfe."* Es ist wesentlich besser, wenn Sie detaillierte Angaben machen können, zum Beispiel: *„Ich habe Folgendes unternommen: Das funktioniert mit der Klasse … Dazu kann ich sie einfach nicht bringen … Die Klasse verhält sich so, wenn ich das mache … Die Klasse verhält sich so, wenn ich jenes mache …".*

Sie wirken wesentlich überzeugender und Sie werden eher die benötigte Unterstützung bekommen, wenn Sie so viele Hintergrundinformationen wie möglich geben können.

Suchen Sie Unterstützung bei den Eltern

Jeder Lehrer weiß, dass die Unterstützung und Einbeziehung der Eltern sich stark darauf auswirken können, ob und wie sich die Teilnahme, das Verhalten und die Leistung der Schüler verbessern. Doch es ist nicht immer so einfach, diese Unterstützung auch zu erhalten. Insbesondere Eltern, die eher gleichgültig und uninteressiert scheinen, sind für solche Anliegen oft schwer zu gewinnen.

Machen Sie sich hier zunächst einmal bewusst, dass diese Eltern eine **negative Sicht auf die Schule haben.** Wahrscheinlich wurden sie bereits zu zahllosen Gesprächen zitiert, um über die Zukunft ihrer Kinder zu diskutieren. Leider steht dabei im Allgemeinen immer das im Mittelpunkt, was ein Schüler falsch oder schlecht macht. In manchen Fällen haben die Eltern bereits Jahre voller Beschwerden darüber hinter sich. Da verwundert es kaum, wenn sie auf die Schule nicht allzu gut zu sprechen sind, – vor allem dann, wenn sie selbst Schwierigkeiten in der Schule hatten (und das ist oft der Fall). Ein Anruf von der Schule ist dann wohl auch das Letzte, worauf diese Eltern erpicht sind.

Wenn Sie schon mal Probleme mit Ihrer Bank hatten, dann können Sie sich vorstellen, wovon ich hier spreche. Man fühlt sich einfach nur noch schlecht, wenn wieder mal ein Schreiben kommt, das daran erinnert, in welch misslicher Lage man sich befindet. Das ist oft der Grund, warum es so schwierig ist, das Vertrauen und die Unterstützung mancher Eltern zu gewinnen, – sie wollen von der Schule einfach keine Hiobsbotschaften mehr erhalten.

Um die Eltern auf Ihre Seite zu ziehen, sollten Sie zuerst versuchen, deren Sicht auf die Schule ins Positive zu kehren, und sie von der Einstellung abbringen, dass jede Kontaktaufnahme seitens der Schule einen negativen Hintergrund hat. Leichter gesagt als getan? Nicht unbedingt – greifen wir nochmal den Vergleich mit der Bank auf. Was machen Sie, wenn Sie die Beziehungen zu Ihrer Bank, die in Ihnen nur noch einen Risikofaktor sieht und eigentlich nichts mit Ihnen zu tun haben will, wieder auf eine gesunde Basis stellen wollen? Sie liefern der Bank positive Nachrichten über Ihre Finanzlage. Und genau das wollen auch die Eltern, die in der Schule etwas Bedrohliches sehen, – sie wollen **positive Nachrichten** über ihre Kinder hören.

Ich weiß, was Sie jetzt denken: *„Was soll ich Positives über Tim berichten? Er macht doch nie etwas richtig."* Die Wahrheit ist, dass jeder Schüler von Zeit zu Zeit etwas macht, das Lob verdient. Und Sie müssen diese Momente hervorheben, wenn Sie den Teufelskreis durchbrechen wollen. Sie müssen **nach lobenswerten Dingen Ausschau halten,** sie anerkennen und dann die gute Nachricht an die Eltern weiterleiten. Und es spielt keine Rolle, wenn es sich auch nur um eine winzige Verbesserung handelt. Hauptsache ist, dass Sie einen *positiven* Anruf tätigen können. Sicher werden Sie gleich erkennen, wie das folgende Gespräch von nur wenigen Minuten der Auslöser für ein besseres Verhältnis zwischen Schule und Eltern sein kann: *„Hallo Frau Müller, ich wollte Ihnen nur kurz mitteilen, dass Tim heute gute Fortschritte gemacht hat. Ich habe auch mit seinen anderen Lehrern gesprochen und alle hatten etwas Gutes über Ihren Sohn zu sagen. Herr Förster, sein Biologie-Lehrer, war positiv überrascht, dass Tim seine Hausaufgaben gemacht hat. Und ich habe mich richtig darüber gefreut, dass Tim sich heute in Geographie keinerlei Probleme eingehandelt hat. Es scheint so, dass er die Albernheiten der letzten Woche hinter sich gelassen hat. Wir sind alle sehr froh darüber. Sagen Sie ihm bitte, dass ich angerufen und mit Ihnen gesprochen habe. Ich rufe Sie in den nächsten Tagen wieder an und halte Sie auf dem Laufenden."*

Wenn Sie diese einfache Prozedur wiederholen und noch zwei oder drei weitere Anrufe dieser Art in einer Woche machen, dann werden die Eltern bald damit anfangen, ihre negative Sicht auf die Schule (und auf Sie) zu überdenken. Natürlich haben Sie nicht die Zeit, bei jedem Ihrer Schüler zuhause anzurufen, auch wenn jeder Anruf nur wenige Minuten dauert, aber das müssen Sie auch nicht. Sie brauchen sich anfangs nur auf die Schüler zu konzentrieren, die diese **zusätzliche Unterstützung** tatsächlich benötigen. Das heißt nicht, dass Sie die guten Schüler ignorieren, – auch sie verdienen, dass Sie mit Ihren Eltern in Verbindung treten oder bleiben. Es bedeutet nur, dass Sie ein wenig Extra-Zeit dort ansetzen, wo es am dringendsten ist, zumindest am Anfang.

Mit diesen regelmäßigen, kurzen, aber **positiven Anrufen** (oder mit kurzen schriftliche Nachrichten, auch per SMS) beginnen die Eltern vielleicht zum ersten Mal überhaupt zu glauben, dass jemandem von denen „da oben" ihre Interessen am Herzen liegen. Und die Folgen davon können nicht überschätzt werden. Im Laufe der Zeit werden die Gespräche über *„Hallo … Heute war sie brav …"* hinausgehen. Die Eltern sehen in Ihnen dann womöglich einen **Verbündeten,** jemanden, dem sie vertrauen können – und dem sie nur zu gern ihre Unterstützung anbieten. Aber was noch wichtiger ist: Der Schüler wird schnell erkennen, dass die Schule und seine Eltern sich verbündet haben, – und das ist besonders wirkungsvoll!

Methode

Der schnelle Weg, positive Beziehungen zu gleichgültigen Eltern herzustellen

Bei häufiger Kommunikation werden Sie sehen, dass selbst die gleichgültigsten Eltern langsam auf Ihre Seite wechseln. Und mit jedem Kontakt werden Sie mehr über die Familie erfahren.
Es geschieht häufig, dass ein engagierter Lehrer in die aktuellsten Familienneuigkeiten eingeweiht wird, was wiederum eine wunderbare Gelegenheit ist, das Vertrauensverhältnis zu stärken.

Notieren Sie sich, wenn die Großmutter nächste Woche Geburtstag hat oder der Vater eine neue Stelle antritt. Ja, notieren Sie sich sogar, wenn eine Katze gerade Junge bekommen hat. Beim nächsten Anruf können Sie sich dann auf solche Informationen beziehen und sich beiläufig erkundigen, wie Omas Geburtstagsfeier war, wie es dem Vater an seinem neuen Arbeitsplatz gefällt und ob die Katzen-Babys sich gut entwickeln. Damit zeigen Sie, dass Sie zuhören und sich um die Menschen Gedanken machen.

AUFGABE 4
CLASSROOM MANAGEMENT AUTO-PILOT
OFF
ON

2 Der Sinn von Routinen

Wenn Sie noch keine Routinen in Ihren Klassen einsetzen, dann sollten Sie das ändern. Routinen können Ihr Klassenzimmer wortwörtlich über Nacht verwandeln, Ihre Anweisungen auf „Autopilot" stellen und Ihnen die Arbeit enorm erleichtern.
Der erste große Vorteil ist die **Zeitersparnis.** Eine Menge Zeit geht verloren, wenn Sie Anweisungen ein ums andere Mal wiederholen müssen, weil Ihre Schüler nicht zuhören. Wenn Sie sich erst einmal die Zeit dafür genommen haben, Routinen einzuführen, durch die die Schüler dazu gebracht werden, Ihren Anweisungen zu folgen, – dann haben Sie schon viel erreicht. Sie müssen ihnen dann nicht mehr ständig sagen, was zu tun ist. Denn die Routinen erinnern sie daran, was wie gemacht werden muss.

Routinen sind für Ihre Schüler wie eine **Landkarte,** mit der sie sich orientieren können. Und weil sich diese Landkarte nicht ändert, entsteht hundertprozentige **Konstanz.** Wir alle wissen, wie wichtig Konstanz für das Unterrichten und den Umgang mit den Schülern ist. Routinen sind in die Praxis umgesetzte Konstanz. Sie können bei den Anweisungen für Ihre Schüler von einem zum anderen Mal einfach nicht mehr abweichen, sobald Sie sie in Routinen verwandelt haben.

Durch Routinen erhöhen sich auch die Chancen der Schüler, in Ihrem Unterricht zu **Erfolgserlebnissen** zu kommen, – insbesondere für unsere schwierigsten Schüler ist das etwas, woran sie sich nur selten erfreuen können. Geben Sie ihnen klare Schritte vor, mit deren Befolgung sie eine Aufgabe erledigen können. Dann erhöht sich die Wahrscheinlichkeit enorm, dass sie etwas richtig machen. Und je mehr Gelegenheiten Sie haben, Ihre Schüler und ihr angemessenes Verhalten zu loben, desto schneller ändern sich deren Einstellung und Benehmen zum Besseren.

Routinen lassen sich für die unterschiedlichsten Übergänge und „Verhaltensbrennpunkte" im Schulalltag entwickeln, zum Beispiel:

- das Betreten des Klassenzimmers
- der Beginn einer Unterrichtsstunde
- das Austeilen von Materialien

* das Aufräumen von Materialien
* um Hilfe bitten
* die Übergänge zwischen Aktivitäten und Aufgaben
* Was tun, wenn man mit einer Aufgabe fertig ist?
* Was tun, wenn man zu spät kommt?
* die Verwendung bestimmter Geräte
* Gruppenarbeit
* der Weg zur Schülerbibliothek
* ein Video anschauen
* einem Gast von außerhalb der Schule zuhören
* Fragen beantworten
* Klassenarbeiten abliefern
* Hausaufgaben abliefern
* das Verlassen des Klassenzimmers

Wie viel einfacher würde Ihr Arbeitstag verlaufen, wenn Sie für alle diese Situationen Routinen zur Verfügung hätten? Und wie viel reibungsloser würde sich der Unterricht gestalten, wenn die Schüler genau wüssten, was in jeder dieser Situationen zu tun ist?

Methode

Wie Sie in Ihrem Klassenzimmer zeitsparende Routinen einführen können

Sobald Sie sich entschieden haben, für welche Phasen Ihres Unterrichts Routinen von Vorteil wären (gewöhnlich sind es die aktivsten oder weniger strukturierten Phasen, wie sie oben aufgelistet sind), ist die Einführung im Wesentlichen von der Frage geleitet, wie Sie Ihre Schüler dazu bringen, eine durchnummerierte Checkliste zu befolgen. Eine solche Checkliste werde ich Ihnen gleich zeigen …

Schritt 1: Entwerfen Sie Ihre Routine und schreiben Sie sie auf
Beim Aufschreiben einer Routine kommt es darauf an, die ganze Prozedur auf wenige, einfache Schritte zu reduzieren (drei bis sechs) – wie im folgenden Beispiel für den Beginn einer Unterrichtsstunde. Stören Sie sich nicht daran, wenn Ihnen diese spezielle Routine für Ihre Schüler ein wenig zu drastisch erscheint – sie dient nur als Beispiel. Ich setzte diese Routine ein, um eine extrem schwierige

Gruppe 14-Jähriger auf Linie zu bringen, und es hat sehr gut funktioniert.

1. Kommt pünktlich.
2. Stellt euch schweigend in einer Reihe auf.
3. Betretet das Klassenzimmer, ohne zu reden.
4. Jeder setzt sich auf seinen Platz.
5. Erledigt die Aufgabe, die an der Tafel steht.

Schritt 2: Bringen Sie die Routine der Klasse bei
Bei einer schwierigen Klasse ist es wahrlich eine Kunst, erfolgreich Anweisungen zu geben oder eine Routine einzuführen. Es ist ein Fall für den „strengen, aber gerechten" Weg. Vermeiden Sie Schreien, herablassende oder herabwürdigende Äußerungen und Drohungen. Aber lassen Sie sich nicht beirren und beharren Sie auf die Einhaltung aller Schritte.

Wollen Sie beispielsweise einer Klasse den zweiten Schritt der obigen Routine (Beginn einer Unterrichtsstunde) beibringen, dann sollen sich die Schüler genau auf die genannte Weise (schweigend und natürlich auch ordentlich) in einer Reihe vor dem Klassenzimmer aufstellen. Wenn Sie sich damit zufriedengeben, dass die Schüler zwar in einer Reihe stehen, dabei aber tuscheln und sich gegenseitig anrempeln, na gut, dann lassen Sie sie damit davonkommen. Aber beim nächsten Mal werden sie es genauso machen und Ihre Routine wird kläglich scheitern. Es wäre besser, Sie würden es genau erklären: *„Sich schweigend in einer Reihe aufstellen bedeutet, sich ruhig hinstellen, die linke Schulter berührt die Wand, die Hände liegen an der Seite, ihr schaut geradeaus und seid mucksmäuschenstill."*

Wählen Sie ein paar Schüler aus, die die Routine der übrigen Klasse demonstrieren. Dann soll es ihnen die ganze Klasse nachmachen. Mit großer Sicherheit werden die Schüler Sie auf die Probe stellen, indem sie so manches falsch machen – ein leises Kichern hier, ein Schubsen dort und eine Totalverweigerung ganz hinten. Also muss alles nochmal gemacht werden.

Damit die Routine für die Schüler etwas lustiger wird und weniger restriktiv wirkt, können Sie ihnen ein Ziel vorgeben, das mit Übung leicht zu erreichen ist und spielerisch wirkt, zum Beispiel: *„In fünf*

Sekunden stehen alle in einer Reihe! Schafft ihr das?" Beginnen Sie aber langsam, vielleicht mit 20 Sekunden am ersten Tag. In den folgenden Tagen können Sie die Zeitvorgabe verringern. Und denken Sie immer daran, positive Rückmeldung zu geben.

Bei manchen Klassen, die auf den spielerischen Ansatz nicht anspringen, müssen Sie vielleicht eine härtere Gangart einschlagen. Ich selbst habe die Routine zum Beispiel während der Pausenzeiten mit meiner Klasse eingeübt. Diese hatte es nämlich vorgezogen, während des Unterrichts Zeit zu verschwenden, als die Routine eingeführt werden sollte. Nach einigen Tagen ohne Pause werden auch Ihre Schüler begreifen, dass Sie es ernst meinen.

Noch etwas: Sobald die Schüler erfolgreich das gemacht haben, was Sie von ihnen verlangten, ist eine positive Rückmeldung und Verstärkung sehr wichtig. Heben Sie den Augenblick mit einer gebührenden Gratulation hervor, vielleicht mit einer Belohnung für die ganze Klasse (→ siehe Kapitel 6 zu positiver Verstärkung).

Schritt 3: Machen Sie die Routine sichtbar
Das wahre Erfolgsgeheimnis einer Routine besteht darin, sie den Schülern so vertraut zu machen, dass sie ihnen in Fleisch und Blut übergeht. Wenn etwas zur Gewohnheit wird, dann bedarf es keiner weiteren Erklärungen mehr. Und wenn es nicht mehr erforderlich ist, dass Sie Anweisungen wiederholen oder Schüler daran erinnern müssen, dann haben Sie in Ihrem Klassenzimmer tatsächlich „automatisierte" Abläufe.

Sobald Sie den Schülern eine Routine beigebracht haben, muss sie nur noch an einer auffälligen Stelle im Klassenzimmer sichtbar sein. Dort erinnert sie die Schüler dann immer an die einzelnen Schritte, die es zu befolgen gilt. Und von nun an brauchen Sie nur noch einen Finger zu heben und auf die Routine zu deuten, wenn ein Schüler nicht mehr bei der Sache ist oder sich nicht so verhält, wie er es sollte. Sie können den Schüler auch direkt ansprechen und mit der folgenden Frage zum Nachdenken anregen: *„Was solltest du jetzt gerade machen?"* Dieser Frage lassen Sie dann sofort die Aufforderung folgen: *„Dann mach es auch, bitte!"* Und wenn die Schüler die Routine erst einmal verinnerlicht haben, dann werden sie mit Ihnen auch nicht mehr diskutieren. Spitze, oder?

TIPP

Sehr früh in meiner Karriere als Trainer arbeitete ich bei einer Stiftung, die in einem Kinderheim das Verhalten verbessern wollte. Gemeinsam mit den Kollegen vor Ort identifizierte ich die Zeiten und Abläufe während eines Tages, die sich durch strukturierte Routinen optimieren ließen.

Mein Fehler war es, nicht deutlich genug darauf zu achten, dass immer nur eine Routine allein eingeführt wird. Die wohlmeinenden und motivierten Kollegen versuchten, fünf oder sechs Routinen gleichzeitig umzusetzen, was natürlich zu einer heillosen Verwirrung führte. Nach einigen Wochen kam ich zurück und konnte nur eine sehr geringe Verbesserung feststellen. Also kehrten wir zum Anfang zurück und beschränkten uns immer nur auf einen Bereich. Der Unterschied war bemerkenswert. Der Leiter des Kinderheims rief mich einige Tage später an und sagte mir, dass sich der Arbeitstag zum Positiven verändert habe. Lektion gelernt!

Was tun, wenn die Schüler die Routinen nicht einhalten wollen?

Wollen Sie die **Bereitschaft zum Befolgen der Routinen** maximieren, dann sollten Sie die Schüler bei deren Gestaltung und Ausformulierung miteinbeziehen. Denn es ist nicht immer zielführend, wenn Sie den Schülern jeden Aspekt ihres Verhaltens vorschreiben. Besonders auf ältere Schüler kann das sehr unterdrückend wirken. Besser ist es, wenn Sie die Schüler **Vorschläge** machen lassen, wie sie in einer bestimmten Situation vorgehen wollen. Diese Vorschläge können Sie dann in Ihre Routine übernehmen. Manche Klassen müssen Sie auf geeignete Aktionen sanft hinlenken. Aber auch dann kann eine Routine immer noch schneller eingeführt werden, als wenn Sie diese der Klasse einfach nur vorschreiben.

Ich glaube auch, dass **positiver Gruppendruck** entscheidend für den Erfolg einer Routine ist. Dafür müssen Sie allerdings die Wortführer der Klasse für sich gewinnen – am besten in einem Vier-Augen-Gespräch, in dem Sie ihnen erklären, wie wichtig ihre Kooperation für Sie und die ganze Klasse ist. Ein Beispiel: *„Tim, kann ich kurz mit* *dir reden? Ich weiß nicht genau, ob du dir im Klaren darüber bist, welch wichtige Rolle du in der Klasse spielst. Alle schauen und hören auf dich. Du könntest mir sehr helfen. Ich will doch diese Routine einführen. Das einzige, was du zu tun brauchst, ist, darauf zu schauen, dass deine Freunde die Schritte befolgen – so wie wir es ausgemacht haben. Könntest du das machen? Ich habe bereits mit Jonas und Hannah gesprochen, beide machen auch mit. Du bist also nicht allein. Bist du einverstanden?"*

Auch wenn Sie sich noch so sehr bemühen, wird es immer Schüler geben, die glauben, **gegen den Strom schwimmen** zu müssen, und die es schwierig machen, dass eine Routine Wurzeln schlägt. Oft wollen diese Schüler nur ein wenig individuelle Aufmerksamkeit. Erinnern Sie sie daran, dass der Erfolg der Klasse davon abhängt, dass jeder bei der Routine mitmacht. Oder wenden Sie ein wenig Zeit auf und versuchen Sie herauszufinden, was hinter ihrem Drang steckt, sich selbst auszugrenzen. Manchmal reicht eine strenge Ermahnung, um diese Schüler auf Linie zu bringen. Wenn das nichts nützt, können Sie natürlich noch auf die ganze Reihe der abgestuften Sanktionen zurückgreifen (zu Konsequenzen und Sanktionen erkläre ich mehr in → Kapitel 4, zum Verhältnis zu den Schülern mehr in → Kapitel 5).

Seien Sie durchorganisiert und vorbereitet

Eine gute Vorbereitung ist für den Ablauf von Routinen sehr hilfreich und ermöglicht einen strukturierten Unterricht ohne Leerlauf. Es lässt sich aber kaum vermeiden, dass manchmal etwas nicht nach Plan verläuft und es zu **Unterbrechungen im Unterricht** kommt. Sie müssen sich dann auf Ihre Schüler verlassen, dass sie so kooperativ sind und still sitzen bleiben, ohne laut herumzualbern, während Sie alles wieder hinbiegen wollen. Manche Klassen überbrücken solche Unterbrechungen recht vernünftig und geduldig. Bei lauten Klassen ist das eher nicht der Fall. Für sie ist das dann so etwas wie „Kabarett-Zeit". Wenn Sie dann keine Aktivitäten zur Hand haben, mit denen Sie die Klasse beschäftigen können, und wenn Sie nicht schnell wieder die Kontrolle übernehmen, falls die Sache zu eskalieren droht, dann wird sich das Klassenzimmer bald in ein Tollhaus verwandelt haben.

Genau genommen sind viele dieser Situationen absolut vermeidbar. Wenn Ihre schwierigste Klasse das Klassenzimmer zerlegt, während Sie eifrig an einem nicht funktionierenden DVD-Player herumfuchteln oder in allerletzter Minute noch zum Kopierer eilen, dann flehen Sie ja förmlich um Ärger. Fast alle Unterbrechungen, Verzögerungen und Pannen können durch eine **gute Vorausplanung** vermieden werden. Hier sind einige Punkte, die Sie beachten könnten:

* **Handouts und Arbeitsblätter:** Wenn Sie etwas austeilen, sollten Sie immer einige Kopien in Reserve haben. Dann müssen Sie während des Unterrichts niemanden zum Kopierer schicken oder selbst hingehen.
* **Alternative Aktivitäten:** Es ist immer günstig, wenn Sie zusätzliche Materialien und alternative Aktivitäten in der Hinterhand haben. Falls etwas schiefgeht oder nicht funktioniert, können Sie damit eine Unterrichtsstunde am Laufen und die Aufmerksamkeit der Schüler wachhalten.
* **Neue Aktivitäten:** Wenn Sie zum ersten Mal etwas Neues ausprobieren wollen, sollten Sie zuvor einen Probelauf machen, um eventuelle Probleme noch ausbügeln zu können. Wenn dann doch etwas schiefgeht, geraten Sie nicht ins Schwimmen und können sofort auf Plan B umschalten.
* **Technische Geräte:** Testen Sie die Geräte vor dem Unterricht auf ihre Funktionalität und kümmern Sie sich ggf. rechtzeitig um ein Ersatzgerät. Wenn Sie mit einem Gerät nicht vertraut sind, schreiben Sie für sich selbst eine einfache Anleitung (Schritt 1: Stecker in die Steckdose. Schritt 2: Gerät einschalten …).
* **Arbeitsmaterialien:** Will sich ein Schüler vor einer Aufgabe drücken, ist wohl eine der häufigsten Ausreden: *„Ich habe keinen Stift"* – oder was auch immer gerade notwendig wäre. Als Lehrer müssen Sie *alle* möglichen Ausreden und Probleme vorausahnen, damit der Unterricht nicht unnötig aufgehalten wird. Halten Sie also ausreichend Reservematerialien (Lineale, Stifte, Zirkel …) für Ihre Schüler bereit und versehen Sie sie mit Ihrem Namensetikett. So können sie den Schülern schnell ausgeliehen werden, ohne dass der Unterricht gestört wird.

(Mehr zum Thema „Schüler, die ihre Sachen nicht mit in den Unterricht bringen", finden Sie ab → Seite 245.)

Mit **dreh dich herum** habe ich nur gemeint, dass du nach vorn schauen sollst.

3 Anweisungen – klar und deutlich

Mit klaren Anweisungen stellen Sie sicher, dass Sie Ihren Schülern die **richtige Botschaft in der richtigen Art und Weise mitteilen.** Dadurch minimieren Sie Verwirrung und Konfrontation und maximieren die Chancen, das Verhalten zu sehen, das Sie sehen wollen.
Denken Sie bei diesem Thema auch daran, dass sich etwa **75% der Kommunikation auf nonverbaler Ebene** abspielen. Es geht nicht so sehr um den Wortlaut, den Sie verwenden, als vielmehr um Körpersprache, Mimik, Gestik und auch um Nähe und Distanz – wie nahe sind Sie Ihren Schülern, wenn Sie mit ihnen sprechen?
All das spielt eine große Rolle dabei, ob andere wirklich verstehen, was wir sagen – oder eben nicht. Sehr oft ziehen Schüler **voreilige Schlüsse** oder sie fehlinterpretieren, was wir sagen. Und das geschieht manchmal sogar, bevor wir überhaupt den Mund aufgemacht haben. Oft sind die stillen Botschaften, die wir unbewusst übermitteln, die tiefere Ursache dafür, ob uns die Schüler zuhören, uns ignorieren, uns anschreien oder in Tränen aufgelöst den Raum verlassen.

Auch die Art und Weise, wie Sie Ihre **Stimme** einsetzen, wirkt sich stark darauf aus, wie Ihre Botschaft interpretiert wird. In dieser Hinsicht ähneln Kinder Hunden. Wenn Sie meinen Hund aggressiv und heftig mit den Worten *„Du bist das herzallerliebste Hündchen aller Zeiten!"* anbrüllen, wird er zusammenzucken und sich davonmachen. Denn er wird sich fürchten, ausgeschimpft zu werden, weil er wieder mal einen meiner Schuhe gestohlen hat. Wenn Sie ihm aber mit sanfter, liebevoller Stimme sagen, er sei der hässlichste Köter aller Zeiten, wird er begeistert an Ihnen hochspringen und glauben, Sie seien sein neuer bester Freund. Er ist in dieser Hinsicht sehr flatterhaft. Aber im Ernst: Ein Hund versteht die Wörter und auch die Worte nicht. Aber er reagiert auf den **Tonfall,** die **Sprechgeschwindigkeit** und die **Lautstärke.** Er reagiert ganz einfach auf die Art und Weise, wie man zu ihm spricht. Und bei Menschen ist das nicht anders.

Welche Botschaft senden Sie also mit Ihrem Gesichtsausdruck, Ihrem Tonfall und Ihrer Körpersprache an die Schüler? Dass Sie müde sind, schlapp, an der Grenze des Erträglichen? Ist das der Fall, dann stehen die Chancen gut, dass Sie von Ihren Schülern ignoriert werden oder dass sie noch ein bisschen mehr Dampf machen, um Sie über den Rand des Abgrunds zu befördern. Oder vermitteln Sie ihnen den Eindruck, dass Sie auf sie sauer sind? Oder dass Sie sie überhaupt nicht leiden können? Dann werden sie sich vollständig gegen Sie wenden. Hart gesottene Schüler werden sich ab und zu rächen, die schüchternen werden ihren Groll hegen und pflegen und die Vergeltung vielleicht noch aufschieben.

Man kann den Eindruck machen, dass man ein Schwächling, eine Bedrohung oder eine Führungspersönlichkeit ist. Das hängt ganz von den **stillen Botschaften ab.** Die Art und Weise, wie Sie Anweisungen geben, hat also einen massiven Einfluss darauf, wie die Schüler reagieren.

Tipp !

Sie werden feststellen, dass eine Klasse wesentlich ruhiger wird und Ihnen zuhört, wenn Sie die normale Klassenzimmerlautstärke Ihrer Stimme auf ein Niveau herabsenken, das dem Besuch eines vornehmen Restaurants angemessen ist. Eine meiner langjährigen Kolleginnen, eine sehr zierliche Dame, hatte eine kaum hörbare Stimme. Ihre Schüler mussten sich regelrecht anstrengen, um ihr zu lauschen. Aber während ihres Unterrichts war es immer ziemlich ruhig. Es war erstaunlich, wie sich die Schüler bei ihr verhielten – im Vergleich zu anderen Lehrern, wo sie kreuz und quer im Klassenzimmer herumbrüllten.

Methode

Sechs Möglichkeiten, wie Sie Ihre Schüler dazu bringen, Ihre Anweisungen zu befolgen

1. Geben Sie klare Anweisungen auf ruhige, bestimmte Art und Weise

Es gibt eine Menge Gründe dafür, nicht zu schreien und zu schimpfen, wenn Sie Ihren Schülern sagen, was sie machen sollen. An allererster Stelle käme es in Klassen voller schwieriger Schüler garantiert zu einer Auseinandersetzung. Wenn Sie erreichen wollen, dass sich Ihre Schüler vernünftig verhalten, dann müssen Sie vorleben, was Sie von ihnen sehen wollen. Wenn Sie die Beherrschung verlieren und schreien, versetzen Sie die Schüler nur noch mehr in Aufregung und ermuntern sie, Ihnen auf dieselbe Art und Weise zu antworten.

An zweiter Stelle: Die Schüler werden den Respekt vor Ihnen verlieren. Es mag vielleicht einige Schüler geben, denen sonst nie Aufmerksamkeit geschenkt wird und die eine gewisse Form der Anerkennung darin sehen, wenn sie angeschrien werden. Negative Aufmerksamkeit ist schließlich besser als keine, oder? Doch im Normalfall können die Schüler ein solches Verhalten nicht ausstehen. Auf kurze Sicht kann man sie damit vielleicht zum Mitmachen bewegen. Aber auf lange Sicht erreicht man dadurch nur Abneigung. Bei manchen Schülern regt sich sogar ein gewisses Machtgefühl, wenn sie Zeugen werden, wie ihr Lehrer die Beherrschung verliert. Für andere wiederum ist es ein amüsantes Spektakel.

Wollen Sie klare Anweisungen geben, kommt es vor allem darauf an, dass Sie Fehlinterpretationen ausschließen. Zeigen Sie mit Ihren Anweisungen den Schülern einen klaren Weg auf, dem sie folgen können. Damit steigt die Chance, dass Sie sie dorthin bekommen, wo Sie wollen, bzw. dass sie das tun, was Sie wollen. Auch die Anlässe für unnötige Diskussionen werden weniger. Im Prinzip ist es eine einfache Sache: Sie erklären den Schülern kurz und bündig, genau und eindeutig das, was sie tun sollen.
Beispiele: *„Tim, hör auf, mit dem Bleistift zu klopfen!“*, *„Hör auf, mit Lukas zu tuscheln!“*, *„Hör auf, mit dem Stuhl zu schaukeln, und schau nach vorn!“* Mit solchen Aufforderungen stehen die Chancen besser, das gewünschte Resultat zu erzielen, als wenn Sie nur sagen würden: *„Tim, hör auf damit!“* Wenn Tim nicht sicher ist, womit er aufhören soll, kann das der Einstieg in eine längere Diskussion werden. *„Womit soll ich denn aufhören?“*, könnte er etwa antworten. Um Ihre Anweisungen glasklar zu formulieren, sollten Sie vage Hinweise wie „ruhig“, „ordentlich“, „vernünftig“ oder „respektvoll“ vermeiden – Wörter also, die tagtäglich in jedem Klassenzimmer benutzt werden. Denn diese Wörter haben für jeden eine andere Bedeutung. Was für Sie „vernünftig“ ist, muss es nicht zwangsläufig für Ihre Schüler sein.

Mit vagen Aufforderungen wie *„Setz dich richtig hin!“* oder *„Ruhig weiterarbeiten!“* liefern Sie wirklich bockigen Schülern eine gute

Gelegenheit für ein kleines Streitgespräch. Warum? Weil Sie nicht exakt definiert haben, was Sie mit „richtig" und „ruhig" meinen. Für den einen Schüler bedeutet „ruhig" ein Flüstern, während ein anderer darunter versteht, in normaler Lautstärke zu sprechen. Wenn Sie die Schüler also mit solchen Aussagen konfrontieren, dann kann die spontane Antwort lauten: *„Ich bin doch ruhig."*

Hätte ich in meinem Unterricht nur gesagt *„Setz dich richtig hin!"*, dann hätten viele meiner Schüler erwidert, sie würden doch schon richtig dasitzen, obwohl sie gerade auf einem Stuhlbein balancierten und sich nach Kräften darum bemühten, ein Loch in den Boden zu bohren. Es mag etwas pedantisch scheinen, aber wenn Sie sich möglichst exakt äußern, dann vermeiden Sie Diskussionen der Art *„Ich mach doch schon, was Sie sagen."* Und je mehr Diskussionen Sie vermeiden, desto weniger werden auch die Störungen, mit denen Sie zurechtkommen müssen. Wann immer eine zweideutige Anweisung im Raum steht, wird sich ein Schüler finden, der die Regeln bricht. Eine bessere Formulierung als *„Setz dich richtig hin!"* wäre vielleicht: *„Tim, setz dich bitte auf deinen Stuhl wie alle anderen auch, sodass alle vier Stuhlbeine auf dem Boden stehen. Danke!"*

Ähnlich verhält es sich, wenn Sie wollen, dass die Schüler den gewünschten Lärmpegel einhalten. Dann müssen Sie erst genau klären, was Sie unter „ruhig" verstehen. Bei jüngeren Schülern kann ein anschauliches Beispiel hilfreich sein. Sie könnten ihnen ein Lineal zeigen und erklären, dass sie mit ihrer „30-cm-Stimme" oder ihrer „Partner-Stimme" sprechen sollen und nicht mit ihrer „Spielplatz-Stimme". Bei älteren Schülern reicht es womöglich aus, wenn Sie bei Ihren Anweisungen die Lautstärke, die Sie hören wollen, demonstrieren.

Und schließlich: Was meine ich mit „ruhiger, aber bestimmter Art und Weise"? Als erster Punkt: Achten Sie auf eine verbindliche, offene, nicht bedrohlich wirkende Körpersprache. Stirnrunzeln und finsterer Blick sollten durch freundliches, einladendes Lächeln ersetzt werden. Vermeiden Sie auch deutende Handbewegungen, die als Drohung missverstanden werden können, und aggressiv wirkende Körperhaltungen. Zweitens: Atmen Sie einmal tief und langsam ein und aus, senken Sie beim Sprechen die Lautstärke … den Ton … und langsam … wird die Stimme … leiser. Das bewirkt Wunder und Sie bringen Ihre Botschaft souverän rüber!

2. Lassen Sie die Schüler bestätigen, dass sie Ihre Anweisungen gehört haben

Haben Sie Ihre Schüler schon mal aufgefordert, an einer Aufgabe zu arbeiten, um dann nach fünf Minuten festzustellen, dass einige Ihre Anweisungen völlig ignoriert haben? Und als Sie dann nach dem Grund fragten, bekamen Sie in etwa folgende Antworten: *„Ich habe das nicht verstanden", „Ich habe Sie nicht gehört", „Ich habe nicht gewusst, dass Sie mich gemeint haben"?*

Das sind gute Ausreden. Denn sie geben die Beweislast direkt an Sie zurück. Wenn die Schüler etwas nicht verstanden haben, dann ist das ja schließlich Ihr Fehler. Wenn die Schüler Sie nicht gehört haben, ist das auch Ihr Fehler. Und wenn ein Schüler gar nicht mitbekommen hat, dass auch er angesprochen ist, dann ist das erst recht Ihr Fehler. Wenn Sie nicht ungerecht erscheinen wollen, ist Ihr einziger Ausweg in dieser Situation, den Schülern eine zweite Chance zu geben nach dem Motto: im Zweifel für den Angeklagten. Wie gesagt, das sind sehr gute Ausreden, denn sie bescheren den Schülern auf legitime Weise eine Menge an Auszeit. Aber es gibt eine einfache Lösung: Lassen Sie als Erstes die Schüler bestätigen oder wiederholen, was auch immer Sie gerade gesagt oder verlangt haben: *„Tim, wiederhole bitte den Arbeitsauftrag! Dann weiß ich, dass du mich gehört hast."* Dann überprüfen Sie, ob die Schüler Ihre Anweisungen verstanden haben: *„Danke, Tim. Und kannst du jetzt noch erklären, wie du das machen sollst? Dann weiß ich, dass du den Rest der Fragen beantworten kannst."*

Wenn Sie jetzt sehen, dass Tim noch weitere Erklärungen braucht, dann helfen Sie ihm damit. Wenn sich aber zeigt, dass er weiß, was er machen soll, dann ist Ihr Job erledigt. Sie brauchen ihn nur noch zum Weitermachen aufzufordern. Die guten Ausreden kann er sich dann sparen.

3. Nennen Sie den Schülern einen Grund!

Die Psychologin Ellen Langer versuchte 1978, die Faktoren zu bestimmen, die es wahrscheinlicher machen, dass Menschen einem anderen einen Gefallen erweisen. In einem Experiment testete sie drei verschiedene Ansätze, wie es zu schaffen wäre, dass Menschen einem anderen an einem Kopierer den Vortritt geben.

- Bitte ohne weitere Erklärungen: *„Entschuldigung, würde es Ihnen etwas ausmachen, wenn ich vor Ihnen an den Kopierer gehe?"*
- Fingierter oder irrelevanter Grund: *„Entschuldigung, würde es Ihnen etwas ausmachen, wenn ich vor Ihnen an den Kopierer gehe? Ich muss nämlich ein paar Kopien machen."*
- Richtiger Grund: *„Entschuldigung, würde es Ihnen etwas ausmachen, wenn ich vor Ihnen an den Kopierer gehe? Ich bin in furchtbarer Eile."*

Die Versuchsteilnehmer stellten jede Frage gleich oft. Es kam zu interessanten Ergebnissen. Wenn die Teilnehmer einen Grund dafür nannten, warum sie vorgelassen werden wollten, dann hatten sie damit weitaus öfter Erfolg, als wenn sie die Frage ohne Angabe eines Grundes stellten. Aber das Überraschende war, dass es gar keine Rolle spielte, welcher Grund genannt wurde. Eine völlig irrelevante Aussage *(„Ich muss ein paar Kopien machen.")* funktionierte genauso wie ein triftiger Grund.
Die Erkenntnis, die Sie aus dieser Studie in Ihr Klassenzimmer mitnehmen können, liegt auf der Hand: Wenn Sie Ihre Schüler bitten oder auffordern, etwas Bestimmtes zu machen, dann sollten Sie diese Bitte oder Aufforderung mit einem Grund stützen: *„Könntest du das bitte machen …? Es wäre nämlich eine gute Idee, weil …"*
Es muss nicht unbedingt ein guter Grund sein: *„Macht mit der Aufgabe weiter, weil ihr sonst nicht fertig werdet!"* – das sollte genauso funktionieren wie der etwas heftigere Hinweis *„Macht mit der Aufgabe weiter, sonst müsst ihr nachsitzen!"* Die Angabe eines Grundes führt zweifelsohne zu weniger Diskussionen und Protesten.

Probieren Sie es selbst einmal aus! Sagen Sie *„Könnt ihr bitte ruhiger sein, weil ich furchtbare Kopfschmerzen habe"*, statt einfach nur *„Ruhe!"* zu rufen. Wenn Sie Ihren Schülern einen Grund nennen für das, was sie machen sollen, dann bedeutet das auch, dass Sie Ihren Anweisungen eine gewisse Wichtigkeit verleihen, ohne dabei zu offiziell oder schroff zu wirken. Beispiel: *„Kommt nach der Pause bitte sofort ins Klassenzimmer zurück, damit wir mit diesen Aufgaben fertig werden"*, statt *„Bis nach der Pause – und keine Verspätung!"*.

4. Danken Sie im Voraus

Wenn Sie eine Aufforderung mit einem Dank beginnen oder abschließen, bevor Ihre Schüler überhaupt etwas gemacht haben, vermitteln Sie ihnen den Eindruck, dass Sie mit einer positiven Reaktion rechnen. Wir alle kennen den Effekt positiver Erwartungen. Es ist also nicht überraschend, dass so formulierte Aufforderungen eher ein erfreuliches Ergebnis nach sich ziehen. Sie üben oft sogar eine magische Wirkung auf die Schüler aus. Versuchen Sie es mal: *„Vielen Dank, dass ihr euch sofort in einer Reihe aufstellt."* Oder: *„Danke, dass ihr macht, worum ich euch bitte. Das erleichtert mir meine Arbeit als Lehrer."*

5. Formulieren Sie „Wenn-dann-Sätze"

Erklären Sie den Schülern die Folgen ihres Tuns mit einem „Wenn-Dann-Satz" und fügen Sie einen Hinweis auf das gewünschte Verhalten an.

Beispiele: Sagen Sie nicht einfach nur *„Du störst den Unterricht."* Sagen Sie stattdessen: *„Tim, wenn du durch den ganzen Raum schreist, dann störst du die anderen. Mach bitte, ohne zu schreien, mit deiner Aufgabe weiter."*

6. Formulieren Sie Aussagen, keine Fragen

Bekanntlich erleben wir von unseren Schülern bessere Reaktionen, wenn wir sie höflich und freundlich behandeln und nicht feindselig. Aber viele Lehrer, die ihren Schülern auf freundliche Weise ein besseres Verhalten beibringen wollen, begehen den Fehler, Fragen zu stellen statt ihre Anweisungen direkt zu geben. Das kann sich dann so anhören:

- *Guten Morgen! Können wir uns jetzt alle ruhig hinsetzen?*
- *Tim, glaubst du, dass du das jetzt tun solltest?*
- *Könnt ihr jetzt bitte mit der Aufgabe weitermachen?*
- *Würdet ihr jetzt bitte mit eurer Aufgabe weitermachen?*
- *Führe ich Selbstgespräche, Tim?*

Solche Fragen können nicht nur Antworten zur Folge haben, die Sie sicher lieber nicht hören wollen. Sie vermitteln auch den Eindruck, dass Sie die Lage nicht wirklich unter Kontrolle haben, und führen deshalb oft zu unnötigen Diskussionen. Knappe Anweisungen, in ruhiger und überlegter Art und Weise erteilt, sind wesentlich effektiver als Fragen, wenn Sie erreichen wollen, dass Ihre Schüler ohne großen Wirbel Ihre Erwartungen erfüllen: *„Tim, hör auf zu sprechen. Dreh dich um und mach bitte dein Diagramm fertig."*

Wenn du nicht machst, was ich sage, musst du nachsitzen.
Wenn ich noch einen schreien höre, fällt für alle die Pause aus.
Setz sofort die Mütze ab – oder ich rufe deine Eltern an.
Du hast während der Stunde überhaupt nicht gearbeitet. Das gibt einen Eintrag ins Klassenbuch.

4 Konsequenzen und Sanktionen

Bevor wir in dieses Thema einsteigen, möchte ich unbedingt noch auf einen wichtigen Umstand hinweisen: Es gibt eine Vielzahl effektiver **Präventivmaßnahmen,** mit denen wir Schüler motivieren und unterstützen können, damit sie auf dem richtigen Weg bleiben, ehe wir zu Sanktionen greifen. Ich habe nichts gegen Sanktionen. Aber ich sehe die Gefahr, dass wir uns zu sehr auf Sanktionen (und deren Androhung) als die *einzigen* Maßnahmen verlassen, mit denen wir auf Verhaltensprobleme reagieren. Ein so verstandenes *Classroom Management* führt zu einer sehr angespannten Atmosphäre, in der Strafen immer im Raum schweben. Dies wiederum schafft mehr Probleme, als damit gelöst werden.

Hier einige Beispiele:

- *„Wenn du nicht machst, was ich sage, musst du nachsitzen!"*
- *„Wenn ich noch einen schreien höre, fällt für alle die Pause aus."*
- *„Setz sofort die Mütze ab – oder ich rufe deine Eltern an."*
- *„Du hast während der Stunde überhaupt nichts gemacht. Das gibt einen Eintrag ins Klassenbuch."*

Verstehen Sie mich nicht falsch. Konsequenzen sind erforderlich, um Grenzen aufzuzeigen. Und **Schüler brauchen Grenzen,** auf die sie sich verlassen können und um richtiges Verhalten zu erlernen. Aber wie so oft gibt es einen richtigen und einen falschen Weg.

Richtig eingesetzt können Sie einem Fehlverhalten, welcher Art auch immer, durch Konsequenzen ein schnelles Ende setzen. Sie zeigen einen für die Schüler klar verständlichen Schlusspunkt auf. Und Sie beenden damit das Hin und Her von Ermahnungen, Verwarnungen, Drohungen und anderer uneffektiver Taktiken. Außerdem können Sie durch Konsequenzen überraschenderweise auch Brücken zu Ihren Schülern bauen, besonders zu den schwierigen, trotzigen und aufsässigen. Wenn ein Schüler spürt, dass sein Lehrer auf strenge, aber gerechte Weise ihm dabei zu helfen versucht, vernünftige Entscheidungen bezüglich seines Verhaltens zu treffen, wachsen sein Respekt, sein Vertrauen und auch seine Zuneigung diesem Lehrer gegenüber.

Einer der größten **Vorteile von Konsequenzen und Sanktionen,** wie ich sie in diesem Kapitel erkläre, besteht darin, dass Sie mit Verhaltensproblemen innerhalb des Klassenzimmers umgehen können. Sie brauchen aufsässige Schüler also nicht mehr bei einem Kollegen zu „parken" oder den Nachsitz-Kandidaten hinterherzulaufen. Plötzlich stehen Ihnen mehr Handlungsoptionen zur Verfügung, wenn ein Schüler sich „daneben" benimmt. Und das allein ist schon ein enorm ermutigender Aspekt. Betrachten wir also genauer, wie Sie mit Konsequenzen und Sanktionen richtig umgehen können.

Methode

Vier Möglichkeiten, Konsequenzen wirklich effektiv einzusetzen

1. **Schießen Sie nicht gleich mit den großen Kalibern – Konsequenzen müssen abgestuft sein**

Zu Beginn meines Referendariats hatte ich keine Ahnung, wie ich eine randalierende Klasse unter Kontrolle bringen oder mit einem Schüler umgehen sollte, der meine Anweisungen einfach ignoriert. Meine erste Reaktion war, dass ich die Anweisungen und Drohungen ein wenig lauter wiederholte. Und wenn das nichts brachte, schrie ich eben noch lauter. Man kann durchaus behaupten, dass meine Fähigkeiten damals beschränkt waren. Kam ich mal so richtig aus der Fassung, teilte ich Verweise aus oder schickte die Schüler zum Klassenlehrer oder zum Direktor – und das oft wegen der lächerlichsten Vorfälle.

So sahen meine verzweifelten Versuche aus, meine Autorität zu bewahren. Oft war der Rest der Klasse über die überzogenen Reaktionen so überrascht und verärgert, dass sich alle gegen mich verbündeten.

Damals schickte ich die Schüler reihenweise aus dem Zimmer, stieß Drohungen aus, die ich nie in die Tat hätte umsetzen können, und brachte mich selbst immer wieder in ein furchtbares Chaos. Damit vermittelte ich meinen Schülern auch noch eine deutliche Botschaft: *„Ich bin total unfähig, euer Verhalten zu kontrollieren. Also schicke ich euch zu jemandem, der dazu in der Lage ist".* Wenn Sie nach einem schnellen Weg suchen, den Respekt der Klasse zu verlieren, dann ist das der richtige!

Mir wurde bald klar, dass ich nicht weiterhin das Zimmer der Schulleitung mit meinen Schülern füllen konnte, wenn nicht wirklich extreme Umstände vorlagen. Und bei mir herrschten keine extremen Umstände – es war eine durchschnittliche Klasse mit 14-jährigen Schülern, die ihre Aufgaben nicht machen wollten. Klar, ich musste noch viel lernen.

Der Wendepunkt kam, als ein erfahrener Kollege mir erklärte, dass die Abstufung von Konsequenzen und Sanktionen der einzige effektive Weg sei: *„Schießen Sie nicht gleich mit Ihrem größten Kaliber! Wenn Sie schon bei Kleinigkeiten zu schreien anfangen und die Schüler aus dem Zimmer schicken, was machen Sie dann, wenn es mit dem schlechten Verhalten noch weiter geht? Stufen Sie die Konsequenzen ab! Dann bleibt Ihnen immer noch eine Option zur Steigerung, wenn es nötig wird.“* Ich kann ehrlich sagen, dass sich von diesem Tag an mein *Classroom Management* dramatisch zum Besseren veränderte. Es war einer dieser Aha-Momente, bei denen einem die Erkenntnis kommt, wie falsch man bisher lag.

Konsequenzen wie eine verkürzte Pause oder Dableiben nach dem regulären Unterricht eignen sich sehr gut, weil Sie mit einer geringen Zeitspanne beginnen können. Falls Sie sich bei einem Schüler kein Gehör verschaffen konnten, können Sie die Zeitspanne ausdehnen. Sie brauchen Schülern nicht gleich die komplette Pause zu streichen, wenn sie während des Unterrichts mal getuschelt haben. Und Sie brauchen auch nicht gleich zur (meist wirkungslosen) Drohung mit Nachsitzen zu greifen. Beginnen Sie mit zwei Minuten. Wenn das nichts hilft, können Sie die Zeit immer noch steigern. Schon zwei Minuten können unglaublich effektiv sein. Denn jeder Schüler verbringt seine Freizeit lieber irgendwo anders als mit Ihnen allein im Klassenzimmer. Das gilt besonders dann, wenn seine Freunde sich bereits auf dem Pausenhof vergnügen. Ihnen mag das vielleicht nicht wie eine „richtige“ Sanktion vorkommen, doch die zwei Minuten, in denen ein Schüler sich Ihnen von Angesicht zu Angesicht erklären muss, können für ihn zu einer kleinen Ewigkeit werden. Wichtig bei einer solchen Konsequenz aber ist die Gewissheit für den Schüler, dass nach einem Fehlverhalten *irgendetwas* geschehen wird.

Das folgende Beispiel beginnt mit einer sehr niedrigen Stufe. Setzt sich das Fehlverhalten fort, bleiben Ihnen immer noch ausreichend Optionen, diesem entgegenzuwirken:

Stufe 1: *„Tim, du kannst jetzt aufhören zu reden und später mit allen anderen in die Pause gehen. Du kannst aber auch weiterreden; dann werde ich dich in der Pause für zwei Minuten hierbehalten. Es ist deine Entscheidung."*

Stufe 2: *„Tim, jetzt hast du die ersten beiden Minuten deiner Pause schon verloren. Wenn du nicht auf die ganze Pause verzichten willst, brauchst du nur den Radiergummi aufzuheben, den du gerade auf den Boden geworfen hast."*

Stufe 3: *„Tim, ich habe dich gewarnt, aber die Pause entfällt für dich. Wenn du nicht auch noch nach dem Unterricht dableiben willst, dann solltest du dich jetzt beruhigen und deine Aufgaben erledigen."*

Darüber hinaus sollten Sie natürlich auch auf Schüler vorbereitet sein, die Sie weiterhin ignorieren. Bei lauten Klassen ist es wahrscheinlich, dass Sie Schüler manchmal aus dem Zimmer schicken müssen. Deswegen sollte auch diese Maßnahme in der Hierarchie Ihrer Konsequenzen vorhanden sein. Und Sie sollten idealerweise einen ganzen Bestand an Maßnahmen haben, eventuell sogar notieren, mit denen Sie auf unangemessene Verhaltensweisen reagieren können. Das folgende Beispiel ähnelt den abgestuften Konsequenzen, die ich bei meinen Klassen eingesetzt habe:

A. Warnung

„Tim, wenn du andauernd redest, störst du alle anderen. Du musst nicht über alles diskutieren. Arbeite jetzt ruhig weiter. Wenn du weiterredest, setzt du dich auf den Platz ganz vorn und arbeitest allein weiter."

Die Warnphase können Sie in fast jeder Situation einsetzen – mit Ausnahme von Verhalten, das sofortiges Einschreiten erfordert, zum Beispiel bei körperlichen Auseinandersetzungen, mutwilligen Beschädigungen oder Beschimpfungen.

B. Einzelplatz

„Tim, du hast es so gewollt. Du setzt dich jetzt für zehn Minuten auf den Einzelplatz neben meinem Pult. Ich schaue auf die Uhr. Wenn du es schaffst, ruhig sitzen zu bleiben und mit deinen Aufgaben weiterzumachen, kannst du nach zehn Minuten wieder

auf deinen richtigen Platz. Wenn du aber weiter Unfug machst, bleibst du für den Rest der Stunde vorn."

C. Ausschluss vom Unterricht

„Tim, ganz offensichtlich willst du heute gar nicht auf mich hören. Es ist also am besten, wenn du ins Nachbarzimmer gehst und in der Klasse von Frau Müller mitarbeitest. Pack deine Sachen zusammen. Die Aufgaben, mit denen du nicht fertig wirst, musst du dann in der Pause machen."

(Weitere Hinweise zum „zeitweiligen Parken" finden Sie auf → Seite 38.)

D. Zweiminütige Nachbesprechung

Auch wenn ich die Nachbesprechung an vierter Stelle anführe, passt sie so ziemlich an jede Stelle Ihrer abgestuften Konsequenzen. Sie eignet sich als Reaktion auf die meisten Fehlverhalten während einer Unterrichtsstunde. Vorteilhafter als ein kurzer Tadel oder eine Warnung ist eine Nachbesprechung gerade bei Schülern, die immer wieder ihre Sachen vergessen, die ständig von ihren Plätzen aufstehen, die andere absichtlich stören oder die andauernd die Mitarbeit verweigern. In der Nachbesprechung können Sie das Problem ansprechen und versuchen, längerfristige Lösungen zu finden.

Außerdem eignet sich die Nachbesprechung für Probleme, bei denen Sie den Verlauf des Unterrichts stören müssten, würden Sie sofort darauf reagieren. Ein Schüler kommt beispielsweise 15 Minuten zu spät zum Unterricht. Dann ist sicher nicht der Augenblick, in dem er das Zimmer betritt, der richtige Zeitpunkt dafür, ihn seine Gründe erklären zu lassen. Denn das würde seine Mitschüler nur ablenken. Besser ist es, wenn Sie ihn gleich auf seinen Platz schicken, ihm kurze Anweisungen zu den Aufgaben geben und mit ihm erst nach dem Unterricht über seine Unpünktlichkeit sprechen.

(Weitere Hinweise zum Umgang mit dem Zuspätkommen finden Sie auf → Seite 248.)

E. Zehnminütiges Nachsitzen

Das zehnminütige Nachsitzen zählt zu den „größeren Kalibern", derer Sie sich auf Ebene des Klassenzimmers bedienen können (also ohne Einbeziehung weiterer Personen). Denn – richtig eingesetzt – ist es unglaublich wirksam. Was darüber hinausgeht,

gehört in den Bereich der Sanktionen, die von der Schulordnung festgelegt sind. Und gerade deshalb ist das zehnminütige Nachsitzen meiner Meinung nach so effektiv. Wenn Sie Disziplinfragen auf der Ebene des Klassenzimmers behandeln, gewinnen Sie natürlich auch einen gewissen Grad an Respekt bei Ihren Schülern. Denn sie sehen in *Ihnen* die Person, die alles unter Kontrolle hat.
(Ausführlichere Erläuterungen zur zweiminütigen Nachbesprechung und zum zehnminütigen Nachsitzen finden Sie auf den → Seiten 68 bis 73.)

Tipp !

Oft ist das Verhalten, das wir im Klassenzimmer erleben, ein Schrei nach Hilfe oder Aufmerksamkeit. Sie müssen ein Gespür haben für Schüler, die womöglich mit einer ganzen Reihe emotionaler, sozialer und erzieherischer Probleme zu kämpfen haben. Ein „Problemschüler" ist immer ein „Schüler mit Problemen", ein Schüler, der sicherlich mehr von etwas Geduld und Verständnis profitiert als von einer Abfolge nüchterner, emotionsloser Warnungen und Drohungen. Die abgestufte Hierarchie von Konsequenzen ist notwendig – sie zeigt Lehrern und Schülern gleichermaßen die so wichtigen Grenzen auf. Aber es ist wesentlich besser, den Schülern innerhalb dieser Grenzen zu helfen, als zuzulassen, dass sie diese durchbrechen und dabei womöglich stürzen.

Wie könnte eine solche Hilfestellung aussehen? Vielleicht geben Sie einem Schüler eine kleine Auszeit: *„Tim, geh ein bisschen den Gang entlang und bring deine Gedanken wieder in Ordnung. In fünf Minuten kommst du wieder zurück."* Oder Sie unterstützen ihn beim Lernen: *„Tim, setz dich eine Weile zu Lukas. Er kann dir bei diesen Fragen helfen."* Oder Sie zeigen ihm, dass Sie sich um ihn kümmern, indem Sie etwas einfühlsamer mit ihm sprechen: *„Ich weiß, Tim, dass dir zurzeit alles schwerfällt. Nehmen wir ein bisschen Druck aus der Sache. Ich will dich jetzt nicht nach draußen schicken. Setz dich hierher und bleib zehn Minuten ganz ruhig für dich allein. Wenn du mit mir reden willst oder spürst, dass du wieder wütend wirst, dann heb einfach die Hand. Du kannst mir dann unter vier Augen sagen, was dich beschäftigt."*

2. Bleiben Sie ruhig und gelassen

Wenn Sie beim Aussprechen von Warnungen oder beim Benennen der Konsequenzen die Beherrschung verlieren, übergeben Sie die Kontrolle an Ihre Schüler. Führungspersönlichkeiten verlieren nicht die Beherrschung, sie schreien und brüllen nicht, denn sie wissen, dass die anderen sonst den Respekt vor ihnen verlieren. Wenn Sie die Kontrolle im Klassenzimmer behalten wollen, dann müssen Sie eine solche unerschütterliche, ruhige Führungspersönlichkeit sein.

Überraschenderweise sind gerade Konsequenzen das perfekte Mittel, um die Haltung in schwierigen Klassen zu wahren. Denn mit ihnen lässt sich das Verhalten der Schüler kontrollieren – ohne dabei die Beherrschung verlieren zu müssen. Weisen Sie Ihre Schüler also ganz ruhig darauf hin, was geschehen wird, wenn sich ein gewisses Verhalten fortsetzt, und fahren Sie dann mit Ihrem Unterricht fort. Zeigt sich das unerwünschte Verhalten erneut, lassen Sie Ihren Worten Taten folgen. Die Schüler müssen erkennen, dass Sie es ernst meinen. Hat sich diese Gewissheit erst einmal etabliert, können Sie ganz ruhig und gelassen bleiben, während die Androhung der Konsequenz die ganze Arbeit macht.

TIPP!

Wenn Sie einzelnen Schülern gegenüber Warnungen aussprechen oder Konsequenzen benennen, dann machen Sie es so leise, dass die anderen es nicht hören. So bringen sie den Betroffenen nicht zusätzlich in Verlegenheit und lenken seine Mitschüler nicht von ihren Aufgaben ab.

3. Seien Sie streng, aber gerecht – die Konsequenzen müssen dem Vergehen entsprechen

Angesichts der vielen Verhaltensprobleme, mit denen wir uns in schwierigen Klassen konfrontiert sehen, ist die Versuchung groß, bei der Benennung der Konsequenzen auf die Einheitsmethode zurückzugreifen.

Die Nacharbeit unter Aufsicht (oder deren Androhung) ist gemeinhin die Standardreaktion auf alle möglichen Fehlverhalten. Doch gerade in Klassen mit willensstarken und nicht kooperationsbereiten Schülern ist diese Maßnahme als Abschreckung oder Lösung eher ungeeignet. Sie mag bei den Schülern funktionieren, die sich zu benehmen wissen, aber nicht bei denen, die richtiges Verhalten erst noch erlernen müssen, – diese werden in der Folge womöglich noch wütender und nachtragender. Außerdem ist die Nacharbeit fast immer sinnlos, da sie meistens nach dem Motto verhängt wird *„Ihr habt meine Zeit verschwendet, jetzt verschwende ich eure Zeit."*

Mit ein wenig Überlegung können Sie die Konsequenzen und Sanktionen auf das jeweilige Fehlverhalten abstimmen. Und mit strukturierten Warnungen und klaren Wahlmöglichkeiten können Sie die Schüler dazu motivieren, mehr Verantwortung für ihr eigenes Verhalten zu übernehmen, – ohne dass dabei die üblichen Feindseligkeiten entstehen, die mit Sanktionen und Strafen einhergehen. Mit dieser einfachen Formel können Sie die geeigneten Konsequenzen für die alltäglichen Verhaltensverfehlungen finden:

passende Konsequenz =
Verhaltensproblem + beschränkter Zugriff/zeitweiliger Ausschluss

Mit anderen Worten: Zu einer geeigneten Konsequenz gehört immer ein beschränkter Zugriff auf etwas bzw. ein zeitwilliger Ausschluss von etwas. Und dieses „Etwas" ist das, was das Verhaltensproblem verursacht hat:

* Unterrichtsfremde Gegenstände – Beschränken Sie den Zugriff: *„Du weißt genau, dass du im Unterricht keine Kopfhörer aufsetzen sollst. Leg deine Kopfhörer weg oder sie wandern bis zum Ende der Stunde in meine Schublade."*

* Zeitverschwendung – Lassen Sie die Zeit nachholen: *„Tim, du hast zehn Minuten Unterrichtszeit verschwendet. Wenn du deine Aufgaben nicht bis zum Ende der Stunde fertig hast, musst du sie in der Pause abschließen."*

* Störung des Unterrichts – Trennen Sie den betreffenden Schüler von seiner Gruppe: *„Ich habe gesehen, dass du heute nicht richtig mit deiner Gruppe zusammenarbeiten kannst. Setz dich jetzt an den Platz neben mir und arbeite für die nächsten zehn Minuten allein weiter. Wenn du das gut schaffst, kannst du wieder zu deiner Gruppe zurück. Ich schaue auf die Uhr."*

4. Verfolgen Sie bei Konsequenzen eine gerade Linie

Wir alle wissen, dass Geradlinigkeit im Unterrichtsgeschehen wesentlich ist. Aber sie ist von geradezu immenser Bedeutung, wenn Sie Konsequenzen ankündigen. Äußern Sie Drohungen, die Sie nicht umsetzen können, dann ruinieren Sie auf schnellstem Weg Ihren Ruf an der Schule und zerstören Ihre Chancen, eine schwierige Klasse in den Griff zu bekommen.

Wenn ein Schüler mit seinem Fehlverhalten einmal davonkommt, dann geht er davon aus, beim nächsten Mal wieder damit durchzukommen. Und wenn Sie Konsequenzen androhen und danach einen Rückzieher machen, dann geben Sie das klare Zeichen, dass Ihre Regeln wechselhaft wie das Wetter sind. Sehr bald wird Ihnen der Ruf eines Schwächlings angehängt werden, eines Lehrers, der keine Chance hat, respektiert zu werden oder seine Schüler dazu zu bringen, das von ihnen Verlangte auch zu machen. Sie haben Ihre Schüler dann gut darauf trainiert, Ihren Anweisungen nicht zu folgen. Wenn Sie eine Warnung aussprechen, dann hat die Konsequenz immer zu folgen.

TIPP!

Jeder Warnung können Sie eine kleine, aber nützliche Bemerkung anfügen: *„Ist es das, was du willst? Die Wahl liegt bei dir."* Damit bringen Sie Ihre Schüler wirklich zum Nachdenken über ihr Verhalten, was ihnen wiederum hilft, vernünftige Entscheidungen zu treffen. Wenn Sie diesen Zusatz einer Warnung vor einer drohenden Konsequenz beifügen, könnte es sich so anhören: *„Wenn du es nicht hinbekommst, mit deinen Aufgaben fertig zu werden, wird deine Pause fünf Minuten kürzer ausfallen. Ist es das, was du willst? Die Wahl liegt bei dir."*

Sie werden staunen, um wie viel effektiver Warnungen mit diesem Zusatz werden. Meiner Meinung nach liegt es daran, dass Sie zwei wichtige Dinge gleichzeitig tun: Zum einen werden Schüler zum Nachdenken darüber angeregt, wohin ihr Verhalten führt *(„Ist es das, was du willst?")*, zum anderen werden sie daran erinnert, dass der Ausweg völlig unter ihrer Kontrolle liegt *(„Du hast die Wahl.")*.

Methode

Die zweiminütige Nachbesprechung

Die zweiminütige Nachbesprechung empfiehlt sich bei Schülern, die Ihren Unterricht durch kleinere „Vergehen" gestört haben. Hierzu zählen zum Beispiel Schüler, die etwas vergessen haben, die ein wenig zu spät kommen, die während des Unterrichts dumme Bemerkungen machen oder die nicht mitmachen, wenn sie dazu aufgefordert werden. Die Nachbesprechung sollte unter vier Augen direkt nach der jeweiligen Unterrichtsstunde stattfinden.

Wenn Ihr Unterricht vor einer Pause stattfindet und Sie der Ansicht sind, dass das Verhalten eines Schülers besonders lästig war, könnten Sie dazu tendieren, die zwei Minuten auf vier oder fünf zu verlängern. Achten Sie aber darauf, die Nachbesprechung auch tatsächlich auf zwei Minuten zu beschränken. Damit erreichen Sie zweierlei: Der Schüler erkennt, dass Sie fair und aufgeschlossen sind, dass Sie aber auch keinerlei Fehlverhalten tolerieren. Der Schüler soll wissen, dass sein Verhalten inakzeptabel war und dass es für ihn notwendig ist, etwas zu ändern. Wenn Sie aber die ganze Pause für eine Standpauke verwenden, wird er den Respekt vor Ihnen verlieren und eine Veränderung wird eher unwahrscheinlich.

Die folgenden vier Punkte sollten Sie einem Schüler bei der zweiminütigen Nachbesprechung nahebringen:

1. Geben Sie den Ton vor und benennen Sie, was der Schüler falsch gemacht hat

Die Nachbesprechung soll nicht dazu dienen, mit einem Schüler heftig zu schimpfen. Hier soll es vor allem um Lösungen gehen und nicht darum, lang und breit über Verfehlungen zu reden. Machen Sie dem Schüler deutlich, dass es nur eine kurze Besprechung ist und dass Sie ihm helfen wollen, damit er nicht weiter in Schwierigkeiten gerät.

Beispiel 1

„Tim, der Grund für dieses Gespräch ist, dass du heute zehn Minuten zu spät gekommen bist. Und das war nicht das erste Mal. Darüber muss ich mit dir sprechen. Einverstanden? Ich will nicht immer wieder mit dir darüber reden. Suchen wir also nach Möglichkeiten, wie du es schaffen kannst, dass das künftig nicht mehr passiert …"

Beispiel 2
„Tim, in letzter Zeit sind wir sehr oft aneinandergeraten und ich musste dich wegen deines aggressiven Verhaltens und deiner unanständigen Sprache oft verwarnen. Ich möchte aber, dass du hier eine Chance auf Erfolg hast. Lass uns also nach Möglichkeiten suchen, wie wir ohne diese immer wieder auftretenden Probleme besser zusammenarbeiten können."

2. Erklären Sie kurz, warum das Verhalten des Schülers ein Problem ist

Beziehen Sie sich auf die Schulordnung. Erwähnen Sie den schulischen Erfolg oder die Zukunftsaussichten des Schülers. Sprechen Sie davon, wie sich sein Verhalten auf andere auswirkt: *„Wenn du zu spät kommst, unterbrichst du meinen Unterricht – und das ist ein Problem für die anderen Schüler und für mich. Es bedeutet aber auch, dass du für deine Aufgaben weniger Zeit hast."*

Mit manchen Schülern könnten Sie ein Rollenspiel durchführen oder ihnen ihr eigenes Verhalten vormachen. Dadurch können die Betreffenden ein klareres Bild davon bekommen, welches Problem sie während des Unterrichts verursachen: *„Macht es dir etwas aus, wenn ich dir zeige, wobei ich dich heute beobachtet habe?"* Aber Vorsicht: Rollenspiele dieser Art eignen sich nicht für Schüler mit autistischen Zügen oder für Schüler, die darauf womöglich aggressiv reagieren könnten.

3. Hören Sie sich die andere Seite und ihre Lösungsvorschläge an

Wenn Sie sich nach den Gründen für das Verhalten eines Schülers erkundigen, dann vermeiden Sie die Frage, warum er es getan hat, – zum Beispiel: *„Warum musst du dich so verhalten?"*, *„Warum hörst du nicht zu?"*, *„Warum kommst du immer zu spät?"*, *„Warum machst du nie deine Hausaufgaben?"*

Solche Warum-Fragen können sehr aggressiv wirken. Wenn Sie mir nicht glauben, dann lassen Sie mal auf Ihren Partner oder auf Ihre Kinder solche Fragen niederprasseln – am besten gleich heute Nachmittag, nachdem Sie die Wohnung betreten haben: *„Warum ist das Essen noch nicht fertig? Warum ist dein Zimmer so unordentlich? Warum bist du mit dem Hund noch nicht draußen gewesen?"* Achten Sie auf die Reaktionen!

Besser ist es, Sie fragen den Schüler danach, wie er seiner Meinung nach die ungewünschte Verhaltensweise verändern und abstellen kann, was notwendig ist, damit sie nicht mehr auftritt, oder wer ihm dabei helfen kann, falls erforderlich.

4. Überlegen Sie sich einen einstufigen Plan, der zur Verbesserung der Situation führt

Überlegen Sie mit dem Schüler gemeinsam, wie er das Problem am besten verhindern kann. Der Schüler soll sich in den nächsten sieben Tagen auf diesen einen Ansatz konzentrieren. Wenn Sie es für notwendig erachten, vereinbaren Sie mit ihm einen weiteren Besprechungstermin, der in einer Woche stattfinden soll. Und denken Sie daran, den Schüler während dieser Woche für seine Fortschritte zu loben.

Anmerkung: Wenn ein Schüler sich am Ende des Unterrichts aus dem Staub macht und nicht zu dem zweiminütigen Gespräch erscheint, dann jagen Sie ihm niemals hinterher. Die Wahrscheinlichkeit ist groß, dass Sie dabei ziemlich lächerlich aussehen würden. Bleiben Sie ruhig und lassen Sie dem Schüler über seinen Klassenlehrer die Nachricht zukommen, dass er in der nächsten Pause zu einem zehnminütigen Nachsitzen bei Ihnen zu erscheinen hat.

Tipp!

Aus offensichtlichen Gründen sollten Sie in diesen prozessfreudigen Zeiten die Tür bei einem Vier-Augen-Gespräch mit einem Schüler immer offenlassen.

Methode

Das zehnminütige Nachsitzen

Manche Lehrer sehen zwar in den zehn Minuten eine inkonsequente Zeitspanne, aber die Sache hat auch einige Vorteile: Fünf oder zehn Minuten können für einen Schüler schon unangenehm werden, ohne dass Sie als Lehrer ungerecht oder unfair wirken. Das zehnminütige Nachsitzen verursacht also keine solchen Verstimmungen, wie es das normale Nachsitzen oder Nacharbeiten tut. Außerdem ist es leichter, einen Schüler dazu zu bewegen, zu einem zehnminütigen Termin zu erscheinen. Bei einer ganzen Stunde sieht die Sache schon wieder ganz anders aus.

Wie bei der zweiminütigen Nachbesprechung geht es auch jetzt nicht darum, dem Schüler eine Standpauke zu halten. In den zehn Minuten sollte der Schüler selbst die Gelegenheit haben, eigene Vorschläge zur Verbesserung seines Verhaltens zu machen. Es ist nicht ohne eine gewisse Ironie, dass die beiden Formen der „Nachspielzeit" einerseits zwar Konsequenzen bzw. Sanktionen sind, andererseits aber auch das Lehrer-Schüler-Verhältnis verbessern können. Das liegt daran, dass der Lehrer mit dem Schüler vielmehr in einer unterstützenden als in einer strafenden Weise zusammenwirkt – und so auch den Respekt des Schülers gewinnt.

Der Gesprächsverlauf beim zehnminütigen Nachsitzen folgt im Großen und Ganzen dem Muster der zweiminütigen Nachbesprechung. Die zusätzliche Zeit gibt dem Schüler einen größeren Spielraum, seine Gedanken und Gefühle auszudrücken und den Lösungsvorschlag detaillierter zu besprechen. Mit einem „Fragebogen zum Nachdenken" können Sie dem Schüler Gelegenheit geben, seine Sicht der Dinge darzustellen (ohne sich wie in einem Verhör zu fühlen) und darüber nachzudenken, was er in Zukunft anders machen könnte.

Was tun, wenn ein Schüler nicht erscheint?
Die meisten Schüler erscheinen zum zehnminütigen Nachsitzen. Wenn sich Ihr Ruf als gerechter, konsequenter Lehrer verbreitet, der den Schülern helfen will, dann wächst der Respekt Ihnen gegenüber enorm.

Aber für die wenigen Sturköpfe, die sich an gar keine Regeln halten, müssen Sie einen Gang höher schalten. Dafür haben Sie zwei Möglichkeiten: Die erste ist der Rückgriff auf die Schulordnung und die entsprechenden Konsequenzen und Sanktionen. Damit machen Sie deutlich, dass es keine zweite Chance gibt, Ihre Entscheidung endgültig ist und Sie sich in keiner Weise veralbern lassen.

Die zweite Möglichkeit erfordert etwas mehr Aufwand. Und man könnte sogar behaupten, dass Sie dem betreffenden Schüler doch noch eine zweite Chance geben. Meine Argumentation ist anders.

Denn Sie zeigen damit, dass Sie Ihr Äußerstes tun, damit die Schüler die Regeln befolgen und ihr Verhalten ändern, ohne dass andere Personen einbezogen werden. Nach meiner Erfahrung ist es tatsächlich die beste Methode, um zu schwierigen Schülern eine Beziehung aufzubauen und ihren Respekt im Klassenzimmer zu gewinnen. Was den Aufwand betrifft – lassen Sie sich davon nicht abschrecken. Die wenigen zusätzlichen Minuten zahlen sich künftig in einer schönen Extra-Dividende aus, was Ihre Beziehung zu dem betreffenden Schüler angeht, und im Hinblick auf Ihre Fähigkeit, mit ihm zurechtzukommen. Und deswegen sparen Sie auf längere Sicht auch eine Menge Zeit.

Bei dieser Methode müssen Sie den Schüler nach dem Unterricht oder in der Pause abfangen. Dann erklären Sie ihm, dass er die zehn Minuten am nächsten Schultag nachholen muss. Ob dies während der Pausenzeit oder nach dem Unterricht geschieht, entscheidet der Schüler. Ausschlaggebend ist, dass das Nachsitzen außerhalb des regulären Unterrichts – also in der Freizeit des Schülers – erfolgt. Dazu überreichen Sie dem Schüler die folgende (oder eine ähnliche) Benachrichtigung, die er seinen Eltern übergeben muss:

> *Sehr geehrter Herr Schmidt,*
>
> *ich muss Ihnen leider mitteilen, dass Ihr Sohn Tim in beträchtlichem Umfang an Lernstoff versäumt, da er in meinen Unterricht fast immer zu spät kommt. Um das Versäumte nachzuholen und um mit ihm nach einer Lösung für sein Problem zu suchen, habe ich ihn gebeten, nach dem Unterricht für zehn Minuten zu mir zu kommen. Aber er ist nicht erschienen. Ich möchte verhindern, dass die Situation weiter eskaliert und es zu einer Sanktion seitens der Schulleitung kommt. Ich wäre Ihnen also dankbar, wenn Sie Ihrem Sohn erklären, dass er noch eine letzte Chance hat, das zehnminütige Gespräch mit mir morgen nachzuholen, – sei es vor Beginn des Unterrichts, während der Pause oder nach dem Unterricht …*

Sie sollten gegenüber dem Schüler noch erwähnen, dass Sie später seine Eltern anrufen und nachfragen werden, ob sie diese Mitteilung erhalten haben. Damit bieten Sie dem Schüler ganz offen auch die Chance an, das zehnminütige Nachsitzen anzutreten, ohne dass die Eltern die Mitteilung sehen müssen. Darauf können Sie den Schüler auch ausdrücklich hinweisen, wenn es sein muss. Ein bisschen hinterhältig, ich weiß, aber es wirkt Wunder.

Methode

In vier Schritten zur Konsequenz

Mit der folgenden Anleitung können Sie in vier Schritten eine Konsequenz auf die meisten Formen von Störungen im Unterricht aussprechen, ohne dass es dabei zu größeren Auseinandersetzungen kommt.

1. Sprechen Sie eine deutliche Warnung aus

Weisen Sie den Schüler deutlich auf sein Fehlverhalten hin und sagen Sie ihm, wie er sich stattdessen verhalten soll. Denken Sie daran, gelassen zu bleiben und Ihren Schüler mit ruhiger Stimme anzusprechen. Schließlich wollen Sie ja nicht durch einen Zornausbruch zur allgemeinen Erheiterung der Klasse beitragen oder den betreffenden Schüler zum Feind erklären.

Lassen Sie die Konsequenz die Arbeit für Sie übernehmen und erklären Sie in aller Ruhe, was geschehen wird: *„Tim, du arbeitest nicht an deinen Aufgaben. Du solltest deinen Stift nehmen und weitermachen, damit du fertig wirst. Dann brauchst du in der Pause nicht dazubleiben."* Oder: *„Wenn du mit deinen Aufgaben nicht fertig wirst, verlierst du fünf Minuten von der Pause."* Oder: *„Wenn du nicht aufhörst, deinen Radiergummi zu zerbröseln und alles auf den Boden zu werfen, dann musst du in der Pause dableiben und den Fußboden kehren."*

Sobald Sie die erste Warnung ausgesprochen haben, werden Sie oft einen Widerspruch zu hören bekommen. Gehen Sie aber nicht darauf ein. Denn wenn Sie sich jetzt in eine Diskussion verwickeln lassen, werden die Schüler glauben, Sie könnten Ihre Meinung noch ändern. Und wenn sie erst glauben, ein kleines Schlupfloch entdeckt zu haben, werden sie versuchen, es mit immer weiteren Argumenten zu vergrößern. Es genügt ein schlichtes *„Ich habe dir gesagt, wie du* *dich entscheiden kannst"* – mehr brauchen Sie nicht mehr zu sagen. Danach setzen Sie Ihren Unterricht fort.

2. Geben Sie dem Schüler eine Bedenkzeit

Nach einer deutlichen Warnung ist es wichtig, dass Sie dem Schüler eine gewisse Zeit zum Nachdenken lassen. Denn für ihn ist es nicht so einfach, vor seinen Klassenkameraden zurückzustecken, – besonders dann nicht, wenn Sie direkt vor ihm stehen und darauf warten, dass er Ihrer Aufforderung folgt.

Ziehen Sie sich zurück, gehen Sie an eine andere Stelle des Zimmers oder wenden Sie sich einem anderen Schüler zu. Dadurch nehmen Sie für den betreffenden Schüler etwas Druck aus der Sache und die Chance wird größer, dass er das gewünschte Verhalten zeigt: *„Tim, ich helfe jetzt Marco für eine Minute. Du kannst inzwischen darüber nachdenken, wie du dich entscheidest. Wenn ich in einer Minute wieder zu dir komme, möchte ich gern sehen, dass du weiter an deinen Aufgaben arbeitest."*

Erklären Sie den Schülern also klar und deutlich, was sie falsch machen, welche Konsequenzen ihr Verhalten nach sich zieht und was sie tun müssen, um alles wieder ins Lot zu bringen. Sie werden überrascht sein, wie schnell sie ihr Verhalten ändern. Als Lehrer haben Sie nach wie vor die Kontrolle und Sie gehen mit der Situation in einer Weise um, die von den Schülern als fair und gerecht betrachtet wird. Es liegt auf der Hand, dass diese Vorgehensweise weitaus effektiver ist, als die Beherrschung zu verlieren, dem Schüler große Aufmerksamkeit zu verschaffen oder ihn mit leeren Drohungen in Aufregung zu versetzen.

Aber wir sind noch nicht fertig. Lassen Sie uns noch eine lobende Anerkennung aussprechen, damit sich das veränderte Verhalten auch in Zukunft durchsetzt.

3. Loben Sie, wenn getan wird, was Sie sagen

Nehmen wir an, Tim hat Ihre Warnung beherzigt und arbeitet an seinen Aufgaben weiter. Dann sollten Sie das würdigen – denn er hat gerade einen großen Schritt getan. Tappen Sie aber nicht in die Falle, ihm jetzt noch lang und breit zu erklären, er möge doch das nächste Mal schneller auf Ihre Anweisungen reagieren. Lächeln Sie ihn einfach freundlich an und flüstern Sie ihm diskret ein Lob zu: *„Gut gemacht, Tim, das gefällt mir. Danke, dass du machst, was ich dir gesagt habe. Das erleichtert mir meine Arbeit sehr."* Jüngere Schüler könnten Sie zusätzlich durch einen Sticker belohnen und diesen auf ein Schaubild kleben, wo das Einhalten der Regeln sichtbar gemacht wird, zum Beispiel „Die Anweisungen des Lehrers befolgen".

4. Lassen Sie die erste Konsequenz folgen, wenn das Verlangte nicht getan wird

Wenn der Schüler nicht das macht, was Sie von ihm verlangt haben, dann ist es an der Zeit, die erste Konsequenz folgen zu lassen. Sprechen Sie diese ruhig und emotionslos aus: *„Ich sehe, dass du mit ... (das betreffende Verhalten) weitermachst. Du bleibst also in der Pause fünf Minuten hier. Jetzt mach mit deinen Aufgaben weiter, damit du nicht noch mehr Zeit verlierst!"*

Lassen Sie dem Schüler wiederum einige Augenblicke Zeit zum Nachdenken. Wenn der Schüler Sie danach weiterhin ignoriert oder sich das beanstandete Verhalten nach kurzer Zeit fortsetzt, dann wiederholen Sie die Schritte 1 bis 4 mit der nächsten Konsequenz. Deshalb ist es so wichtig, dass Sie eine abgestufte Abfolge von Konsequenzen zur Verfügung haben. So können Sie den Grad der Strenge steigern, ohne die Kontrolle zu verlieren.

Methode

Wie Sie es vermeiden, in Diskussionen und Widerreden verwickelt zu werden

Wann immer Sie eine Konsequenz aussprechen, können Sie ziemlich sicher sein, dass Augen verdreht werden, dass gemurmelt, gemurrt und gemeckert wird. Ignorieren Sie diese Reaktionen und lassen Sie sich auf keine weiteren Diskussionen ein. Denn das könnte dazu führen, dass die Situation eskaliert, Sie die Beherrschung verlieren und somit zum Gespött der Klasse werden. Um dem vorzubeugen, sollten Sie daran denken: Der sicherste Weg, um eine Diskussion oder einen Streit zu vermeiden, besteht darin, sich seinem Gegenüber einfach nicht als Diskussions- oder Streitpartner zur Verfügung zu stellen.

Wenn Sie also Bemerkungen wie diese zu hören bekommen *„Ich war das nicht! Alle anderen reden auch. Warum hacken Sie immer nur auf mir herum?"*, dann wird Ihnen eine der folgenden Standardantworten sicher weiterhelfen.

- *„Du hast dich entschieden. Fall abgeschlossen."*
- *„Wenn du noch weiter über die Sache sprechen willst, können wir das später machen. Komm nach dem Unterricht zu mir."*
- *„Ich möchte jetzt nicht weiter mit dir darüber reden. Womöglich regen wir uns zu sehr auf und halten die anderen vom Lernen ab. Wenn du aber noch weiter darüber sprechen willst, dann komm nach der Stunde zu mir. Jetzt aber mach mit deinen Aufgaben weiter."*
- *„Ich kann nur das beurteilen, was ich sehe, wie ein Schiedsrichter beim Fußball. Also: Fall abgeschlossen."*

Tipp!

Wenden Sie sich von dem Schüler ab, sobald Sie eine Antwort gegeben haben. Kümmern Sie sich um einen anderen Schüler oder beschäftigen Sie sich mit einer anderen Sache. Damit unterstreichen Sie, dass Sie sich auf keine weiteren Diskussionen einlassen.

Methode

Die „Drei-Bitten-Methode" für das Aussprechen von Konsequenzen

Mit dieser effektiven Methode können Sie immer ruhig und gelassen bleiben, selbst wenn Sie gerade mit einem extrem schwierigen Schüler in einer besonders herausfordernden Situation zurechtkommen müssen.

Wie eingangs erwähnt, war ich als junger Lehrer an einer Schule für schwer erziehbare Kinder und Jugendliche tätig. Dort traf ich auf viele engagierte, aber eben auch machtlose und oft in Tränen aufgelöste Kollegen. Praktisch über Nacht verwandelte sich diese Problemschule in eine Vorzeigeschule, in der die Schüler mit einem Lächeln im Gesicht zum Unterricht kamen und sich über die Möglichkeit freuten, etwas zu erreichen und erfolgreich zu sein.

Die „Drei-Bitten-Methode" spielte bei dieser positiven Veränderung eine entscheidende Rolle. Seitdem habe ich auf diese Methode immer wieder unter den verschiedensten Gegebenheiten und Umständen zurückgegriffen. Ich bin davon überzeugt, dass es eine sehr effektive Methode ist, auch von sehr ungehorsamen, schwierigen Schülern mit extremen, fest verwurzelten Verhaltensproblemen Anerkennung zu gewinnen. Die wichtigsten Vorteile dieser Methode sind:

* Die Lehrer müssen nur einem sehr einfachen Skript folgen, das strenge Konsistenz fördert – sowohl auf persönlicher Ebene als auch zwischen den einzelnen Mitarbeitern der Schule.
* Durch das Skript hat der Lehrer selbst unter extremem Druck immer eine Handlungsanleitung, auf die er sich verlassen kann. Er braucht sich keine Gedanken darüber zu machen, was er spontan in einer Situation sagen könnte, – er hält sich einfach nur an die Vorgaben des Skripts.
* Schreien und ständiges Wiederholen von Anweisungen werden überflüssig – der Lehrer verliert nicht mehr die Beherrschung.
* Die Methode verhindert, dass Sanktionen oder Strafen ausgesprochen werden, die von den Schülern als ungerecht empfunden werden und die deshalb zu weiteren Konfrontationen führen würden.
* Sie gibt den Schülern Gelegenheit, ihre Verhaltensweise zu überdenken und eine richtige Entscheidung zu treffen.
* Sie führt zu einer den Schülern bekannten, vorab feststehenden Konsequenz (zum Beispiel: Ausschluss vom Unterricht, Anruf bei den Eltern, zehnminütiges Nachsitzen), sodass sie mit jeder bereits vorhandenen Schulordnung oder festgelegten Abstufung von Konsequenzen eingesetzt werden kann.

Am besten lässt sich die Methode anhand eines Beispiels erklären. Nehmen wir an, unser alter Freund Tim steht immer wieder von seinem Platz auf und spaziert im Klassenzimmer herum. Der Lehrer erkennt, dass Tim aus irgendeinem Grund aufgeregt ist, und hält sich zunächst an einige präventive Strategien: Er bietet Tim weitere Hilfe an und fragt ihn, ob etwas nicht in Ordnung sei. Oder er bietet ihm Hilfe bei seinen Aufgaben an, er setzt ihm ein Arbeitsziel, er schlägt ihm Alternativen vor (zum Beispiel einen anderen Platz) usw.

Aber Tim verlässt weiterhin immer wieder seinen Platz, geht im Zimmer herum und stört seine Mitschüler. Nun ist es an der Zeit für die erste Phase der „Drei-Bitten-Methode". Der Lehrer sagt in sehr ruhigem Ton: *„Tim, du bist nicht an deinem Platz. Geh bitte an deinen Platz zurück und mach mit deinen Aufgaben weiter."*
Dann wendet sich der Lehrer für einige Augenblicke ab und kümmert sich um einen anderen Schüler. Damit gibt er Tim Zeit, seiner Bitte Folge zu leisten, ohne dabei das Gesicht vor seinen Klassenkameraden zu verlieren.

Doch Tim geht nicht auf die Aufforderung ein und spaziert weiter durch das Klassenzimmer. An diesem Punkt geht der Lehrer näher an Tim heran und wiederholt seine Aufforderung in ruhiger, nicht bloßstellender Weise: *„Tim, ich bitte dich zum zweiten Mal, an deinen Platz zurückzugehen."* Ganz wichtig ist dabei, eine ruhige Stimme beizubehalten. Der Lehrer braucht seine Stimme nicht zu heben, er braucht nicht zornig zu werden – er lässt einfach das Skript die Arbeit verrichten.

Wenn Tim jetzt der Aufforderung nachkommt, verstärkt der Lehrer dieses Verhalten – er lobt Tim sofort dafür, dass er seiner Bitte gefolgt ist. Der Lehrer unterlässt es, Tim mit gehobenem Zeigefinger zu ermahnen, weil er seiner ersten Aufforderung nicht gleich entsprochen hat. Stattdessen würdigt er die Tatsache, dass sein Schüler einen positiven Schritt hin zu einer Veränderung seines Verhaltens gemacht hat.

Wenn Tim aber auch der zweiten Aufforderung nicht nachkommt, wiederholt der Lehrer sie ein letztes Mal: *„Tim, das ist jetzt das dritte und letzte Mal, dass ich dich bitte, dich hinzusetzen und mit deinen Aufgaben weiterzumachen."* Wichtig dabei ist, dass die Anweisung kurz und direkt erfolgt, die Stimme ruhig bleibt und dass keinerlei emotionale Reaktion seitens des Lehrers erkennbar ist. Der Lehrer lässt sich zudem auf keinerlei Diskussionen oder Erklärungen ein. Tim weiß genau, was er tun muss, um eine Konsequenz zu vermeiden. Es besteht also überhaupt kein Grund für eine Diskussion.

Wenn Tim es jetzt schafft, der Aufforderung nachzukommen, wird ihn der Lehrer wie zuvor loben. Beharrt er aber auf seinem Fehlverhalten, weist ihn der Lehrer auf die Konsequenz hin: *„Tim, ich habe dich dreimal darum gebeten, dich auf deinen Platz zu setzen. Du hast es nicht getan, also ...“*

Dazu einige Beispiele:

- *„Tim, ich habe dich drei Mal darum gebeten, dich auf deinen Platz zu setzen. Du hast es nicht getan, also: Ausschluss ...“*
- *„Tim, du hast meine Anweisung nicht befolgt. Pack jetzt deine Sachen zusammen und setz dich ganz vorn an den Einzelplatz. Danke!“*

Nachdem der Lehrer die Konsequenz durchgesetzt hat, achtet er darauf, ob sich bei Tim irgendein positives Verhalten zeigt, welches ein Lob verdient. Sinn der Sache ist es, die Aufmerksamkeit so oft wie möglich auf richtiges Verhalten zu lenken und die Konsequenz in ruhiger, emotionsloser Art und Weise folgen zu lassen.

Bei der „Drei-Bitten-Methode“ sollten Sie folgende Punkte beachten:

* Wenden Sie die Methode nicht bei Folgeverhalten an. Wenn sie überbeansprucht wird, kann sie eher zu einem Problem werden, als zur Lösung führen. Unter Folgeverhalten verstehe ich Grinsen, geflüsterte Bemerkungen, Seufzer oder Augenverdrehen seitens der Schüler als Reaktion auf eine soeben ausgesprochene Konsequenz. Ignorieren Sie solche Reaktionen, lassen Sie sich auf keine Diskussionen ein und fahren Sie unbeirrt mit dem Skript fort.
* Sie verwenden die Methode am besten mit jeweils nur einer Konsequenz, die – noch besser – sofort umgesetzt werden kann, also beispielsweise ein Einzelplatz im Klassenzimmer, Ausschluss von einer Aktivität oder dergleichen. Sobald die Schüler wissen, dass eine Warnung immer dasselbe Ergebnis nach sich zieht, wird die Methode extrem effektiv.

Seien Sie bei den drei Phasen der Methode nicht zu hastig. Ich habe Lehrer erlebt, die nur schrien: *„Das erste Mal, das zweite Mal, das dritte Mal ... Raus!“* Das ist natürlich grundfalsch. Dem Schüler bleibt keine Zeit, jede Aufforderung zu verarbeiten. Werden Sie nicht wütend, wenn ein Schüler Sie beim ersten oder auch zweiten Mal ignoriert. Lassen Sie das Skript und die allen bekannte Konsequenz für Sie arbeiten. Das ist doch das Schöne an dieser Methode.

Sie müssen nicht unbedingt drei Warnungen aussprechen. An anderer Stelle habe ich erwähnt, dass für eine Konsequenz nur eine Warnung ausreicht (→ siehe Seite 73). Seien Sie bei diesem Punkt nicht übergenau, passen Sie das Skript Ihrem persönlichen Stil und den Gegebenheiten an. Ich würde jetzt nicht dafür plädieren, mehr als drei Warnungen auszusprechen. Aber es gibt sicher Argumente, sich auf ein oder zwei Warnungen zu beschränken. Wichtig ist, dass Ihre Schüler sich im Klaren darüber sind, wie viele Warnungen Sie vorgesehen haben und dass Sie diese auch konsequent aussprechen.

Wie Sie durch Konsequenzen Verhaltensproblemen ein jähes Ende bereiten können

Bevor wir zum Ende des Kapitels kommen, wollen wir uns **Konsequenzen in der Praxis** anschauen. Dabei werden Sie sehen, wie wirkungsvoll sie Verhaltensproblemen Einhalt gebieten können – wenn sie richtig angewendet werden.

Im Folgenden sind drei sehr unterschiedliche Szenarien skizziert, in denen ein **schwieriger Teenager mit Kopfhörern** zum Unterricht erscheint. Im ersten Beispiel wird der Lehrer in eine lange, stressige Auseinandersetzung verwickelt, wobei der Schüler alles Mögliche unternimmt, um den Aufforderungen nicht folgen zu müssen. Im zweiten Fall reagiert der Lehrer ziemlich schnell, allerdings auf eher feindselige Art und Weise, die auf eine Bestrafung abzielt. Das führt zu weiteren Diskussionen, bis der Schüler schließlich aus dem Klassenzimmer rennt. Im dritten Beispiel erleben wir, wie sich durch faire Konsequenzen, ruhig und schlüssig formuliert, viel Ärger und Stress beim Umgang mit dem Schüler vermeiden lassen.

Beispiel 1
Der Lehrer ignoriert die Kopfhörer und will den Schüler nicht darauf ansprechen, weil er eine aggressive Reaktion befürchtet. Der Schüler stolziert durch das Klassenzimmer und ist sich der Zurückhaltung des Lehrers durchaus bewusst. Der Lehrer ignoriert das Verhalten weiterhin, wird aber immer ärgerlicher. Der Schüler setzt sich mit dem

Rücken zur Tafel auf seinen Platz und wippt im Takt der Musik. Damit lockt er den Lehrer schließlich aus der Reserve.

Lehrer: *Würdest du bitte deine Kopfhörer weglegen. Du weißt, andernfalls muss ich sie dir wegnehmen.*

Schüler *(hämisch): Na los, probieren Sie es doch mal!*

Der Schüler hört weiter Musik und grinst seinen Freunden siegesgewiss zu. Der Lehrer ignoriert das Verhalten zunächst und wendet sich wieder seinem Unterricht zu. Schließlich spricht er zögerlich eine weitere Warnung aus, weil er sieht, dass der Schüler noch immer nicht von dem unerwünschten Verhalten ablässt.

Lehrer: *Nimm jetzt bitte die Kopfhörer ab und leg sie weg. Oder gib sie mir.*

Schüler: *Die können Sie mir nicht wegnehmen. Die gehören mir.*

Lehrer: *Das Tragen von Kopfhörern verstößt gegen die Schulordnung.*

Schüler: *Aber ich mache doch nichts Schlimmes. Ich kann Sie sogar noch hören.*

Der Schüler ignoriert den Lehrer weiter. Dieser ändert den Kurs und versucht, dem Schüler zu schmeicheln und mit ihm zu diskutieren.

Schüler: *Also gut, ich mache die Musik aus. Aber die Kopfhörer bleiben auf dem Kopf, wo sie hingehören.*

Der Lehrer wiederholt die Aufforderung, schmeichelt und diskutiert weiter, – bis er schließlich die Nerven verliert und aus dem Zimmer rennt.

Beispiel 2
Der Lehrer spricht den Schüler sofort in drohendem Tonfall auf die Kopfhörer an.

***Lehrer:** Nimm die Dinger aus den Ohren und steck sie in deine Schultasche!*

Der Schüler murmelt etwas Unanständiges, nimmt die Kopfhörer aus den Ohren und lässt sie um seinen Hals baumeln.

***Lehrer:** Was hast du zu mir gesagt?!*

***Schüler:** Ich? Gar nichts!*

***Lehrer:** Dein Glück. Du glaubst wohl, du kannst hier auftauchen und machen, was dir passt. Aber nicht bei mir. Nimm die Kopfhörer ab – und zwar SOFORT!*

***Schüler:** Mein Güte! Immer locker bleiben, Alter.*

Lehrer *(reißt die Tür auf und deutet nach draußen): Raus hier!*

Der Schüler fegt im Vorbeigehen ein paar Bücher von seinem Tisch und stapft wütend nach draußen.

Beispiel 3
Der Lehrer grüßt seinen Schüler freundlich, ehe er ruhig eine Warnung ausspricht:

***Lehrer:** Na, wie geht's dir heute? Hast du noch Tickets für das Fußballspiel am Wochenende bekommen? War kein schlechtes Ergebnis, oder? – Jetzt aber – wie lautet die Regel zu Kopfhörern im Unterricht? Leg sie weg, andernfalls kämen wir in Schwierigkeiten, weil wir uns nicht an die Regeln halten … Danke! Wenn ich sie nochmal sehe, muss ich sie dir leider wegnehmen. Alles klar?*

Der Schüler nimmt die Kopfhörer ab, doch nach fünf Minuten stecken sie wieder in seinen Ohren, was dem Lehrer nicht verborgen bleibt.

***Lehrer:** Ich habe dich wegen der Kopfhörer schon gewarnt. Gib sie mir, bitte. Ich will sie nicht behalten, aber ich möchte dich* *davor bewahren, dass du in größere Schwierigkeiten kommst und sie im Sekretariat abliefern musst. Gib sie mir und ich lege sie in meine Schublade. Niemand sonst darf sie anfassen und du bekommst sie am Ende der Stunde zurück.*

Manche Schüler würden nun ihre Kopfhörer aushändigen, – wenn sie sicher sind, dass der Lehrer ansonsten konsequent durchgreift, – und wenn sie festgestellt haben, dass der Lehrer in der Vergangenheit gerecht war. Wie auch immer, andere Schüler werden es dabei nicht bewenden lassen.

***Schüler:** In Ordnung. Ich stecke sie in meine Hosentasche.*

Der Lehrer geht näher an den Schüler heran, um mit ihm ruhig und außer Hörweite der Klassenkameraden sprechen zu können. Oder er fordert ihn auf, mit ihm für ein kurzes Vier-Augen-Gespräch vor die Tür zu gehen. In beiden Fällen wird es für den Schüler einfacher, ohne den Druck durch die Präsenz der Klassenkameraden den Rückzug anzutreten.

***Lehrer:** Ich brauche deine Kopfhörer nicht und ich will sie dir nicht wegnehmen. Versuchen wir also, dass die Situation nicht noch schlimmer wird. Ich habe hier einen Beutel. Du kannst deine Kopfhörer direkt hineinstecken, ohne dass ich sie überhaupt berühre. Ich lege sie dann in meine Schublade und nach der Stunde holst du sie dir einfach wieder ab. (Der Lehrer macht eine Pause, damit der Schüler nachdenken kann.)*
Du kannst mir die Kopfhörer jetzt also geben und du bekommst sie am Ende der Stunde zurück. Wenn die Diskussion jetzt aber noch weitergeht, dann bringe ich die Kopfhörer ins Sekretariat, wo sie deine Eltern für dich abholen müssen.
Das heißt, du müsstest eine Zeit lang ohne sie auskommen.
Ich will das nicht und du sicher auch nicht. Also, steck die Kopfhörer einfach in den Beutel! Du hast die Wahl.

Das dritte Beispiel zeigt, wie der Lehrer während des ganzen Vorfalls die Kontrolle behalten kann. In jeder Phase hat er eine Konsequenz zur Hand und er hat keinen Grund, sich aufzuregen oder gar wütend zu werden.

TOP
LEHRER
NUMERO
UNO
№1
NR.
1
Nr.
1

5 Das größte Geheimnis des Classroom Managements

Nach 25 Jahren Arbeit mit seelisch geschädigten „Problemkindern" bin ich zu der Überzeugung gelangt, dass für ein erfolgreiches Verhaltensmanagement nur ein Aspekt wirklich von Bedeutung ist. Es spielt keine Rolle, wie viele „bewährte" Strategien Sie sonst in Ihrem Repertoire haben. Denn ohne diesen Aspekt werden Sie trotz allen Ihren Bemühungen fast sicher scheitern. Diese geheime Zutat, die leider von vielen Lehrern übersehen wird, ist – Trommelwirbel, bitte – ein **positives Lehrer-Schüler-Verhältnis.**

Ich habe einmal die Geschichte von einem Lehrer gelesen, der nach einer beruflichen Auszeit ins Lehramt zurückkehrte und plötzlich damit zu kämpfen hatte, mit dem Verhalten seiner Schüler zurechtzukommen. Er wurde von ihnen ausgelacht und ignoriert. Viele seiner Unterrichtsstunden liefen völlig aus dem Ruder.

Der besagte Lehrer war der Mitverfasser eines hochgelobten Buches über *Classroom Management,* er war Diplom-Psychologe, er war Oberstudienrat mit mehr als 15 Jahren Berufserfahrung und er war später sogar als Dozent für Lehrerausbildung an einer Universität tätig. Das Ganze scheint ein Rätsel zu sein – ein erfahrener, intelligenter Lehrer sieht sich überhaupt nicht mehr in der Lage, seine Schüler in den Griff zu bekommen, obwohl er ein umfangreiches Lehrbuch über den Umgang mit Verhaltensproblemen im Klassenzimmer geschrieben hat. Er kennt alle Theorien und Strategien, er hat alle Fähigkeiten. Aber er bringt seine Schüler nicht mehr dazu, sich ordentlich zu verhalten. Was geht da vor sich? Wie kann das sein?

Die Antwort ist, dass er zu seinen neuen Schülern **keine Beziehung** hatte, – er kannte sie nicht und sie kannten ihn nicht. Und weil sie ihn nicht kannten, vertrauten sie ihm nicht und sie respektierten ihn nicht.
Als der Lehrer an die Schule zurückgekehrt war, hatte er geglaubt, dass all die wunderbaren Theorien, Strategien und Fallstudien aus seinem Buch ihm dabei helfen würden, jegliche Probleme im

Klassenzimmer schnell vom Tisch zu wischen. Dabei hatte er eines der wichtigsten Prinzipien eines erfolgreichen Unterrichts vergessen: Schüler reagieren immer positiver auf einen Lehrer, den sie kennen und mögen und dem sie vertrauen. Sie arbeiten und verhalten sich besser, wenn sie mit dem Lehrer gut auskommen. (Ich sollte anfügen, dass dieser Lehrer schnell seinen Irrtum erkannte und eine Lösung für sein Dilemma fand. Er konzentrierte sich auf das Verhältnis zu seinen Schülern und stellte fast sofort eine Verbesserung in ihrem Benehmen und Verhalten fest.)

Es ist immer einfach, für das Chaos im Klassenzimmer gleich das ganze System verantwortlich zu machen – die Schule, das Umfeld, das Gebäude, die Schüler, die Eltern, die mangelnde Unterstützung seitens der Schulleitung, die Schulordnung etc. Aber alle diese Faktoren sind nicht wirklich von Bedeutung für einen Lehrer, der ein **gutes Verhältnis** zu seinen Schülern hat. Lehrer, bei denen in der Praxis dieses Verhältnis im Mittelpunkt steht, können in jedes Klassenzimmer an jeder Schule gehen und selbst mit den schwierigsten Schülern erfolgreich sein.

In diesem Kapitel möchte ich einige der besten, schnell wirkenden Methoden vorstellen, mit denen Sie positive Beziehungen zu nur schwer erreichbaren Schülern herstellen können und die Ihnen Respekt und Wertschätzung verschaffen. Sie *können* solche Schüler tatsächlich dazu bringen, dass sie besser auf Ihre Anweisungen reagieren. Sie können wundersame Veränderungen feststellen, was die Einstellung der Schüler Ihnen gegenüber anbetrifft, – wenn Sie ein positives Lehrer-Schüler-Verhältnis zu einer Priorität machen.

Warum Sie sich überhaupt mit diesem Thema beschäftigen sollten

Manche Lehrer behaupten, dass für die Beziehungspflege zu ihren Schülern einfach nicht die Zeit bleibe, – ihre Aufgabe sei es, die Schüler zu unterrichten, und nicht, sie zu mögen. Sie hätten es wöchentlich teilweise mit über 200 Schülern zu tun und es sei unmöglich, alle richtig kennenzulernen. Außerdem wäre da noch der ganze Papierkram zu erledigen und so weiter. Ich kann das nachempfinden – ich war ja selbst mittendrin. Ich kenne den **Druck, der auf Lehrern lastet.** Warum also sich auch noch mit dem Thema herumschlagen, wie das Lehrer-Schüler-Verhältnis positiver zu gestalten sei? Meine Antwort auf diesen Einwand ist, dass man gerade durch ein positives Lehrer-Schüler-Verhältnis auf lange Sicht viel Zeit sparen kann. Außerdem gestaltet sich die Arbeit dadurch viel einfacher und wesentlich angenehmer.

Vor einigen Jahren sprach ich mit einem guten Freund über dieses Thema. Paul, nennen wir ihn einfach so, hatte an seiner Schule eine Kollegin – Anna –, die mit einer ganz bestimmten Klasse schwer zu kämpfen hatte. Paul war Annas Fachleiter. Er musste während des Unterrichts öfter in ihr Zimmer zu einem Schrank mit Unterrichtsmaterialien. Eines Tages geschah Folgendes, als Anna gerade besagte Klasse unterrichtete: Die Schüler waren wortwörtlich außer Kontrolle – sie plärrten und schrien durchs Zimmer und ignorierten Annas Aufrufe zu Ruhe und Ordnung.

Normalerweise griff Paul nie ins Unterrichtsgeschehen ein, außer er wurde darum gebeten. Aber nun sah er deutlich, dass die Situation nur noch schlimmer werden konnte. Also ging er durch die Reihen und sprach ein paar Minuten ruhig mit einigen Schülern. Ohne dass er die Stimme gehoben hätte, breitete sich allmählich Ruhe aus, die Schüler gingen auf ihre Plätze zurück und richteten ihre Blicke nach vorn auf Anna – zufriedene Blicke, Arbeitsbereitschaft signalisierend! Paul verließ das Zimmer und ging den restlichen Tag seiner Arbeit nach, ohne noch einen weiteren Gedanken auf den Vorfall zu verschwenden.

Am Ende des Schultages, als schon alle Schüler das Gebäude verlassen hatten, trafen sich Paul und Anna im Lehrerzimmer. *„Paul, wie hast du das gemacht? Wie zum Teufel hast du es geschafft, dass die Klasse urplötzlich so ruhig war? Was ist dein Geheimnis?"*, wollte Anna wissen.
Ich bin mir sicher, dass Anna auf die Antwort nicht gefasst war. Sie wird wohl ein Wundermittel, eine todsichere Methode, ein Geheimrezept oder dergleichen erwartet haben. Aber ich hoffe, dass sie verstanden hat, welche Kraft in Pauls Antwort lag, – und ich hoffe, Ihnen geht es genauso. Sie ist unbezahlbar und führt zu einem

beneidenswerten Respekt seitens Ihrer schwierigsten Schüler: *„Da gibt es kein Geheimnis"*, antwortete Paul. *„Es ist nur so, dass ich meine Schüler kenne. Ich habe viel Zeit mit ihnen verbracht. Ich plaudere mit ihnen auf den Gängen, ich telefoniere regelmäßig mit ihren Eltern, ich besuche sie zuhause. Meine Tür steht immer offen. Sie wissen, dass sie zu mir kommen und mit mir reden können, wenn mal etwas im Argen liegt. Und ich lege Wert darauf, sie zu treffen und zu sehen, wann immer ich kann."*

Ich möchte wie auch mein Freund unterstreichen, dass es kein anderes „Geheimnis" für ein erfolgreiches *Classroom Management* gibt als: Machen Sie ein positives Lehrer-Schüler-Verhältnis zum Fundament aller Ihrer sonstigen pädagogischen und didaktischen Ansätze. Mit diesem Grundsatz kommen wir nun zu einigen Strategien, wie Sie ein solch positives Verhältnis erreichen können.

Zwei wesentliche Faktoren, um schnell ein positives Verhältnis zu erreichen

Wir wissen, wie wichtig ein positives Lehrer-Schüler-Verhältnis für einen guten Unterricht ist. Aber die große Frage lautet: Wie können Sie ein positives Verhältnis aufbauen? Was genau sind die Schritte hin zu einer solchen positiven, durch Vertrauen geprägten Beziehung? Die eine Sache ist die Erkenntnis, dass man etwas tun muss. Eine ganz andere Sache ist, es dann wirklich zu tun. Das gilt besonders dann, wenn man nicht genau weiß, *wie.*

Als Lehrer an einer Förderschule habe ich viel Zeit darauf verwendet, andere Kollegen zu ermuntern und zu beraten, wie sie am besten mit unseren schwierigeren Schülern klarkommen. Am einfachsten, so meine Erfahrung, stellt man sich das Lehrer-Schüler-Verhältnis wie ein Bankkonto vor – ein **Beziehungskonto** sozusagen.

Wenn sich das Geld auf der Bank vermehren soll, zahlen wir immer wieder auf das Konto ein und bekommen Zinsen. Anders formuliert: Wir müssen zuerst etwas *geben,* bevor wir etwas *bekommen.* Das gilt auch für ein Beziehungskonto: Je mehr wir darauf einzahlen, desto mehr bekommen wir zurück. Aber dabei geht es nicht um Geld. Die Einlagen bestehen aus etwas viel Wertvollerem – wir bringen uns selbst ein. Und dafür gibt es zwei Möglichkeiten: Wir zeigen der anderen Person, dass wir uns für sie interessieren und wir kommunizieren häufig mit ihr.

Wenn Sie an die wichtigsten Beziehungen in Ihrem Leben denken – zu Ihrem Ehepartner, zu Ihren Eltern, zu Ihren Kindern –, werden Sie leicht erkennen, wie wahr das ist. Sie können keine positive, florierende Beziehung unterhalten, wenn nicht auf irgendeine Weise regelmäßig **Kommunikation** stattfindet. Wir sind fast ständig durch Gespräche (von Angesicht zu Angesicht, über Telefon oder Skype etc.) oder durch das geschriebene Wort (SMS, Briefe, E-Mails, Facebook etc.) in Verbindung.

Wir zeigen dem Anderen unser Interesse, wenn wir auf seine Probleme eingehen, wenn wir einander helfen, Gefälligkeiten erweisen, nette Dinge sagen, kleine Geschenke mitbringen, zum Abendessen bei den Schwiegereltern mitgehen usw. Wenn Sie sich auf diese beiden wesentlichen Faktoren konzentrieren – **häufig kommunizieren und Interesse zeigen** –, dann haben Sie meiner Meinung nach die einfachste Formel, wie Sie eine positive Beziehung zu Ihren Schülern herstellen können.

Falls Sie noch an der Wirksamkeit dieser Strategie zweifeln, dann lassen Sie mich Ihnen eine weitere Geschichte erzählen: Joe Girard war Autoverkäufer, aber nicht irgendeiner. Denn er gewann die Auszeichnung **„bester Verkäufer der Welt".** Sie können sich vorstellen, dass man dafür eine Menge Autos verkaufen muss. Und Joe Girard schaffte es, diesen Titel zwölf Jahre in Folge zu gewinnen. Er führte seinen Erfolg weitgehend auf die guten Beziehungen zu seinen Kunden zurück. Die Art und Weise, wie er diese Beziehungen zu seinen Kunden aufgebaut hat, ist zum einen äußerst faszinierend, zum anderen aber auch sehr einfach.

Alles, was er machte, war im Prinzip Folgendes: Immer wenn er jemanden kennenlernte – auf der Straße, in einem Geschäft, bei einer Party, wo auch immer –, ließ er sich Namen und Adresse geben und trug sie in seine Datenbank ein. Von da an bekamen diese Leute jeden Monat handgeschriebene Brief-Grüße von ihm. Die Briefe enthielten nur eine kurze, aber herzliche Nachricht, etwa: *„Hallo! Ich habe gerade an Sie gedacht. Beste Grüße, Joe Girard"* oder *„Hallo! Ich hoffe, bei Ihnen läuft alles bestens. Herzliche Grüße, Joe Girard."*

Auf dem Höhepunkt seiner Karriere verschickte Girard 14000 handgeschriebene Grüße – und zwar *monatlich*, also ca. 500 täglich. Dazu beschäftigte er zu seiner Unterstützung zwei Mitarbeiter. Vielleicht werden Sie sich jetzt wundern, warum um alles in der Welt ein Verkäufer so viele Briefe verschicken soll, noch dazu, wo darin kein Wort vom Autoverkaufen erwähnt wurde. Girard wollte mit seinen Grüßen einfach nur mit Menschen, die er kaum kannte, in Kontakt bleiben. Aber bedenken Sie: Die meisten Leute wechseln alle paar Jahre ihr Auto. Und an wen dachten all die 14000 Menschen wohl zuerst, als wieder mal der Kauf eines neuen Fahrzeugs anstand? Sie sehen also, dass Girards **Formel zum Herstellen von Beziehungen** – mit jeder Person häufig kommunizieren und ihr Interesse entgegenbringen – perfekt mit unserer Formel übereinstimmt. Wollen wir also näher untersuchen, wie wir diese beiden Faktoren auf den schulischen Kontext übertragen können.

Häufige Kommunikation

Wie wir gesehen haben, ist häufige Kommunikation das **Kernstück aller Beziehungen.** Ohne Kommunikation, welcher Art auch immer, ist eine Beziehung nicht möglich. Von daher überrascht es nicht, dass wir zu unseren schwierigsten Schülern oft nur schlechte Beziehungen haben. Denn als Lehrer gehören wir wohl zu den Letzten, mit denen sich diese Schüler zu einem kleinen Plausch treffen wollen. Und davon einmal abgesehen – eine Unterhaltung mit diesen Schülern ist tatsächlich schwierig. In manchen Fällen ist es fast unmöglich, sie dazu zu bringen, sich zu öffnen und überhaupt in eine Kommunikation einzusteigen. Das gilt besonders dann, wenn man die Betreffenden kaum kennt.

Es ist wie ein **Teufelskreis:** Sie können diese Schüler nicht kennenlernen, wenn Sie keine gemeinsamen Themen haben. Und diesen Gesprächsstoff entdecken Sie erst, wenn Sie sie besser kennen. Der erste Schritt besteht also darin, herauszufinden, was die Schüler mögen, was ihre Hobbys sind, wofür sie sich begeistern können. Sobald Sie wissen, wofür sich ein Schüler begeistert, können Sie leichter mit ihm ins Gespräch kommen. Interessiert er sich beispielsweise ganz besonders für Mountainbikes, hätten Sie folgende Ansätze:

- Fragen Sie ihn um Rat wegen eines neuen Rades oder besonderer Zubehörteile. (Wir alle zeigen doch gern, wie gut wir uns in einer Sache auskennen, besonders wenn es unser Lieblingsthema ist.)
- Erzählen Sie von Berichten, die Sie im Fernsehen über Mountainbikes gesehen haben.
- Stellen Sie eine Liste mit Websites zum Thema zusammen. *„Hallo Tim, du hast erwähnt, dass du dich für Mountainbikes interessierst. Kennst du diese Seiten aus dem Internet?"*
- Suchen Sie nach alten Büchern, Zeitschriften oder Zeitungsartikeln und geben Sie diese dem Schüler – vielleicht will er in seiner Freizeit einen Blick darauf werfen.
- Fragen Sie nach besonderen Erlebnissen – womöglich hat der Schüler an einem Wettbewerb teilgenommen.
- Fragen Sie um Rat nach attraktiven Strecken in der Nähe.
- Nehmen Sie Ihr eigenes Rad mit in die Schule und bitten Sie um Hilfe bei einer Reparatur. Schülern gefällt es, wenn sie Gelegenheit bekommen, ihre Kenntnisse und Erfahrung unter Beweis zu stellen.
- Überlassen Sie ihm ein altes Mountainbike, von dem Sie sich ohnehin trennen wollten.

Natürlich könnten Sie einen Schüler auch direkt fragen, was er in seiner Freizeit gern macht. Von den freundlicheren unter ihnen werden Sie womöglich eine Antwort bekommen. Aber diese direkte Art funktioniert eher nicht bei wütenden, sozial unangepassten Schülern – insbesondere dann nicht, wenn sie sich gerade mitten in der Pubertät befinden: *„Sag mal, Tim, was machst du eigentlich am Wochenende immer?" „Was geht Sie das an?!"* Bei diesen Schülern sollten Sie nicht zu schnell vorpreschen, sondern mehr auf Methoden setzen, die unterhalb ihres Radarschirms liegen. Die folgende scheint mir sehr geeignet dafür, die Interessen der Schüler herauszufinden, ohne dass sich ihnen gleich die Nackenhaare sträuben.

Methode

Fragebogen im Karteikarten-Format

Die Idee stammt von meinem verstorbenen Vater. Er war ein weiser Mann, auf dessen Rat man sich immer verlassen konnte. Sie können die Idee also vertrauensvoll verwenden: Ein Verkäufer notiert auf Karteikarten die persönlichen Informationen über einen Kunden, der bei jedem Besuch oder Gespräch ein bisschen mehr von seinen Interessen und seinem Leben im Allgemeinen enthüllt. Diese Informationshappen erweitern sich im Laufe der Zeit zu einem immer umfassenderen Bild, sodass der Verkäufer immer mehr Gesprächsstoff hat und sich die Beziehung zum Kunden weiter vertieft. Diese einfache Methode beschleunigt also die Prozesse der Vertrauensbildung und des Informationsaustausches, was sonst viel länger dauern würde. Der Verkäufer, der so verfährt, hat einen besseren Zugang zu seinen Kunden und wird höchstwahrscheinlich auch seinen Umsatz steigern.

Verkäufer A, der viel Zeit darauf verwendet, persönliche Details seiner Kunden auf Karteikarten zu notieren: *„Hallo Herr Maier, wie geht es Ihnen? Und wie geht es Ihrer Frau Susanne? Sie hatte doch letzten Freitag Geburtstag? Ich habe Ihnen doch letztens nach dem kleinen Malheur diese Broschüre über Teppichreiniger gegeben. Soll ich Ihnen nun unsere neue Produktreihe vorführen?"*

Verkäufer B, der kein Interesse am Privatleben seiner Kunden zeigt: *„Hallo Herr Maier. Wollen Sie unser neues Produkt kaufen? Nein? Okay, alles klar! Bis bald."*

Karteikarten sind also eine bequeme, zeitsparende Möglichkeit, um eine andere Person besser kennenzulernen. Für das Klassenzimmer habe ich die Karteikarte ein wenig abgewandelt und zu einem **Fragebogen für Schüler** umgestaltet:

Fragekärtchen

TV & Film

Was ist der beste Film, den du je auf DVD gesehen hast?

Was ist der beste Film, den du je im Kino gesehen hast?

Welche drei Filme, die dir gefallen haben, hast du in letzter Zeit gesehen?

Was siehst du im TV am liebsten? Nenne drei Sendungen.

Sie können die Fragen in der Pause, in den Freistunden, vor oder nach dem Unterricht etc. beantworten. Kommt ein neuer Schüler hinzu, kann er den Fragebogen sozusagen als seine erste schulische Übung ausfüllen. Sie sollten darauf achten, dass Sie die Fragen zu einem Zeitpunkt verteilen, wenn die Schüler in **positiver Stimmung** sind und genug Zeit haben, sich ihre Antworten gut zu überlegen.

Wenn Sie die Fragebogen eingesammelt haben, vergleichen Sie die Antworten und notieren Sie die **Hauptthemen** im Klassenbuch – also die wichtigsten drei oder vier Dinge, für die sich Schüler am meisten begeistern können. Der abgebildete Fragebogen braucht für Sie nur ein Startpunkt zu sein, Sie können ihn ganz nach Ihren Bedürfnissen und denen Ihrer Klassen abändern. Was können Sie nun mit den Antworten anfangen? Hier sind einige Vorschläge, wie Sie die gewonnenen Informationen verwenden können:

* Steigern Sie die Wirksamkeit spontaner Belohnungen, indem Sie sie auf die Interessen der Schüler zuschneiden. Ist beispielsweise ein Schüler verrückt nach einer bestimmten Hunderasse, hat es wohl wenig Sinn, wenn Sie ihm einen Sticker mit dem Bild eines Krans geben (→ mehr zu spontanen Belohnungen in Kapitel 6).
* Stellen Sie ansprechenden Lesestoff für die Pausen oder Lesezeiten zur Verfügung – ausgewählte Magazine, Fachzeitschriften oder Bücher zu bestimmten Themengebieten.
* Planen Sie Unterrichtsstunden, die die Schüler wirklich interessieren. Vielleicht bereiten Sie eine Reihe zu einem Thema vor, für das sich mehrere Schüler interessieren, oder beziehen Sie einen Unterrichtsinhalt wie narratives Schreiben auf ein Thema von Interesse.
* Verwenden Sie die Informationen zur Beziehungspflege. Sie können damit Gespräche eröffnen über Themen, von denen Sie wissen, dass sich die Schüler dafür interessieren. Und gerade hierauf kommt es bei „schwer erreichbaren" Kindern und Jugendlichen an – es zeigt ihnen, dass Sie sich für sie interessieren und sich um sie kümmern.

Methode

Zettelkasten

Stellen Sie eine Pappschachtel auf Ihr Pult und sagen Sie Ihren Schülern: *„Schreibt bitte euren Namen auf einen Zettel und notiert dort zum Beispiel euer liebstes Hobby, eure Lieblingsmannschaft oder eure bevorzugte Sportart. Steckt den Zettel nach dem Unterricht in die Schachtel auf meinem Tisch."*

Verschaffen Sie sich Zugang

Wir haben jetzt also einige Möglichkeiten betrachtet, wie Sie sich über die Interessen Ihrer Schüler informieren können. Aber das ist noch nicht genug, denn Sie müssen ja noch einen Weg finden, wie Sie **in eine Unterhaltung einsteigen** können. Heranwachsende dazu zu bringen, sich zu öffnen und mit Ihnen zu reden, – das kann recht unangenehm sein. Denn oft hat man den Eindruck, als würden sie alles andere auf der Welt lieber tun, als ausgerechnet jetzt mit Ihnen zu reden. Deshalb müssen Sie einen Zugang zu ihnen finden.

Methode

Drei Möglichkeiten, mit Schülern ins Gespräch zu kommen, die dazu eigentlich gar keine Lust haben

1. Fragen Sie um Rat

Wenn wir jungen Menschen die Chance geben, ihre Meinung zu äußern, zeigt ihnen das, dass wir sie und das, was sie zu sagen haben, wertschätzen. Stellen Sie Ihren Schülern also einfach Fragen, die es ihnen ermöglichen, ihre Interessen zu beschreiben und ihre Gedanken auszusprechen. Setzen Sie auf Themen, worüber die Schüler Bescheid wissen.

Manche Schüler erteilen gern Ratschläge über Musik, Mode, Frisuren, Make-up oder Schmuck, während andere auf Computerspiele, Sport und sonstige praktische oder technische Dinge abfahren. Sie könnten einen Schüler zum Beispiel fragen, was Sie auf einer bevorstehenden Party anziehen oder welche – gerade angesagte – CD Sie einem Jugendlichen aus Ihrer Bekanntschaft zum Geburtstag schenken sollen. Den nächsten fragen Sie nach einer Zusammenfassung der letzten Folge einer beliebten Fernsehserie. Und wenn es nach draußen gehen soll, dann fragen Sie wieder einen anderen Schüler um Rat.

Einmal brachte ich mein Mountainbike mit in die Schule und fragte drei meiner Schüler, ob sie mir in der Pause helfen könnten, einige Dinge zu reparieren. Davor hatte ich lange vergeblich darum gekämpft, das Eis zu ihnen zu brechen. Aber auf diese Phase blickten wir nach unserem Fahrrad-Workshop nie mehr zurück. Es war ein großartiges Gefühl, mit den drei Jungs ins Gespräch zu kommen, und es entwickelte sich ein sehr gutes Verhältnis zu ihnen.

TIPP!

Wenn es in einem Gespräch um persönliche Angelegenheiten geht, dann achten Sie darauf, dass Sie nach einem Rat der Schüler fragen, nicht nach ihrer Meinung. Würden Sie beispielsweise einen Schüler fragen, was er von Ihrer neuen Frisur hält, könnten Sie plötzlich lächerlich dastehen. Wenn Sie aber nach einem guten Friseur fragen, wird Ihnen das eher nicht zum Verhängnis.

2. Bitten Sie um einen Gefallen – der Franklin-Effekt

Wenn wir die Absicht haben, mit anderen gute Beziehungen aufzubauen, dann suchen wir intuitiv nach Möglichkeiten, etwas Nettes für den Betreffenden zu tun oder unser Interesse an ihm zu zeigen. Das ist also die zweite wesentliche Strategie auf dem Weg zu positiven Beziehungen. Im 18. Jahrhundert fand der Politiker, Wissenschaftler und Staatsmann Benjamin Franklin einen entgegengesetzten – zum Teil sogar effektiveren –Ansatz: Man bittet den anderen um einen Gefallen.

Franklin versuchte schon seit geraumer Zeit vergeblich, mit einem anderen Politiker in Kontakt zu kommen. Dieser aber wollte mit Franklin absolut nichts zu tun haben. Franklin wusste, dass der besagte Politiker in seiner Bibliothek ein sehr seltenes Buch hatte, und er fragte ihn, ob er sich dieses Buch von ihm ausleihen könne. Von diesem Augenblick an veränderte sich die Haltung des Mannes gegenüber Franklin schlagartig. In seiner Biographie schreibt Franklin: *„Als wir uns das nächste Mal im Repräsentantenhaus trafen, sprach er mit mir (was er zuvor nie getan hatte), und zwar mit großer Höflichkeit; und danach zeigte er immer seine Bereitschaft, mir bei jeder Gelegenheit zu helfen."*

Franklin schrieb dies einem einfachen Prinzip zu: Willst du die Wahrscheinlichkeit erhöhen, dass ein anderer dich mag, dann lass ihn dir einen Gefallen tun. Wenn man genau darüber nachdenkt, ergibt es auch Sinn. Tut man jemandem einen Gefallen, dann zieht es einen zu diesem Menschen hin. Wenn man anderen hilft, gibt es uns das Gefühl, dass wir gebraucht und gemocht werden, – und das ist angenehm.

Wenn Sie also das nächste Mal den Zugang zu einem Schüler suchen, denken Sie an den Franklin-Effekt. Sie könnten ihn zum Beispiel darum bitten, ein Problem auf Ihrem Laptop zu beseitigen, ihnen beim Tragen eines schweren Gegenstandes zu helfen oder ein Plakat für das Klassenzimmer zu entwerfen.

3. Machen Sie Komplimente

Wenn jemand einem Fremden ein Kompliment macht, wird der Kompliment-Sender vom Kompliment-Empfänger seltsamerweise immer als größer, schlanker und jünger beschrieben, als er in Wirklichkeit ist. Das ist eine gute Nachricht – denn Komplimente sind nicht nur ein guter Einstieg in eine Unterhaltung, sie haben auch den Vorteil, dass sie einen attraktiver erscheinen lassen.

Das Problem mit Komplimenten aber ist, dass sie beim Empfänger oft auf Ablehnung stoßen, weil er einen geringen Selbstwert hat, ihm das Kompliment unaufrichtig scheint oder er sogar den Versuch der Manipulation unterstellt.

Um diese Hürde zu überwinden und Komplimente als Einstieg in ein Gespräch mit Schülern verwenden zu können, müssen Sie lernen, wie man sie glaubhaft rüberbringen kann, – und das geht folgendermaßen:

1. Sprechen Sie den Schüler mit seinem Namen an, dann wirkt das Kompliment persönlicher.
2. Erhöhen Sie die Glaubwürdigkeit, indem Sie einen Grund für das Kompliment nennen.
3. Stellen Sie zum Schluss eine offene Frage.

Beispiele:

„Hallo Tim! Mir gefallen deine Schuhe. Mein Sohn hätte auch gern solche für sein Bewerbungsgespräch nächste Woche. Hast du sie hier in der Nähe gekauft?"

„Hallo Tim! Ich habe gehört, dass du am letzten Wochenende super gespielt hast. Herr Schmidt hat gesagt, dass du die Abwehr dicht gehalten hast. Wie haben die Gegner gespielt?"

Zeigen Sie Interesse

Das ist der zweite Schlüsselfaktor zum Aufbau guter Beziehungen zu Ihren Schülern: Zeigen Sie ihnen, dass Sie sie ernst nehmen und sich für sie interessieren. Die folgende Ideensammlung wird Ihnen dabei helfen.

Nehmen Sie sich Zeit, die Namen Ihrer Schüler zu lernen

Lernen Sie die Namen Ihrer Schüler so schnell wie möglich. Das erleichtert zum einen die Arbeit im Klassenzimmer, zum anderen zeigt es den Schülern, dass sie nicht bloß eine „Nummer" sind. Es macht mich traurig, wenn ich an die Schüler meiner Klassen zurückdenke, deren Namen ich mir nicht merken konnte. Selbst nach einem Schuljahr redete ich sie noch immer mit „du" an und zeigte mit dem Finger auf den Betreffenden. Welche Botschaft war das wohl für sie? Du bist nicht so wichtig für mich, deinen Namen brauche ich mir gar nicht zu merken? Es ist schockierend und deprimierend, wenn man die Sache so betrachtet. Hier ist eine schnelle Methode, damit Sie niemals denselben Fehler machen.

Methode

Wie man über 30 Namen schnell lernt

Mit dieser Methode können Sie sich alle Namen einer Klasse innerhalb von einer Unterrichtsstunde merken.

Beschäftigen Sie die Klasse zunächst mit einer Aktivität zur Beruhigung (→ mehr dazu in Kapitel 9). Jeder Schüler bekommt eine einfache, unterhaltsame 10-Minuten-Aufgabe, die er still und ohne Ihre Hilfe bearbeitet. Während Ihre Schüler mit der Aufgabe beschäftigt sind, können Sie in aller Ruhe einen Sitzplan erstellen. Fertigen Sie hierzu eine Skizze von der Anordnung der Tische im Klassenzimmer an und beschriften Sie die Sitzplätze mit den Namen der Schüler.

Tipp !

Lassen Sie einen verantwortungsbewussten Schüler die Namen in den Sitzplan eintragen. Dadurch verhindern Sie, dass Ihnen einige Schüler zum Spaß einen falschen Namen nennen.

Sobald der Sitzplan erstellt ist, beginnt der Spaß: Wählen Sie einen beliebigen Namen aus dem Sitzplan, finden Sie den dazugehörigen Schüler im Klassenzimmer und denken Sie sich ein verrücktes Bild zu seinem Vornamen aus. Je lustiger, bunter und sonderbarer dieses Bild ausfällt, desto besser ist es. Es sollte pro Schüler nicht länger als 30 Sekunden dauern.

Wir erinnern uns an Bilder leichter als an Namen – und an eigenartige, verrückte oder lustige Bilder erinnern wir uns noch besser als an normale. Ich hatte beispielsweise einmal einen James in der ersten Reihe vor mir sitzen und musste sofort an das Kinderbuch *James und der Riesenpfirsich* denken. Ich schaute James einige Sekunden ins Gesicht und stellte mir seinen Kopf wie einen riesigen Pfirsich vor. Natürlich bekam James nicht mit, was da gerade in meinem Kopf vorging. Aber er bemerkte schon, dass ich auf ihn schaute und lächelte.

Bei einer Angelina könnten Sie an einen schönen Engel denken, bei einem Leon an einen faul in der Sonne liegenden Löwen und bei einem Kevin natürlich daran, dass er allein zuhause ist. Etwas schwieriger wird die Sache bei exotischen Namen – aber auch hier findet sich sicherlich ein bekannter Namensvetter, an dem Sie sich orientieren können.

Wenn Sie sich auf diese Weise die Namen der Schüler eingeprägt haben, bleiben Sie sicher in Ihrem Gedächtnis verankert. Es ist wirklich ganz einfach – und es funktioniert auch. Und wenn Sie die Schüler nach der ersten Unterrichtsstunde verabschieden und bereits alle mit ihrem Namen ansprechen, dann ist der Anblick ihrer staunenden Gesichter unbezahlbar.

Schrauben Sie Ihre Erwartungen hoch

Im Jahre 1968 führten Rosenthal und Jacobson eine berühmte Studie durch, aus der hervorging, dass die Erwartungen des Lehrers eine positive Wirkung auf die intellektuelle Entwicklung der Schüler haben können. Dieses Phänomen ist bekannt als **Pygmalion-Effekt:** In der griechischen Mythologie wurde aus den hohen Erwartungen des Bildhauers Pygmalion eine sich selbst erfüllende Prophezeiung und sie verwandelten eine leblose Statue in ein schönes lebendiges Wesen. Auf ähnliche Weise können die Gedanken und Überzeugungen, die wir von unseren Schülern haben, enorme Auswirkungen auf sie haben.

Um sich dieses Phänomen zu Nutze zu machen, sollten Sie damit anfangen, Ihre Klasse mit anderen – positiven – Augen zu sehen. Versuchen Sie, alle Schüler (auch die wirklich schwierigen) als „Topp-Schüler", „fleißige Lerner" oder als Ihre „Lieblinge" zu betrachten. Sie werden sehen, dass auch die Schüler sich selbst bald positiver einschätzen (und sich entsprechend verhalten). Erinnern Sie sie stets daran, dass sie fähig sind, dass sie gute Vorbilder sind, dass sie liebenswert, wunderbar und hilfsbereit sind, dass sie Erfolg verdient haben und dass sie sich noch weiter verbessern können, sofern sie nur Leistungsbereitschaft zeigen.

Als Lehrer weiß ich, dass **hohe Erwartungen** sehr wichtig sind. Das steht in allen Büchern und war Thema in allen Fortbildungs- und Trainingsprogrammen, an denen ich teilnahm. Trotzdem hat es einige Jahre gedauert, bis ich wirklich erkannte, welchen Einfluss Erwartungen haben können und welche unglaubliche Wirkung (zum Guten *und* Schlechten) sie auf Schüler ausüben können.

Vor einiger Zeit half ich einem Freund beim Verkauf seines Hauses, das ich von ihm gemietet hatte, als er im Ausland war. Eines Tages stand eine wohlhabende Dame vor der Tür und wollte das Haus besichtigen. Das Esszimmer war zu einem großen Teil mit meinem Computer, Büchern und ausgewählten Utensilien bedeckt. Als die Dame das sah, wollte sie wissen, was ich da mache. Ich erzählte ihr, dass ich ehemaliger Lehrer sei und jetzt anderen Lehrern bei ihrer Arbeit mit schwierigen Schülern helfe. Daraufhin blickte sie mich nachdenklich an und sagte, dass sie selbst eine sogenannte **Schulversagerin** gewesen sei und die Erinnerungen an die weiterführende Schule nicht gerade positiv ausfallen.

Dann erzählte sie mir weiter, dass sie jetzt eine der bestbezahlten Anwältinnen in Nordengland sei. In der Grundschule sei sie eine „Einser-Schülerin" und immer die Beste in ihrer Klasse gewesen. Doch ab der sechsten Klasse ging alles schief – für zwei lange Jahre: Ihre Leistungen wurden schlechter und natürlich ebenso die Noten und die Zeugnisse. Eine Klasse musste sie wiederholen. Das schaffte sie mit wehenden Fahnen und danach ging es wieder steil bergauf. *„Erstaunlich!"*, sagte ich. *„Wenn wir Ihr Wundermittel herausfinden, mit dem Sie den Wiederaufstieg geschafft haben, dann könnten wir Kindern mit ähnlichen Problemen wohl sehr gut dabei helfen, die Sache mit der Schule erfolgreich zu bewältigen."* Doch zuerst wollte ich herausfinden, was die Ursache für den zweijährigen Misserfolg war. Und das ist der erstaunliche Teil der Geschichte: Zunächst hatte die Dame keine Ahnung und konnte auch keinen Grund nennen, warum sie diese Analyse nicht schon früher für sich selbst vorgenommen hatte. Sie hatte einfach keinen Gedanken mehr daran verschwendet. Jetzt aber war sie ganz eifrig bei der Sache, als ich die Gründe für ihr Schulversagen und den späteren Schulerfolg offenlegen wollte. Wir steigerten uns beide so in die Sache hinein, dass wir die Hausbesichtigung vergaßen und stattdessen eine Flasche Rotwein öffneten.

Aber selbst eine Flut bohrender Fragen – Ist zuhause etwas Schreckliches passiert? Haben Sie die Schule gewechselt? Hatten Sie Probleme mit Lehrern? Wurden Sie gemobbt? – brachte uns der Antwort auf die Frage nicht näher, warum sie von einer Muster- zu einer Problemschülerin geworden war, danach aber wieder die Kurve zum Erfolg gekriegt hatte.

Doch plötzlich erinnerte sie sich: Im zweiten Jahr an der weiterführenden Schule wurde ihre Klasse aufgeteilt. Und als junges Mädchen glaubte sie, dass diese Aufteilung nach Leistungsfähigkeit vorgenommen wurde. In Wahrheit erfolgte die Aufteilung nach dem Alphabet. Ihr Nachname begann mit „W" und plötzlich befand sie sich zu ihrem Entsetzen dort, wo sie die schwächere Gruppe vermutete.

Von diesem Tag an verlor sie sämtliches Vertrauen in ihre Fähigkeiten und wurde tatsächlich Teil der leistungsschwächeren Schüler. Ihre Noten verschlechterten sich dramatisch und ihre Schullaufbahn nahm eine negative Wende. Wäre es nicht zu einer Nachprüfung gekommen, – vermutlich von ihren verzweifelten Eltern und besorgten Lehrern initiiert –, wer weiß, was dann aus ihr geworden wäre. So aber konnte sie in der Nachprüfung ihre wahren Fähigkeiten unter Beweis stellen.

Natürlich spielt der **Glaube der Schüler an ihre eigenen Fähigkeiten** eine große Rolle dabei, wie sehr sie sich in der Schule bemühen. Und zu einem großen Teil wird dieser Glaube durch die Erwartungen des Lehrers an die Schüler beeinflusst. Kinder und Jugendliche müssen wirklich davon überzeugt sein, dass zumindest eine der Autoritätspersonen an sie glaubt.

Bieten Sie Ihre Hilfe an

Ich kann mich an einen 15-Jährigen erinnern, dessen Verhalten im Unterricht an die Grenzen des Zumutbaren stieß. Die erste Begegnung mit ihm war ein regelrechter Machtkampf, der von Anfang bis Ende des Unterrichts andauerte. Er wollte nicht an seinem Platz bleiben, er wollte nicht mitmachen und er war fest entschlossen, den ganzen Unterricht ins Chaos zu stürzen.

Nach der Pause fing ich ihn an der Tür ab und ließ ihn mit mir warten, bis alle anderen Schüler im Zimmer waren. Er dachte sicher, dass er nun eine gewaltige Standpauke wegen seines Auftritts in der letzten Stunde zu hören bekommen würde. Er war dann ziemlich erstaunt, als ich zu ihm sagte: *„Weißt du was, Jonas? Letzte Stunde war irgendwas nicht in Ordnung. Ich kann mir nicht helfen, aber du warst scheinbar gar nicht glücklich. Ich will doch nicht, dass du zu mir in den Unterricht kommst und es dir dann schlecht geht.*

Ich will nicht an dir herumnörgeln und ich will dich jetzt auch nicht zur Schnecke machen." Ich lächelte ihn an und er schaute an mir hoch, als ich fortfuhr: *„Mein Unterricht soll dir etwas bringen. Ich will, dass du davon einen Nutzen hast. Kannst du mir sagen, was ich machen soll, damit der Unterricht für dich besser wird?"*

Es folgte eine lange Pause. Jonas versuchte, den Sinn meiner Worte zu begreifen. Dann sprudelte es aus ihm heraus wie aus einem Wasserhahn: Er könne die Tafel nicht sehen, er könne nicht gut lesen, er sollte eigentlich eine Brille tragen, aber andere Schüler hätten sich über ihn lustig gemacht, als er mal eine trug; und überhaupt, das meiste, was da im Unterricht vor sich geht, könne er gar nicht verstehen.

An dieser Stelle mussten wir unsere Unterhaltung abbrechen, der Unterricht begann ja gleich. Aber diese wenigen Augenblicke vor dem Klassenzimmer waren der Beginn für eine ganz andere Beziehung zwischen Jonas und mir. Er sah nun in mir jemanden, der ihm helfen wollte, und ich sah in ihm einen Jugendlichen mit Problemen und nicht mehr einen „Problemschüler".

Ich führte ein paar Änderungen durch, die Jonas' Schwächen entgegenkamen, und gab ihm ein wenig Extra-Unterstützung.
Sein Verhalten änderte sich auf wundersame Weise sozusagen über Nacht. Er kam von nun an lächelnd in den Unterricht und fast immer, wenn ich eine Frage stellte, schoss sein Arm nach oben. Die Mühe und der Fleiß, die er in seine Aufgaben steckte, waren einfach unglaublich.

Übertragen Sie Verantwortung

Oft sind die Schüler, die uns vor die größten Herausforderungen stellen, gerade diejenigen, die auch das größte Potenzial zu einer Führungspersönlichkeit haben. Ihr Verhalten wird gesteuert von dem Verlangen nach Aufmerksamkeit und Macht und ihr starkes Auftreten macht sie zu beliebten Wortführern. Wenn Sie ihnen **Verantwortung übertragen, i**st das für diese Schüler ein erhebendes Gefühl und es hält sie davon ab, Anerkennung auf weniger angemessene Weise zu suchen. Außerdem gewinnen Sie als Lehrer wichtige Verbündete im Klassenzimmer.

Verantwortung können Sie im Klassenzimmer auf unterschiedliche Weise übertragen:

* Der **Läufer** übernimmt Besorgungen und Botengänge.
* Der **Platzwart** ist verantwortlich für eine saubere Tafel.
* Der **Schreiber** übernimmt für Sie die Schreibarbeit, falls Sie die Ziele, Themen oder Anweisungen zu Beginn einer Unterrichtsstunde notieren wollen.
* Der **Botaniker** ist verantwortlich für die Pflege der Zimmerpflanzen.
* Der **Sachverwalter** sorgt dafür, dass die Materialien und Utensilien für den Unterricht vollständig und die Ablagen sauber und ordentlich sind.
* Der **Ruhestifter** achtet bei seiner Gruppe auf eine ordentliche Arbeitsatmosphäre und überwacht den Geräuschpegel.
* Der **Animateur** ermuntert Mitschüler, die etwas langsamer arbeiten, und achtet darauf, dass die Stimmung in der Klasse beschwingt-fröhlich bleibt.
* Der **Kontrolleur** ist zuständig für die Anwesenheitsliste.
* Der **VIP-Schüler** heißt neue Schüler und Besucher willkommen und ist erste Anlaufstelle für alle anderen Schüler, die ein Problem haben. Der VIP-Schüler könnte auch besondere Privilegien genießen, zum Beispiel Pausenerfrischungen, Computerzeit etc. Die VIP-Rolle könnten Sie turnusmäßig vergeben oder auch als spontane Belohnung für besonders bemerkenswerte Bemühungen oder Leistungen. In einer Grundschule, an der ich vor Kurzem tätig war, trugen die VIPs Signalwesten (wie sie z. B. Arbeiter im Straßenbau tragen), an denen sie sofort erkannt wurden. Diese Schüler waren sehr stolz auf ihre Uniform.

Verfassen Sie schriftliche Nachrichten

Unterschätzen Sie nicht die Wirkung von Kärtchen, Notizzetteln oder Briefen! Sie können sehr hilfreich dabei sein, mit Schülern in **Kontakt** zu treten, – besonders mit solchen, denen ein Gespräch von Angesicht zu Angesicht unangenehm ist. Kurze, freundliche Kommentare,

Bemerkungen oder Hinweise in Schriftform signalisieren mehr **Beachtung und Wertschätzung** als mündliche Äußerungen. Gehen Sie einen Schritt weiter, wenn ein Schüler Geburtstag hat. Sagen Sie nicht einfach nur *„Alles Gute zum Geburtstag!"* Lassen Sie ihn spüren, dass heute ein besonderer Tag für ihn ist und überreichen Sie ihm eine Geburtstagskarte. Wenn Sie die Karte zu ihm nach Hause schicken, können Sie sogar noch Bonuspunkte sammeln. Gehen Sie einen Schritt weiter, wenn ein Schüler krank ist, als nur seine Abwesenheit ins Klassenbuch einzutragen. Senden Sie ihm eine Karte mit Genesungswünschen. Oder wenn ein Schüler sich ganz besonders bemüht oder etwas besonders gut macht – warum schreiben Sie ihm nicht eine Dankeschön-Karte?

Liebe/r ...,

wie du heute im Unterricht mitgearbeitet hast – das war großartig! Es war einfach schön zu sehen, welche Mühe du dir gegeben hast. Und wenn du es richtig versuchst, kannst du wirklich etwas schaffen. Denk mal darüber nach, vielleicht machst du es noch besser, wenn du das nächste Mal deine Hausarbeit pünktlich ablieferst. Ach ja, falls du es dir nicht aufgeschrieben hast, die heutige Hausaufgabe ist ... Wenn du dafür Hilfe brauchst, dann komm nach dem Unterricht einfach zu mir. Dann können wir alles abklären, damit du es gut hinbekommst. Vielleicht wird es dann deine „beste Hausaufgabe aller Zeiten". Ich freue mich darauf, wenn du mir am Mittwoch alles überreichst.

Viel Spaß ...

Liebe/r …,

es war wunderbar, dich heute in der Klasse zu sehen. Der Unterricht ist immer lebendiger und unterhaltsamer, wenn du da bist. Deshalb wäre es toll, mehr von dir zu sehen. Bringst du es fertig, dass du morgen bitte pünktlich zum Unterricht kommst, damit ich mir keine Sorgen um dich machen muss? Denk daran: Der Unterricht beginnt um Punkt 8 Uhr!

Also dann, bis morgen …

Die Benotung einer Arbeit kann eine lästige Pflicht sein. Aber auch hier bietet sich eine gute Gelegenheit zur Stärkung der Beziehung oder zum Einstieg in einen Dialog mit einem Schüler, der nicht gern mit einem Gegenüber spricht. Mit Haftnotizen oder direkt ins Heft geschriebenen Bemerkungen können Sie den Schülern Fragen stellen, ihnen zu einer Leistung gratulieren, ihnen einen Witz erzählen – kurzum, Sie können ihnen damit Rückmeldungen jeglicher Art geben. Mit solchen kleinen Privatunterhaltungen können Sie den Schülern die Botschaft vermitteln, dass Sie sich für sie interessieren und dass Sie sie schätzen.

© gmm2000 – Fotolia.com

Die Bemerkung auf dem Notizzettel in der Abbildung war an einen Jungen gerichtet, der nach mehreren Monaten erstmals wieder seinen Vater besuchen wollte. Wegen dieser bevorstehenden Begegnung war er etwas ängstlich und beklommen. Mit der Haftnotiz wollte ich ihn direkt und persönlich ein wenig unterstützen. Oft reagieren Schüler auf solche schriftlichen Anmerkungen und schreiben selbst eine Antwort. Daraus kann sich ein richtiger Haftnotiz-Dialog entwickeln – und ebenso ein positives Lehrer-Schüler-Verhältnis.

Nehmen Sie sich Zeit für Ihre Schüler

Pausen bieten beste Gelegenheiten zum **Aufbau und Pflegen von Beziehungen.** Einer meiner Kollegen legte größten Wert darauf, seine freie Zeit niemals im Lehrerzimmer zu verbringen. Stattdessen war er für seine Schüler im Pausenraum oder auf dem Schulhof anzutreffen. Sein Ruf, für die Schüler immer ansprechbar und „da zu sein", hatte sich in der ganzen Schule verbreitet und alle Schüler wussten, dass man gut mit ihm reden konnte und dass er immer freundlich war. Dafür genoss er großen Respekt – sogar bei den „größten Chaoten" unter den Schülern. Verhaltens- und Disziplinprobleme waren im Unterricht dieses Lehrers verständlicherweise nur selten Thema.

Verleihen Sie etwas Besonderes

Wie oft hat Ihr schwierigster Schüler schon seine Federmappe vergessen? Anstatt ihm in einem solchen Fall einen billigen, zerkauten Kuli aus dem Kugelschreiber-Friedhof auszuhändigen, könnten Sie die Gelegenheit nutzen, ihre Beziehung zu diesem Schüler etwas auszubauen. Denn wenn Sie einen schäbigen, halbkaputten Kugelschreiber verleihen, sagen Sie den Schülern damit doch: *„Ich halte nicht besonders viel von euch und vertraue euch auch nicht genug, um euch einen anständigen Kuli zu leihen. Außerdem verdient ihr das gar nicht."* Und weiterhin deuten Sie damit an: *„Ihr klaut ständig meine Kulis und das ist alles, was ich noch habe."*

Nehmen Sie den **vergesslichen Schüler** also beiseite und erklären sie ihm: *„Dieser Kugelschreiber ist ein Geschenk von meinem Sohn. Ich vertraue ihn dir an, weil ich weiß, dass du darauf aufpasst. Und ich möchte, dass du heute gut damit schreibst."* Damit vermitteln Sie eine ganz andere Botschaft.

Schüler reagieren auf uns so, wie sie sich von uns behandelt fühlen. Zeigen Sie ihnen Geringschätzung, werden sie empört reagieren. Behandeln Sie die Schüler aber mit Respekt und zeigen Sie ihnen, dass Sie ihnen vertrauen, dann ruft das völlig andere Reaktionen hervor.

Organisieren Sie Ausflüge und Klassenfahrten

Mit den Schülern das gewohnte Klassenzimmer zu verlassen, verleiht dem Verhältnis zu ihnen eine neue Dimension. In den Augen Ihrer Schüler übernehmen Sie dabei eine noch **fürsorglichere Rolle,** was automatisch darauf hindeutet, dass Sie sich für sie interessieren und sich um sie kümmern. Ausflüge und besonders auch Klassenfahrten können den Schülern zudem dabei helfen, verschiedene soziale Kompetenzen weiterzuentwickeln; so können zum Beispiel Beziehungen und Freundschaften viel schneller entstehen und vertieft werden als im normalen Schulalltag.

Bringen Sie den Schülern neue Fertigkeiten bei

Bringen Sie den Schülern Fertigkeiten bei, mit denen sie ihre **Schwierigkeiten und Schwachpunkte überwinden** können. Damit zeigen Sie ihnen, dass Sie sich wirklich für sie interessieren und sich um sie kümmern. Ich führe oft das Beispiel von einem Schüler an, der so gut wie nie seine Hausaufgaben machte. Hilft es in einem solchen Fall zu schimpfen? Wird er dann seine Hausaufgaben machen? Könnte es vielleicht sein, dass der Schüler gar nicht aufmüpfig oder streitlustig ist, sondern dass der Mangel an Bemühungen durch einen Mangel an Fertigkeiten intensiviert wird? Schüler, die sich häufig nicht an Regeln halten, brauchen Unterstützung und Unterricht ebenso wie Disziplin.

Wenn Sie ein wenig Zeit darauf verwenden, diesem Schüler etwas über Zeitmanagement beizubringen, oder darauf achten, dass er die Aufgaben auch wirklich versteht, dann kümmern Sie sich besser um ihn, als wenn Sie ihn zum Nachsitzen zitieren. Und Sie helfen ihm sogar dabei, seine Hausaufgaben rechtzeitig abzuliefern.

Zeigen Sie Präsenz bei Schulereignissen

Wenn Ihre Schüler ein Sportfest haben, in einem Konzert auftreten oder im Schülertheater mitwirken, sollten Sie die **Veranstaltungen besuchen** und ihnen zuschauen. Es gibt kaum bessere Gelegenheiten, um ihnen zu verdeutlichen, dass Sie sich für sie interessieren. Denn Sie verbringen mit ihnen einen Teil Ihrer freien Zeit. Außerdem finden Sie bei solchen Anlässen Gesprächsthemen, auf die Sie im Schulalltag zurückgreifen können.

Seien Sie Ihren Schülern gegenüber aufmerksamer

Bemühen Sie sich, jeden Tag mit jedem Schüler zu sprechen, und achten Sie darauf, bei **Klassendiskussionen** niemanden unberücksichtigt zu lassen. Achten Sie auch auf die **Gesundheit der Schüler.** Leiten Sie die nötigen Schritte ein, wenn Sie die Vermutung haben, dass es einem Schüler nicht gut geht. Wenn ein Schüler über längere Zeit krank ist, dann rufen Sie zuhause an und fragen nach, wie es ihm geht. Oder senden Sie ihm eine Karte mit Genesungswünschen und ein Päckchen mit dem, was er im Unterricht versäumt hat, zusammen mit Grüßen vom Rest der Klasse.

Wenn ein Schüler **Geburtstag** hat, beglückwünschen Sie ihn mit einer Karte und einem Kuchen. Wenn ein Schüler zuhause **schwere Zeiten** hat, dann wünschen Sie ihm mit einer Notiz in seinem Heft alles Gute. Wenn ein Schüler mit neuen Schuhen, einer neuen Jacke oder einer neuen Frisur in die Klasse kommt, machen Sie ihm ein **Kompliment.** Solche kleinen Gesten behalten Ihre Schüler jahrelang in Erinnerung, manchmal sogar ein Leben lang.

Seien Sie besonders nett und höflich

Haben Sie schon mal vom **„Tag der spontanen Nettigkeiten"** gehört, der am 17. Februar in den USA und Neuseeland gefeiert wird? Die Idee dahinter ist einfach: Die Menschen versuchen, den grauen Alltag durch besondere Höflichkeit und nette Äußerungen bunter und angenehmer zu gestalten. Dieser Grundgedanke lässt sich auch auf die Schule übertragen. Mit spontanen Gesten und Äußerungen, die einfach nur nett und höflich sind, die **Wertschätzung ausdrücken,** können Sie Ihren Schülern helfen, sich als etwas Besonderes zu fühlen. Sie können die Wirkung verstärken, indem Sie die Schüler mit einer kleinen Bemerkung auffordern, solche Nettigkeiten an Mitschüler weiterzugeben. Ein solcher Akt der Wertschätzung wurde bereits erwähnt – der besondere Kugelschreiber, den Sie ausleihen könnten. Sie können noch weitergehen und sich etwas wirklich Besonderes für einen Schüler oder eine Gruppe ausdenken. Hier eröffnen sich ungeahnte Möglichkeiten, negative Einstellungen seitens der Schüler rasch zu ändern und auf längere Sicht eine sehr positive Klassengemeinschaft entstehen zu lassen.

Das folgende Beispiel zielt auf eine ganze Klasse ab, weniger auf einen einzelnen Schüler. Die Idee dahinter ist, keine Mühe zu scheuen und während einer Unterrichtsstunde oder einem Teil davon ganz als **Bediensteter Ihrer Klasse** aufzutreten. Sie können dabei nach Belieben übertreiben – die Hauptsache aber ist, dass der Spaß im Mittelpunkt steht. Sie könnten jeden Schüler so behandeln, als ob er ein besonderer Gast sei. Begrüßen Sie ihn an der Tür, sprechen Sie ihn mit seinem vollen Namen an, führen Sie ihn an seinen Platz, als ob er ein vornehmes Restaurant besuchen würde, und überreichen Sie ihm einen besonderen Kugelschreiber oder ein anderes Utensil (verbunden natürlich mit dem Angebot eines Kissens, falls sich der Sitz unbequem anfühlt!). Lassen Sie sanfte Hintergrundmusik spielen. Und während die Schüler mit einer netten Übungsaufgabe beschäftigt sind, warten Sie mit Erfrischungsgetränken und Süßigkeiten zur freien Wahl auf, die Sie auf einem Serviertisch durch das Klassenzimmer rollen. Für diesen besonderen Anlass könnten Sie sich sogar verkleiden und mit dem Tuch eines Weinkellners über dem Arm durch das Klassenzimmer schreiten. Selbstverständlich ist das keine Vorgehensweise, die sich für jede beliebige Unterrichtsstunde eignet. Aber es ist immerhin eine Idee, einer Klasse, die sich ganz besonders bemüht hat, Anerkennung zu bekunden. Und es ist vielleicht auch eine Möglichkeit, die Grundstimmung in einer schwierigen Klasse zum Positiven zu wenden.

Zeigen Sie die Arbeiten aller Schüler

Würdigen Sie die Schülerarbeiten mit einer **Ausstellung** und nutzen Sie hierfür die Stell- oder Pinnwände im Klassenzimmer. Vielleicht gibt es auch in Ihrer Klasse einige Schüler, die es nicht mögen, wenn ihre Werke ausgestellt werden. Diesen Schülern können Sie andere Möglichkeiten einräumen, zur Ausstellung beizutragen, – zum Beispiel indem sie als „Ausstellungsexperten" eine passende Ausstellungsfläche gestalten (Farben, Beschriftung, Layout) oder für einen regelmäßigen Austausch der gezeigten Schülerarbeiten sorgen.

Nehmen Sie die Beziehungs-Herausforderung an

Mit Sicherheit ist die nun folgende Methode eine der wirkungsvollsten von allen in diesem Buch. Es geht um ein entschiedenes Engagement dafür, das Verhältnis zu jedem Schüler, der schwer erreichbar ist und Ihnen Schwierigkeiten bereitet, zu verbessern. Das soll nicht bedeuten, dass Sie die anderen vernachlässigen, sondern dass Sie für eine gewisse Zeitspanne mehr Mühe auf diese besonderen Schüler verwenden.

Der Grundgedanke ist schnell erklärt: Bringen Sie einen Monat lang täglich mindestens 30 Sekunden dafür auf, mit jedem Ihrer „Problemschüler" eine Unterhaltung zu führen, die zum Aufbau einer Beziehung führt. Achten Sie darauf, ob und wie sich das Verhältnis zu diesen Schülern ändert. Wenn Sie mehr als 30 Sekunden aufbringen, umso besser. Aber die Vorgabe ist eine halbe Minute – alles darüber hinaus ist ein Bonus.

Ein **Gespräch zum Auf- und Ausbau einer Beziehung** bedeutet natürlich nicht die Aufforderung zum Stillsitzen oder die Rüge für eine unerledigte Hausaufgabe. Es ist ein Gespräch, das zu den alltäglichen Anweisungen hinzukommt. Dabei können Sie mit den Schülern über alles Mögliche reden: über Fernsehsendungen, Fußball, die tollen neuen Schuhe, Hobbys und Interessen. Wenn Sie das schwierig finden, dann erinnern Sie sich an die verschiedenen Einstiegsmöglichkeiten in einen Dialog (→ Seite 94 bis 97).

30 Sekunden kann jeder hinbekommen; aber es bedarf schon eines bisschen mehr als das übliche *„Guten Morgen, wie geht's?"* An den Tagen, an denen Sie die betreffenden Schüler in der Klasse haben, werden Sie die 30 Sekunden sicher im Laufe des Unterrichts schaffen, während der Rest der Klasse beschäftigt ist. Aber an den anderen Tagen müssen Sie die Schüler gezielt aufsuchen – zum Beispiel auf

dem Pausenhof, beim Mittagessen oder an der Bushaltestelle. Es gibt unzählige Gelegenheiten, mit den Schülern durch die einfache Kunst des Dialogs in Kontakt zu treten. Es geht nur darum, diese Gelegenheiten auch zu ergreifen.

Hinweis: Anfangs werden Sie ziemlich sicher auf Zurückhaltung, wenn nicht gar Ablehnung stoßen. Unter Umständen kann diese zusätzliche Aufmerksamkeit sogar dazu führen, dass ein Schüler „ausflippt". All die erwähnten Methoden eignen sich bestens, um Beziehungen herzustellen und ein Verhältnis zu verbessern. Aber wenn Sie es zu schnell und direkt angehen, kann es passieren, dass Schüler in die entgegengesetzte Richtung davonlaufen. Wir alle kennen das **Spiel von Anziehung und Abstoßung:** Je mehr Aufmerksamkeit wir jemandem schenken, desto mehr weicht er zurück. Der Trick ist also, anfangs vorsichtig aufzutreten. Wenn Sie plötzlich auf einen Schüler zusteuern, mit dem Sie zuvor so gut wie nichts gesprochen haben, ihm einen Stapel Zeitschriften in die Hände drücken *(„Hier, nimm, ich weiß doch, dass du dich für Mountain-Bikes interessierst!")* und ihn aus heiterem Himmel auch noch mit einer Menge persönlicher Fragen löchern, dann wird er sich natürlich wundern, was um alles in der Welt da vor sich geht. Im besten Falle wird er Sie ignorieren. Im schlimmsten Fall, besonders dann, wenn Sie zu hartnäckig auftreten, wird er glauben, Sie seien ein sonderbarer Typ. Dann stehen Sie mit Ihrem Unterfangen, das Verhältnis zu verbessern, vor einem neuen Hindernis, nämlich Misstrauen. Gehen Sie es also langsam und ruhig an – besonders bei sehr schwierigen Schülern.

6 Positive Verstärkung

Im Laufe der Jahre habe ich festgestellt, dass Lehrer, die Probleme mit dem Verhaltensmanagement haben, fast ausschließlich darauf fixiert sind, was gerade im Klassenzimmer *falsch* läuft. Sie scheinen ständig auf der Ausschau nach Schülern zu sein, die nicht das machen, was sie sollen. Die besten Lehrer aber verwenden mehr Zeit darauf, auf gutes Verhalten zu achten und es auch anzuerkennen. Dadurch schaffen sie eine ganz andere Atmosphäre im Klassenzimmer, nämlich eine optimistisch-fröhliche. Es dürfte keine Überraschung sein, dass diese Lehrer tendenziell weniger Probleme in ihren Klassen zu bewältigen haben.

In diesem Kapitel werfen wir einen Blick auf verschiedene **Methoden zur positiven Verstärkung,** die von erfolgreichen Lehrern eingesetzt werden. Dabei beginnen wir mit dem Offensichtlichsten – dem Lob.

Die verändernde Kraft des Lobs

Lassen Sie mich eine kleine Geschichte erzählen. Damit will ich erklären, warum Lob zu den wichtigsten Methoden gehört, mit denen ein Lehrer etwas verändern kann: Meine professionelle Karriere als Trainer für Verhaltensmanagement startete ich 2006. Obwohl es mir gefiel, als selbstständiger Unternehmer tätig zu sein, empfand ich es nach über zehn Jahren im Klassenzimmer als eine sehr anstrengende Arbeit.

Wenn ich nicht gerade auf Autobahnen unterwegs oder auf Auslandsreisen war, um meine Kurse an Schulen und Universitäten abzuhalten, verbrachte ich nahezu jede wache Stunde mit den diversen organisatorischen Arbeiten und mit den Versuchen, den Online-Bereich meines Unternehmens reibungslos zum Laufen zu bringen. Nebenbei bemerkt: Ich bin ein hoffnungsloser Fall, was Papierkram aller Art betrifft, und ich bin auch ein hoffnungsloser Fall, was Computer anbelangt. Einen großen Teil meines Lebens verbrachte ich also mit Dingen, in denen ich überhaupt nicht gut bin. Das führte zu Stress und Frust. Und wenn man genau darüber nachdenkt, dann geht es doch vielen jungen Menschen in der Schule genauso!

Um mich über Wasser zu halten, arbeitete ich in jenen Tagen zwölf bis 18 Stunden täglich für mein Unternehmen, und das sieben Tage Woche für Woche. Ich hatte ständig Angst davor, die Dinge nicht schnell genug voranbringen und meinen Zahlungsverpflichtungen nicht mehr nachkommen zu können. Gleichzeitig kämpfte ich mit meinem Computer, der mich ganz offensichtlich hasste.

Nach ein paar Jahren stieß ich an meine Grenzen. Bei meiner Mutter wurde 2008 eine vaskuläre Demenz diagnostiziert. Daraufhin fuhr ich drei oder vier Mal wöchentlich von meinem Wohnort Newcastle nach Cumbria (ca. 130 km), um bei der Pflege mitzuhelfen. Gleichzeitig musste ich mich um meinen Sohn kümmern, der im Teenager-Alter war (ach ja, ich vergaß zu erwähnen, dass ich in dieser Zeit alleinerziehend war). Dann kam hinzu, dass mein Vater an Leukämie und Parkinson litt. Und bei meiner Schwester scheiterte eine zweite Nierentransplantation, sodass sie weiter auf Dialyse und die Hilfe Dritter angewiesen war.

Mit all diesen Problemen im Kopf und unter ständigem Zeitdruck wurden die Aufträge für meine Fortbildungskurse immer weniger und das Geld ging zur Neige. Zur Unzeit wurde mir die Durchführung eines Kurses in Südengland angeboten. Anstatt in ein Hotel zu gehen, schlief ich ein paar Stunden im Auto, teils um meine Kosten niedrig zu halten, teils um zurückfahren zu können, um meiner Mutter zu helfen. Ich stand kurz davor, dass auch meine Gesundheit litt, und es kam der Zeitpunkt, an dem ich etwas aufgeben musste.

Natürlich galten die Prioritäten meiner Familie. Also beschloss ich, meine geschäftlichen Tätigkeiten einzustellen. Ich hatte mein Herz und meine Seele hineingelegt und das Aufgeben war jetzt so, als würde mir der rechte Arm abgetrennt. Aber ich musste mich um meine Familie und auch um meine Gesundheit kümmern. Widerwillig schrieb ich E-Mails an alle meine Kunden und erklärte ihnen meine Situation und die Notwendigkeit meines Entschlusses. Viele von ihnen zahlten einen Mitgliedsbeitrag für die monatlichen Updates und die neuen Materialien, was damals mein Haupteinkommen war. Aus den unterstützenden Antworten konnte ich aber erkennen, dass die meisten Leute mich verstanden. Ich sperrte den Warenkorb und nahm die Website vom Netz.

Nach drei oder vier Monaten ohne Einkommen wurde alles immer schwieriger. Ein altes Sprichwort besagt, dass man nur drei Gehaltsschecks von der Gosse entfernt ist. Und glauben Sie mir, darin steckt eine Menge Wahrheit. Denn nach drei Monaten begannen die Erinnerungen und Mahnungen für Hypotheken und Ratenzahlungen und man drohte mit der Sperrung von Gas und Strom. Zu einem gewissen Zeitpunkt hatte ich für zwei Wochen fast gar nichts mehr zu essen im Kühlschrank. Ich war auf Freunde angewiesen, die mir mit Essenspaketen halfen. Finanziell war ich ruiniert und mehr als einmal versteckte ich mich unter dem Tisch vor Gerichtsvollziehern, die vor der Tür standen. Es war fürwahr eine harte Zeit, aber ich hatte weder den Kopf dafür noch die Zeit und die Energie, um zu arbeiten.

Und jetzt kommt der interessante Teil der Geschichte (danke, dass Sie bisher durchgehalten haben …): Nach ein paar Monaten begann ich allmählich wieder mit meinen geschäftlichen Aktivitäten. Aber was mir wirklich wieder auf die Beine half, war nicht das, was Sie jetzt vielleicht vermuten. Es war nicht die Drohung, dass mir bald Gas und Strom abgedreht würden. Es war nicht die Tatsache, dass mir mein Auto weggenommen wurde. Es war auch nicht die Angst vor der Gefahr, mein Dach über dem Kopf zu verlieren. Die Drohungen und Strafen waren nicht dafür verantwortlich, dass ich mein Verhalten änderte und wieder Geld zu verdienen begann. (Man bedenke an dieser Stelle: Wie oft drohen wir Schülern und bestrafen sie und glauben dabei, das sei der effektivste Weg, sie dazu zu bringen, das zu tun, was wir von ihnen verlangen?)

In meinem Fall bewirkten die Drohungen nichts, weil ich zu weit unten war. Ich war am Ende und ich war ziemlich depressiv:
„Nehmt mir das Haus weg, es ist mir egal. Nehmt mir das Auto weg, was kümmert es mich. Das interessiert mich überhaupt nicht."
So ist auch der Gemütszustand vieler unserer Schüler. Wie viele Schüler kennen Sie, die es nur noch gelangweilt hinnehmen, wenn ihnen wieder mal ein Nachsitzen angedroht wird? *„Ja und? Machen Sie nur, ist mir doch egal!"* Das ist äußerst wichtig: Wenn man so weit unten ist, dass einen nichts mehr kümmert, sind Strafen alles andere als ein wirksamer Motivator.

Was mich wirklich wieder für die Arbeit motivierte, war das genaue Gegenteil von Strafen und Druck. Und diesen Umstand können Sie leicht auf Ihr Klassenzimmer übertragen. Über einen Zeitraum von einigen Monaten erhielt ich wortwörtlich Hunderte von E-Mails, Briefen und Anrufen von Kunden, die mir bekundeten, wie sehr sie meine Updates vermisst hatten, wie wunderbar meine Kurse waren und wie sehr sie meine Entscheidung respektiert hatten, meine Familie an die erste Stelle zu stellen. Ich bekam E-Mails von Leuten, die mir erzählten, dass ich ihren Unterricht verändert und indirekt das Leben von unzähligen ihrer Schüler beeinflusst hätte.

Die Unterstützung war unglaublich und ich denke oft daran zurück, wie viel Beachtung und Mitgefühl mir von völlig fremden Menschen entgegengebracht wurden. Manche dieser freundlichen Seelen boten mir sogar an, zu mir nach Hause zu kommen und mir persönlich bei der Pflege meiner Mutter zu helfen! Das waren Menschen, mit denen ich außer einigen E-Mails in der Woche keinen weiteren Kontakt hatte. Es war überwältigend. Bitte verstehen Sie mich richtig, ich erzähle das alles nicht, um damit zu prahlen. Ich möchte lediglich verdeutlichen, welche verändernde Kraft positives Feedback und Unterstützung haben können.

Sie sehen, Lob wirkt auf einer **emotionalen Ebene.** Es geht weit darüber hinaus, ein Ziel zu erreichen oder Fortschritte zu machen. Ein Lob geht direkt ins Herz. Und deshalb kann es bei Menschen sehr schnell tiefgreifende Veränderungen bewirken. Lob hat wortwörtlich die Kraft, Ihre „abscheulichsten" Schüler auf der Stelle zu verändern, – wenn es richtig erteilt wird. Und darum geht es nun im Folgenden.

Wie Lob effektiver wird

Im Referendariat wurde bei einer Übung gezielt darauf geachtet, wie oft ich mich während einer Unterrichtsstunde positiv äußerte. Mein Mentor listete alle positiven, neutralen und negativen Bemerkungen auf. Als ich mir am Ende der Stunde die Ergebnisse anschaute, war ich ziemlich erstaunt.

Fast alles, was ich während der Unterrichtstunde äußerte, waren **Reaktionen auf Fehlverhalten** der Schüler: *„Setz dich hin!", „Sei ruhig!", „Nein, nicht so!", „Hör auf damit!", „Falsch", „Was habe ich gerade gesagt?"*

Mein ganzer Unterricht war ein unablässiger Strom aus Verbesserungen, Anweisungen, Aufforderungen und negativen Aussagen. Und ich stellte fest, dass ich so gut wie nie anerkannte, wenn ein Schüler etwas richtig machte, und meine Klasse nur selten für ihre Bemühungen lobte. Die meisten meiner Äußerungen hatten einen zurechtweisenden bis strafenden Unterton.

Zahlreiche Untersuchungen bestätigen die Tatsache, dass Schüler mehr positive als negative Interaktionen brauchen. Versetzen Sie sich nur mal an ihre Stelle und stellen Sie sich vor, Sie müssten eine Kritik nach der anderen einstecken. Dann erkennen Sie die **Bedeutung von positiven Rückmeldungen.** Ich versuchte also, meine Unzulänglichkeiten in den nächsten Unterrichtsstunden auszubügeln. Ich hatte irgendwo gelesen, dass sechs positive Äußerungen auf eine negative zu wundersamen Veränderungen führen können. Das probierte ich aus, doch das Ergebnis war ernüchternd. Denn was ich von mir gab, waren die schwachen, halbherzigen Äußerungen, die hinter jeder Klassenzimmertür zu vernehmen sind: *„Gut gemacht!"*, *„Sehr gut!"*, *„Ausgezeichnet!"* – etwas in dieser Art! Sicher, ich schaffte mein Soll an sogenannten positiven Äußerungen. Aber was ist positiv an einem Lehrer, der durch das Klassenzimmer schreitet und solche Kommentare abgibt, – besonders, wenn sie meist nur mit einem kurzen Seitenblick auf die so gelobte Aufgabe geäußert werden.

Wenn wir davon sprechen, die Schüler auf einer emotionalen Ebene erreichen und bleibende Veränderungen bewirken zu wollen, dann darf nicht die Quantität, sondern muss die **Qualität der lobenden Äußerungen** im Mittelpunkt stehen. Ein wirkungsvolles Lob geht weit über ein simples *„Gut gemacht!"* hinaus. Deshalb stelle ich Ihnen nun einige Ideen vor, wie Sie mit Ihren lobenden Äußerungen wirklich etwas bewirken können.

Methode

Fünf Möglichkeiten, effektiver zu loben

1. Loben Sie beschreibend und seien Sie präzise

Ein richtiges Lob besteht aus zwei Teilen: zum einen die Feststellung, dass sich jemand bei einer Sache große Mühe gegeben oder etwas fertiggebracht hat, was er normalerweise nicht schafft; zum anderen die Beschreibung dessen, was genau der Betreffende gut gemacht hat. Eine durchdachte und präzise Anerkennung zeigt, dass Sie wirklich zur Kenntnis nehmen, was ein Schüler gemacht hat. Ein schnell dahingesagtes *„Gut gemacht!"* reicht dafür nicht aus.

Wenn Sie mit Lob das Verhalten der Schüler verbessern wollen, dann müssen Ihre Bemerkungen genau das zum Ausdruck bringen, was sie richtig gemacht haben. Lob muss also *beschreibend* und *präzise* sein – zum Beispiel:

„Tim, geh mal einen Schritt zurück und schau auf deine Arbeit! Das ist ein fantastisches Porträt. Vor allem hast du es geschafft, die Augen so lebendig zu gestalten, weil sich das Licht in ihnen reflektiert. Dadurch wirkt das Bild so realistisch. Großartig ist auch, wie du das Haar dargestellt hast."

„Tim, du hast in den letzten zehn Minuten ruhig an deinem Platz gesessen und an deinen Aufgaben gearbeitet. Das ist großartig, weil ich dich deswegen allein lassen und anderen helfen konnte. Ich musste nicht mit dir reden und dich nicht daran erinnern weiterzumachen. Sehr gut, du hast bewiesen, dass du allein arbeiten kannst."

2. Loben Sie mehr das Bemühen als das Ergebnis

Wenn ein Freund eine Diät macht, dann warten Sie sicher nicht, bis er sein Traumgewicht erreicht hat, bevor Sie einen positiven Kommentar abgeben. Eher würden Sie ihn auf seinen Weg dorthin mit aufmunternden Kommentaren unterstützen. Denn die Anerkennung seiner Bemühungen hilft ihm beim Durchhalten und, wichtiger noch, beim Überstehen und Vermeiden von kleinen Rückschlägen.

Wenn Sie also mehr auf die Bemühungen als auf das Ergebnis achten, dann können Sie einen Schüler sogar loben, wenn er etwas nicht schafft. Und das ist sehr wichtig. Warten Sie mit einem Lob, bis ein Schüler eine Aufgabe erfolgreich erledigt hat, versäumen Sie zahlreiche Möglichkeiten, ihn auf seinem Weg dorthin zu ermutigen. Hier zwei Beispiele, wie Sie einen Schüler durch ein Lob für seine Bemühungen motivieren können:

„Tim, du machst deine Sache sehr, sehr gut. Was du bisher geschafft hast, ist toll. Wenn du mit derselben Methode weitermachst, bist du im Nu fertig."

„Du hast dir große Mühe gegeben, Tim. Es gefällt mir zu sehen, wie sehr du dich anstrengst. Du hast große Ausdauer gezeigt, und das ist eine wichtige Stärke."

3. Loben Sie ehrlich

Ein echtes Lob kommt von Herzen. Gerade jüngere Schüler haben ein sicheres Gespür dafür, wenn jemand sie mit nur gekünstelten positiven Äußerungen manipulieren will. Wenn Sie also mit Lob etwas verändern wollen, dann muss es echt und ehrlich sein. Sie sollten also auch auf sehr kleine Verbesserungen, auf Schritte in die richtige Richtung achten. Das sind dann Momente, die Sie aufgreifen und positiv kommentieren sollten. Daraus ergibt sich dann die Chance, dass der gelobte Schüler das gute Verhalten wiederholt.

4. Loben Sie unter vier Augen

Manche Schüler (sogar mehr, als man denkt) mögen es gar nicht, vor der Klasse gelobt zu werden. Damit also Ihr Lob besser ankommt, sollten Sie es unter Umständen diskret aussprechen. Sie können dazu die betreffenden Schüler vor oder nach dem Unterricht abfangen. Während des Unterrichts sollten Sie ein Lob so aussprechen, dass es die anderen Schüler nicht hören oder mitbekommen. Es braucht nur ein kurzer Dialog zu sein. Nur 30 Sekunden für ein ehrliches, herzliches Lob sind eine sinnvoll genutzte Zeit.

5. Bringen Sie die Schüler mit Ihrem Lob zum Nachdenken

Manche Lehrer loben ihre Schüler für jede Kleinigkeit und hoffen, dass die schiere Menge an positiven Bemerkungen das Selbstvertrauen und die Motivation fördert. Aber Lob ist effektiver, wenn Sie die Schüler zum kurzen Innehalten und Nachdenken darüber bringen, was sie gerade richtig gemacht haben. Dadurch begreifen sie ihre positive Aktion besser und erfahren ein damit einhergehendes angenehmes Gefühl. Wenn ihnen das gefällt, dann steigen die Chancen auf Wiederholung der positiven Aktion – und zwar für sich selbst, nicht, um einem anderen einen Gefallen zu tun. Um das zu erreichen, könnten Sie einem Schüler eine einfache Frage zu seinen Bemühungen stellen:

„Tim, schau mal eine Minute auf deine Arbeit. Sag mal, was denkst du selbst über das, was du heute geleistet hast?"

„Na, Tim, jetzt ist ja alles erledigt. Wie geht es dir jetzt, nachdem du das schwierige Problem gelöst hast? Mit welchen Fertigkeiten

hast du es geschafft? Es ist doch gut zu wissen, dass du diese Fertigkeiten verwenden kannst, wenn du das nächste Mal mit einem ähnlichen Problem zu tun hast. Oder was meinst du?"

Da Sie nun wissen, wie Sie Ihr Lob für die Schüler verbessern können, kommen nun einige Ideen, wie Sie es tatsächlich anbringen können.

Methode

Vier brillante Methoden für das Loben im Klassenzimmer

1. Das „Nähe-Lob" und das „Scheibenwischer-Lob"

Das „Nähe-Lob" beruht auf dem „Welleneffekt", wobei sich die positiven Gefühle, mit denen ein einzelner Schüler durch Ihr Lob beschert wird, wellenartig im Raum ausbreiten. Die Klassenkameraden empfangen die Botschaft, dass sie positive Aufmerksamkeit und Lob ernten können, wenn sie sich ähnlich wie der gelobte Schüler verhalten.

Sie können die Kraft dieses Effekts noch mit einer anderen Idee steigern, die ein Teilnehmer meiner Kurse vorgeschlagen hat. Es handelt sich um das sehr einfache, aber auch sehr effektive „Scheibenwischer-Lob": Nehmen wir an, Tim ist gerade nicht bei der Sache und arbeitet nicht so mit, wie er eigentlich sollte. Wenn Sie nun die beiden Schüler loben, die direkt neben Tim sitzen, also Hannah und Lukas, dann setzen Sie auf die Kraft des Nähe-Lobs in einem sehr begrenzten Umfeld. Sind Hannah und Lukas auch noch Tims Freunde, wird die Sache noch effektiver. Aber es funktioniert auch, wenn dem nicht so ist. Ein mögliches Szenario könnte sich so anhören:

„Super, Hannah, du hast es geschafft! Ich hatte nicht geglaubt, dass du diese Frage hinbekommst. Ausgezeichnet! Schön zu sehen, dass du lernst."

„Dann lass mich mal bei dir schauen, Lukas! Du hast dich wirklich verbessert. Du hast diesen Teil geschafft. Sehr gut. Wie kannst du diesen Teil noch verbessern, um dann zur nächsten Stufe zu gelangen?"

Einen Augenblick später …

„Danke, Lukas, dass du das in den Papierkorb getan hast. Ach ja, so nebenbei, ich habe gestern Abend den Film gesehen, von dem du gesprochen hast. Er war wirklich lustig. Danke für den Tipp."

„Wieder gut gemacht, Hannah! Gefällt mir. Ich bin sehr zufrieden mit euch beiden, ihr arbeitet sehr gut mit. Danke."

Dieser Vorgang kann mehrere Male wiederholt werden.

Erkennen Sie, wie es funktioniert? Und haben Sie erraten, woher der Name „Scheibenwischer-Lob" kommt? Da sich der Lehrer ständig mit Hannah und Lukas beschäftigt, wird sich Tims Kopf von einer Seite zur anderen drehen – wie ein Scheibenwischer. Er wird sich wundern, was seine beiden Nachbarn wohl getan haben, um all diese positive Aufmerksamkeit auf sich zu ziehen. Und wahrscheinlich wird er sich das auch wünschen.

2. Indirektes Lob

Durch ein indirektes Lob können Sie einem Schüler Anerkennung für seine Stärken, Fähigkeiten und Bemühungen ausdrücken, ohne ihn selbst darauf anzusprechen. Oft ist es wirksamer und für den Schüler leichter zu akzeptieren, wenn er hört, dass der Lehrer zu anderen etwas Nettes über ihn sagt – zum Beispiel zu seinen Klassenkameraden. Das indirekte Lob sollte so laut ausgesprochen werden, dass der betreffende Schüler es auch hören kann.

Beispiele:

„Geh zu Tim und frag ihn wegen dieser Aufgabe. Er hat alles sehr schnell begriffen."

„Schau Tim eine Minute zu – er kann das ausgezeichnet und du kannst etwas von ihm lernen."

„Geh zu Tim und frag ihn, ob er dich einen Blick in seine Antwort von der letzten Stunde werfen lässt. Es war genau das, was ich sehen wollte."

Die Alternative dazu besteht darin, einen Schüler gegenüber einem Kollegen zu loben. Ihm berichten Sie also von den Bemühungen und Fähigkeiten eines Schülers. Dieser sollte dabei in Hörweite sein, während Sie so tun, als hätten Sie ihn gar nicht bemerkt. Schüler lauschen gern, wenn Lehrer untereinander positiv über sie reden: *„Hallo Herr Müller. Haben Sie mitbekommen, was Tim heute Vormittag gemacht hat? Also ehrlich, ich kann es kaum glauben, wie sehr er sich anstrengt – es sieht wirklich nach einer Wende aus."*

3. Schriftliches Lob

Im Laufe der Jahre habe ich Hunderte von Schülern befragt, welche Form der Anerkennung oder Belohnung für gute Leistungen ihnen am liebsten ist. Dazu bat ich sie, in einer Liste das Bevorzugte anzukreuzen. Dabei konnten die Schüler unter anderem aus den folgenden Möglichkeiten wählen:

- die Arbeit dem Klassenlehrer zeigen
- die Arbeit an einer Pinnwand zeigen
- Erwähnung vor der ganzen Klasse
- schriftliche Benachrichtigung der Eltern
- Bonuspunkte
- Sticker
- Süßigkeiten
- Computerzeit
- freie Wahl der Aktivitäten

Was überraschenderweise von den meisten Schülern angekreuzt wurde, war die schriftliche Benachrichtigung der Eltern. Aus eigener Erfahrung weiß ich, dass eine positive Mitteilung an die Eltern aus einem eben noch negativ eingestellten Schüler einen weitaus eifrigeren mit mehr Motivation machen kann.

Das schriftliche Lob funktioniert bei allen Altersgruppen. Es ist auch sehr vorteilhaft bei Schülern, die auf öffentlich geäußertes Lob nicht so gut ansprechen – eine schriftliche Nachricht an die Eltern werden die Freunde nie zu Gesicht bekommen.

Die Nachricht kann sich auf eine kurze Notiz beschränken oder etwas formeller auf das schuleigene Briefpapier geschrieben bzw. gedruckt werden. Sie können eine Postkarte für eine gute Einzelarbeit versenden oder einen „ganz besonderen" Brief für andauernde gute Leistungen. Vorgedruckte Lob- oder Dankeskarten halte ich für zu unaufrichtig. Besser ist es, Sie verwenden selbst verfasste, personalisierte Briefe. Am einfachsten ist es, wenn Sie eine Vorlage wie das folgende Beispiel auf dem Computer abspeichern und nach Bedarf abändern bzw. ergänzen:

Liebe Eltern,

ich möchte Ihnen nur kurz mitteilen,

dass es heute eine Freude war, mit

....

im Unterricht zu arbeiten. Er/Sie machte sehr fleißig mit und sein/ihr Verhalten war tadellos. Er/Sie war eine Bereicherung für die Klasse. Sie können sehr stolz auf Ihren Sohn/Ihre Tochter sein!

Mit freundlichen Grüßen

....

4. Schüler loben Schüler
Die Vorlage „Du bist großartig" (→ siehe Seite 126) ist eine sehr schöne Möglichkeit für gegenseitiges Lob unter den Schülern. Die Vorlage besteht aus mehreren Abschnitten mit dem Satzanfang „Du bist ein großartiges Gruppenmitglied, weil ...", der von den Schülern für jedes Gruppenmitglied mit einem positiven Kommentar ergänzt wird.

Dann schreibt jedes Mitglied der Gruppe reihum einen positiven Kommentar auf das Blatt der anderen. Bevor es ein Blatt weiterreicht, faltet es es so, dass seine Bemerkung den anderen verborgen bleibt. Auf diese Weise erhält jeder Schüler drei oder vier anregende Kommentare, die sich auf verschiedene Eigenschaften oder Fertigkeiten beziehen können.

Zum ersten Mal begegnete ich dieser Idee, als ich mit einer Gruppe jugendlicher Straftäter in einem Outdoor-Zentrum im Lake District arbeitete. Der Leiter des Zentrums verteilte die Vorlage nach einer zweitägigen Wanderexpedition. Es war sehr bewegend, die Kommentare zu lesen, die diese jungen Leute übereinander schrieben. Meiner Meinung nach funktioniert diese Vorlage deshalb so gut, weil es Jugendlichen oft schwerfällt, über die eigenen Gefühle zu sprechen. Wenn sie sich aber schriftlich äußern können, auch anonym, wenn sie es vorziehen, fühlen sie sich freier und können sagen, was sie an anderen bewundern. Darüber hinaus verlässt jeder Schüler eine Sitzung mit einem schriftlichen Dokument, das die Komplimente festhält und auf das er später zurückblicken kann. Es ist traurig, aber gesprochene Worte sind oft schnell vergessen. Etwas Schriftliches hingegen kann für lange Zeit aufbewahrt werden.

Erstmals habe ich anderen Lehrern vor etwa zehn Jahren von dieser Vorlage „Du bist großartig" berichtet. Seitdem habe ich viele wunderbare Geschichten über Schüler gehört, die über die Kommentare so erfreut waren, dass sie das Blatt Papier jahrelang aufbewahrten.

Du bist großartig

Name des Schülers: ....

Wenn wir mit anderen zusammenarbeiten, dann dürfen wir eine Sache nie vergessen: ihnen unsere Anerkennung für ihre Bemühungen zu zeigen.
Schreibe deinen Namen oben in den Kasten. Gib das Blatt dann an einen anderen Schüler deiner Gruppe weiter. Er füllt den ersten Kasten aus und reicht das Blatt dann an ein anderes Gruppenmitglied weiter. Sobald jeder seine positive Bemerkung eingetragen hat, bekommst du das Blatt zurück.

Du bist ein tolles Gruppenmitglied, weil …

Von: ....

Du bist ein tolles Gruppenmitglied, weil …

Von: ....

Du bist ein tolles Gruppenmitglied, weil …

Von: ....

Du bist ein tolles Gruppenmitglied, weil …

Von: ....

© Verlag an der Ruhr | Autor: Rob Plevin | ISBN 978-3-8346-3703-1 | www.verlagruhr.de
Illustrationen: Les Evans

Methode

Sieben kreative Methoden für positive Verstärkung

Positive Verstärkung beschränkt sich nicht nur auf verbales Lob und Aufmunterung. Eine gewisse Vielfalt in der Art und Weise, wie Sie gutes Verhalten Ihrer Schüler hervorheben, kann sehr sinnvoll sein. Nachstehend folgen einige Ideen, wie Sie den entsprechenden Augenblick zu einem besonderen machen können. Jede Idee trägt mit Sicherheit dazu bei, die Stimmung in der Klasse zu heben.

1. Der Freudentanz

Regen Sie die Schüler dazu an, sich ihren persönlichen, zehn Sekunden dauernden Freudentanz auszudenken. Wann immer Sie dann einen Schüler ganz besonders auszeichnen wollen, können Sie vorn im Klassenzimmer etwas Raum schaffen, den Bass aufdrehen und ihm seine zehn Sekunden des Ruhms gönnen.

2. „Wow"-Karten

Statten Sie alle Schüler mit einer „Wow"-Karte aus (ein laminiertes Stück Papier, auf dem der Ausruf „Wow" in großen Buchstaben geschrieben steht). Wenn ein Schüler im Unterricht dann etwas besonders gut macht oder etwas schafft, was ihm in der Vergangenheit noch nicht gelungen ist, rufen Sie *„Wow!"* und die ganze Klasse ruft *„Wow!"* zurück und streckt dabei die Karte in die Höhe.

3. „Wackel-Wows"

„Wackel-Wows" sind eine leichte Variante der „Wow"-Karte. Immer wenn Sie sagen: *„Das verdient ein Wackel-Wow"*, winken die Schüler mit ausgestreckten Armen und wackelnden Fingern in Richtung des Gelobten und rufen einstimmig *„Wow!"*.

4. Stiller Beifall

Bringen Sie den Schülern bei, wie sie einen Klassenkameraden für eine gute Leistung oder ein gutes Verhalten mit einem stillen Beifall feiern können. Vergeben Sie spontan Preise für besonders dramatische und überzeugende Darbietungen des stillen Beifalls. Diese Methode ist besonders sinnvoll während Prüfungszeiten – oder wenn der Lehrer im benachbarten Zimmer Bedenken über die Menge an Spaß und Freude in Ihrer Klasse äußerte.

5. Der Gewinner ist ...

Achten Sie während der Woche auf Schüler, die gut arbeiten, die sich vorbildlich und hilfsbereit verhalten, die sich verbessern usw. Immer wenn Sie etwas Positives bemerken, schreiben Sie den Namen des Schülers zusammen mit einer kurzen Notiz auf einen Zettel und stecken ihn in einen Behälter auf Ihrem Pult. Am Ende der Woche ziehen Sie einige Namen heraus und überreichen an die Gewinner kleine Überraschungspreise (→ siehe auch Punkt 6).

6. Die Verleihung verrückter Preise

Bevor die Verleihung der verrückten Preise stattfinden kann, sollten Sie zunächst eine „Ruhmeswand" im Klassenzimmer gestalten, auf der besonders gelungene Arbeiten der Schüler präsentiert werden können.

Dann benötigen Sie noch die entsprechenden Preise und Trophäen. Das könnten „goldene Schallplatten" sein (alte, goldfarben besprühte Vinylplatten mit dem Titel der Arbeit als Label), Goldmedaillen in Form von Schokotalern, preiswerte Plastik-Trophäen usw.

Nach diesen Vorbereitungen kann die Verleihung der verrückten Preise am Ende einer Woche oder nach Abschluss einer Projektarbeit erfolgen. Die Überreichung der Trophäen und Preise an die Schüler sollte so dramatisch wie möglich ablaufen (denken Sie an die Oscar-Verleihung), wobei die Arbeiten an der Ruhmeswand gezeigt werden können.

7. Die Ehrentafel im Lehrerzimmer

Diese Methode kann dazu beitragen, in der ganzen Schule ein positives Klima entstehen zu lassen und das Verhältnis des gesamten Kollegiums zu den Schülern zum Besseren zu wenden. Oft ist es doch gerade an größeren Schulen so, dass die Anstrengungen eines einzelnen Schülers einfach übersehen werden. Mit dieser Methode lässt sich erreichen, dass selbst die geringsten Verbesserungen eines Schülers von allen Lehrern des Kollegiums wahrgenommen und gewürdigt werden können.

Bestimmen Sie zunächst für die Ehrentafel einen Bereich an den Wänden des Lehrerzimmers, wo fünf bis zehn A4-Blätter Platz haben. Es sollte ein Bereich sein, der jedem sofort ins Auge sticht, wenn er das Lehrerzimmer betritt. Jede Woche werden Schüler (die davon nichts wissen!) für die Ehrentafel nominiert. Die Lehrer machen Vorschläge und begründen die Nominierungen. Nach einer Abstimmung wird ein Foto der Schüler mit einer kurzen Begründung für ihre Wahl an der Ehrentafel angebracht.

Das Entscheidende dabei ist, dass alle Lehrer des Kollegiums im Laufe einer Woche diese Ehrentafel sehen können. Wenn sie dann das nächste Mal mit einem der Schüler zusammentreffen, können sie so nebenbei erwähnen, wie beeindruckt sie von seinen Leistungen oder Fortschritten sind. Während einer Woche erfährt ein Schüler dann von ganz verschiedenen Lehrern eine Menge an positiver Verstärkung – die er womöglich sehr nötig hat:

- *„Hallo Tim. Ich habe gehört, dass du in dieser Woche in Mathe sehr gut warst. Gut gemacht, bleib am Ball!"*
- *„Großartig, Tim! Ein Vögelchen hat mir gezwitschert, dass du heute kein einziges Mal aus dem Klassenzimmer geschickt wurdest. Ausgezeichnet! Es ist doch viel besser, wenn du dir nicht jeden Tag eine Strafe einhandelst, oder?"*

Bedenken gegenüber Belohnungen als positive Verstärkung

Zu den üblichen Motivationsstrategien an Schulen gehört eine Art **Belohnungssystem,** bei dem normalerweise Punkte und bestimmte Preise an Schüler vergeben werden, wenn sie größere Fortschritte bezogen auf ihre Schulleistung oder ihr Sozialverhalten machen.

Ich habe in unterschiedlichen Schul-Settings gearbeitet, wo solche Systeme sehr positive, um nicht zu sagen phantastische Folgen hatten, insbesondere in Bezug auf das Verhalten. Leider waren diese Effekte bei einem signifikanten Prozentsatz der Schüler aber immer nur von kurzer Dauer.

Egal wie ausgeklügelt die Leistungskurven sind und wie glänzend sie präsentiert werden, egal wie großartig die Preise und Belohnungen sind, – manche Schüler sind gelangweilt von oder frustriert über ein solches System mit festgelegten Belohnungen. Für viele Schüler eignen sich Belohnungen einfach nicht im Sinne einer langfristigen Strategie. Eines der **Hauptprobleme** dabei besteht darin, dass die Schüler nicht berücksichtigt werden, die einfach nicht die Fähigkeiten haben, die ihnen vorgelegten Aufgaben zu erledigen oder ein bestimmtes Niveau zu erreichen. Ein solches System unterstellt, dass der einzige Grund, warum Schüler nicht mitarbeiten, der ist, weil sie nicht wollen.

Wenn Sie zum Beispiel jedem Schüler einer Klasse einen Fünf-Euro-Schein in Aussicht stellen, wenn er einige Zahlen von der Tafel abschreibt, dann sind alle damit im Nu fertig. Aber wenn Sie ebenfalls fünf Euro bieten, damit die Schüler mit diesen Zahlen einige nicht ganz so einfache Algebra-Aufgaben rechnen, dann fällt das Ergebnis ganz anders aus. Diejenigen, die das beherrschen, werden sich unter Umständen ein wenig mehr Mühe geben, um an das Geld zu kommen. Aber bei denjenigen, die keine Ahnung von Algebra haben, bewirkt die in Aussicht gestellte Belohnung gar nichts. Und falls doch, dann sehen sie, wie sich andere durch ihre Kenntnisse ein Extra-Taschengeld fürs Wochenende verdienen, wozu sie selbst keine Chance haben. Dass das für weitere **Frustration** sorgt, ist klar.

Ähnlich sieht es bei einem Schüler aus, dem eine Belohnung in Aussicht gestellt wird, wenn er seine Hausarbeit rechtzeitig abliefert. Wenn er in einer **chaotischen häuslichen Umgebung** lebt, in der die Schule von den anderen Familienangehörigen nur negativ gesehen wird, und wenn ihm nie beigebracht wurde, wie er sich seine Zeit richtig einteilt, was kann dann eine in Aussicht gestellte Belohnung bewirken? Sie wird sicher nicht dazu führen, dass ihm jemand aus der Familie hilft, und sie wird ihm gewiss nicht beibringen, wie er seine Zeit besser einteilen kann, um die Hausarbeit rechtzeitig abzugeben.

Eine **Analogie** dazu können Sie sehr leicht im alltäglichen Leben finden. Wenn Sie einen Gegenstand verloren haben, besteht die Belohnung darin, den Gegenstand wiederzufinden. Und ist es ein besonders wertvoller Gegenstand, fällt die Belohnung umso höher aus. Aber Sie können es sich noch so sehr wünschen, diesen Gegenstand wiederzufinden, – wenn Sie keine Ahnung haben, wie Sie das bewerkstelligen oder wo Sie suchen sollen, werden Sie das Nachsehen haben. Die in Aussicht stehende Belohnung wird Ihre Fähigkeit, das Verlorene wieder ausfindig zu machen, nicht steigern.

Um diese Botschaft den Teilnehmern an meinen Kursen einzuhämmern, biete ich oft Preisgelder für **unmöglich zu bewältigende Aufgaben** an. Dabei spielt es keine Rolle, wie hoch ich die Preisgelder schraube – die Teilnehmer können die Aufgaben einfach nicht lösen, weil sie nicht die erforderlichen Fähigkeiten oder Kenntnisse haben. Lange Rede, kurzer Sinn: Wenn die Fähigkeiten und Möglichkeiten nicht vorhanden sind, bewirken in Aussicht gestellte Belohnungen gar nichts.

Ein weiteres Problem mit Belohnungen ergibt sich daraus, dass sie die Aufmerksamkeit von der eigentlichen Aufgabe ablenken. Die Schüler verlieren ihr Interesse daran, wenn die Belohnung selbst zum Ziel wird. Und es ist unwahrscheinlich, dass sie dann noch irgendeinen Nutzen darin sehen oder Freude dabei verspüren, eine **Aufgabe um ihrer selbst willen zu lösen.** Wenn ein Schüler zudem auf den Anreiz fixiert ist, wird er abhängig von der Sichtweise des Lehrers, der ja meist verantwortlich ist für die Vergabe der Prämien. Unabhängigkeit wird so nicht gefördert.

Das größte Problem von Belohnungen ist sicherlich, dass sie nur eine **vorübergehende Wirkung** haben. Sobald der Genuss der Belohnung vorüber ist (oder sich die Person, die den Genuss ermöglicht hat, außer Sichtweite befindet), kann sich das negative Verhalten fortsetzen. Im schlimmsten Falle tragen Belohnungen zu einer Gesellschaft bei, in der junge Menschen nur noch dann das machen, worum sie gebeten werden, solange sie etwas von Wert zurückbekommen: *„Sicher mache ich, was Sie sagen. Aber was kommt dabei für mich heraus? Was habe ich davon?"*

Wollen wir eine solche Gesellschaft? Sicher nicht. Also sollten wir von Strategien abrücken, die auf Belohnungssystemen beruhen. Unser Ziel muss sein, angemessene Verhaltensweisen zu vermitteln und die Schüler zu motivieren, aus den richtigen Gründen und für die **intrinsische Belohnung,** die solches Verhalten mit sich bringt, das Richtige zu tun, – und nicht, weil ihnen eine Süßigkeit versprochen wurde.

Trotz diesen Bedenken sind Belohnungen nicht an sich schlecht, sofern sie klug eingesetzt werden. Es kommt vor allem auf das richtige ***Timing*** an. Werden Belohnungen im Voraus in Aussicht gestellt, sind sie nichts weiter als Schmiergelder. Doch kommen Belohnungen überraschend und werden sie nach einer erhöhten Anstrengung oder nach einer positiven Verhaltensänderung verteilt, dann können sie diese Leistung besonders hervorheben und das Verhalten, das wir sehen wollen, verstärken.

Die Bemühungen der Schüler sollten anerkannt und gewürdigt werden und Belohnungen können dazu dienen. Aber wir sollten es besser machen. Wir sollten uns nicht ganz auf „Bestechung" verlassen und nicht im Voraus, also vor Erreichen eines Ziels, irgendwelche Freuden und Vergnügen versprechen, wie es in den meisten schulischen Belohnungssystemen der Fall ist. Wollen wir uns also im Folgenden bessere Möglichkeiten anschauen, bei denen Belohnungen wirklich ihren motivierenden Effekt entfalten können, – indem sie **spontan als gelegentliche Überraschungen** vergeben werden.

Belohnen – aber richtig

Geschenke und Vergünstigungen sind für den Empfänger immer erfreulich. Aber sie haben eine wesentlich größere Wirkung, wenn sie völlig überraschend kommen. Eines der effektivsten Belohnungssysteme, das ich je an einer Schule kennenlernte, funktionierte auf dieser Basis.

Anders als in anderen Einrichtungen für Kinder und Jugendliche mit Verhaltensproblemen, an denen ich arbeitete, gab es an dieser Schule kein standardisiertes Belohnungssystem – es gab keine Ranglisten mit Stickern, kein Punktesammeln und auch nicht die obligatorische Vergabe von Belohnungen und Vergünstigungen am Ende einer Woche. Stattdessen wurden die Schüler, die verbesserte Leistungen und Bemühungen gezeigt hatten, mit angenehmen Überraschungen belohnt.

Zu den **Überraschungen** gehörte beispielsweise ein Ausflug in die Stadt oder in einen Park, der Besuch eines Sportzentrums, einer Veranstaltung oder eines Konzerts, die Erlaubnis zum Mithelfen beim Auspacken einer Lieferung oder zum Mithelfen bei den Gartenarbeiten, ein Mittagessen mit einem Jugendarbeiter usw. Alles hing von den Interessen der Schüler ab und von der „Höhe" der Belohnung, die sie sich nach Einschätzung des Lehrers verdient hatten.

Es ist mir klar, dass solche Überraschungen für die meisten Schulen praxisfern sind. Aber ein großer Teil der **Effektivität dieses Ansatzes** beruhte auf der Methode selbst, nicht auf der konkreten Belohnung. Ein Mitarbeiter der Schule (ein Jugendarbeiter, jemand von der Verwaltung oder ein Kollege) könnte nach Absprache mit dem Lehrer ins Klassenzimmer kommen und etwa Folgendes sagen:

„Tim, ich habe gehört, dass du in dieser Woche sehr fleißig mitgearbeitet hast. Ich denke, du hast es verdient, dass du heute mit mir mitkommst, – wir machen einen kleinen Ausflug in die Werkstatt."

Die Wirkung auf die anderen Schüler (und natürlich auf Tim) wird ziemlich erstaunlich sein. Es gibt **keine Erwartungshaltung** auf Seiten der Schüler, aber gute Leistung wird mit Sicherheit belohnt. Die Vorgehensweise gibt den Lehrern die Möglichkeit zu sagen: *„Schaut her, das geschieht, wenn ihr hart arbeitet."* Und auf die Schüler macht es einen tiefen Eindruck, wenn Tim zur Belohnung aus dem Klassenzimmer marschieren darf. Spontane, auf einen Schüler zugeschnittene Belohnungen wie diese sind am effektivsten, wenn sie eine Bedeutung für den Schüler haben. Das ist mit ein Grund, warum es so wichtig ist, die Schüler kennenzulernen und über ihre Hobbys und Interessen Bescheid zu wissen.

Die folgenden **Vorschläge für spontane Belohnungen** können Sie so variieren, dass sie zu fast allen Interessen passen. Manche allerdings eignen sich nur für die jüngeren Schüler.

Methode

Privilegien im Klassenzimmer

Die nachstehenden individuellen Belohnungen mögen auf den ersten Blick klein und unbedeutend erscheinen. Doch werden sie klug ausgewählt und im richtigen Augenblick vergeben, und auch auf die richtige Art und Weise, dann können selbst solche Kleinigkeiten eine positive, langfristige Wirkung auf die Schüler haben.

- am Lehrerpult sitzen
- Extra-Zeit am Computer verbringen
- als Erster in die Pause gehen
- Aufgaben in der Klasse übernehmen (z. B.: Verantwortung für Utensilien/Materialien übernehmen, Pflanzen gießen, die Anwesenheitsliste führen, die Tafel wischen …)
- Mittagessen mit dem (Klassen-)Lehrer
- besondere Materialien oder Gegenstände verwenden (z. B.: spezielle Kugelschreiber, Papiersorten, Computerprogramme)
- Besucher in der Schule herumführen
- jüngeren bzw. leistungsschwächeren Mitschülern helfen
- im Sekretariat oder in der Bibliothek mithelfen
- einen Freund aus einer anderen Klasse einladen
- ein Klassenspiel für einen Nachmittag mit nach Hause nehmen
- ein Stofftier/das Klassenmaskottchen auf den eigenen Tisch stellen
- auf der Couch oder auf einem Sitzsack sitzen
- eine Pinnwand gestalten
- ein Klassenspiel leiten
- ein Arbeitsblatt aus dem „Spaß-Stapel" auswählen

Besondere Preise und Trophäen

Auszeichnungen werden in Klassenzimmern fast immer in Form von „Urkunden" vergeben. Aber warum es dabei bewenden lassen? Eine Trophäe ist viel attraktiver – und sei es nur ein dürftiges Oscar-Imitat aus Plastik. Es muss auch nicht unbedingt etwas sein, was die Schüler mit nach Hause nehmen. Was zählt, ist die Anerkennung und die Zeremonie. Eine kurze und einfache, aber humorvolle und überraschende Preisverleihung kann spontan stattfinden, um ein Schlaglicht auf die Fortschritte eines Schülers in irgendeinem Bereich zu werfen. Dazu einige Beispiele:

* Der Preis für den besten selbständigen Arbeiter geht heute an … (mögliche Spaß-Trophäe: Spielzeugfigur, die einen Arbeiter darstellt).
* Der Preis für den schnellsten Arbeiter geht in dieser Woche an … (mögliche Spaß-Trophäe: Spielzeuguhr).
* Der Besen-Preis für das Saubermachen des Klassenzimmers geht in dieser Woche an … (mögliche Spaß-Trophäe: ein Staubtuch oder eine Scheuerbürste).
* Weil er alle in positiver Stimmung gehalten hat, geht der heutige Motivator-Preis an … (mögliche Spaß-Trophäe: ein Cheerleader-Pompom oder eine Trillerpfeife).

Belohnungen für schulische Arbeiten

* Die Schüler zeigen ihre Arbeiten einer jüngeren Klasse – als Beispiele für ausgezeichnete Arbeiten, die die Jüngeren noch an dieser Schule machen werden.
* Bitten Sie den Klassenlehrer in Ihren Unterricht, damit er einen Blick auf die Arbeiten der Schüler wirft (oder schicken Sie die betreffenden Schüler mit ihren Arbeiten zum Klassenlehrer).
* Stellen Sie Arbeiten an einer besonderen „Ruhmeswand" im Klassenzimmer aus oder präsentieren Sie sie an einer Pinnwand in der Nähe des Schuleingangs.

- Treffen Sie mit einer Lokalzeitung oder einem Anzeigenblatt eine Vereinbarung, etwas über „ausgezeichnete schulische Leistungen" zu veröffentlichen; die Schüler dürfen dann ihre Arbeiten einsenden.
- Stellen Sie einen Klassen- oder Schul-Newsletter zusammen, worin Sie wöchentlich oder monatlich eine Auswahl der besten Arbeiten vorstellen.
- Schicken Sie die Arbeit den Eltern oder laden Sie die Eltern ein, um sich eine besondere Leistung anzuschauen.
- Gestalten Sie eine Website oder starten Sie einen Blog, wo hervorragende Arbeiten vorgestellt werden.

Kleinere und größere Ausflüge

- Mittagessen außerhalb des Schulgeländes
- Besuch von Museen, Bibliotheken oder Ausstellungen, die den Interessen der Schüler entsprechen
- unterrichtsbezogene Besuche, die auch den Interessen oder Hobbys der Schüler entgegenkommen (z. B.: das Trainingsgelände eines Fußballvereins, ein Fahrradgeschäft, einen Schönheitssalon)
- Parks, Schwimmbäder, Sportanlagen, Eissportanlagen
- Besuch in einem Krankenhaus, Pflegeheim, Tierheim etc., eventuell verbunden mit freiwilliger Arbeit
- Teilnahme an einem lokalen Umweltprojekt

Die goldene Eintrittskarte

Die goldene Eintrittskarte ist eine ganz besondere Art einer spontanen Belohnung, mit der Sie Ihren Schülern eine große Vielfalt an erfreulichen Erlebnissen verschaffen können (z. B.: Zeit am Computer verbringen, zeichnen, ein Spiel spielen, etwas essen, eine Tasse Tee trinken, einen Film anschauen).

Die Eine-Million-Euro-Note

Die Eine-Million-Euro-Note ist eine humorvolle Belohnung, die Sie ab und zu überreichen können, wenn Ihre Schüler Sie durch einen Fortschritt im Verhalten überrascht haben. Wie bei jeder anderen Form der Belohnung nimmt der Neuigkeitswert im Laufe der Zeit ab. Aber Sie werden sehen, dass diese kleinen Zettel zumindest für eine Weile sehr begehrt sein werden und ein neues Level an eifriger Regelbeachtung in Ihr Klassenzimmer bringen.

© Verlag an der Ruhr | Autor: Rob Plevin | ISBN 978-3-8346-3703-1 | www.verlagruhr.de
Illustrationen: Les Evans

Teil II

Schritt für Schritt durch eine Unterrichtsstunde mit einer lauten Klasse

7 Die Kontrolle an der Tür übernehmen

Ich glaube, dass gutes *Classroom Management* bereits außerhalb des Klassenzimmers beginnt. Wenn eine Gruppe lauter Schüler unkontrolliert, drängelnd und schiebend, schreiend und herumalbernd den Raum stürmt, dann werden Sie nicht gerade wenig Zeit darauf verwenden müssen, alle zu beruhigen und auf den bevorstehenden Unterricht einzustimmen. Aus psychologischer Sicht ist dabei sogar noch wichtiger, dass die Schüler glauben, sie übernähmen das Ruder, wenn sie den Klassenraum auf diese Weise betreten. Ist dieses **Machtungleichgewicht** zugunsten der Schüler erst einmal entstanden, wird es als Lehrer sehr schwierig, wieder die Kontrolle zu gewinnen. Und daraus entstehen wiederum eine Menge weiterer Probleme. Denn ein Lehrer, der so wahrgenommen wird, als hätte er keine Kontrolle, wird von seinen Schülern nicht respektiert.

Wollen Sie also mit einer wirklich schwierigen Klasse erfolgreich arbeiten, müssen Sie bereits **an der Tür die Kontrolle übernehmen.** Und entscheidend dabei ist, *wie* Sie das machen. In meiner Anfangszeit als Lehrer hatte ich nur eine sehr uneffektive Strategie in meinem Repertoire für den Umgang mit meinen Schülern: Ich schrie sie an, wenn sie nicht das machten, was ich von ihnen verlangte, – und zwar jedes Mal ein wenig lauter, bis mich meine Schüler irgendwann nur noch verständnislos ansahen.

Die Kontrolle können Sie nicht gewinnen, wenn Sie nur Befehle bellen und erwarten, dass die Klasse daraufhin stillsteht wie eine Truppe gut gedrillter Soldaten. Im Gegenteil: Die schwer erreichbaren Schüler lehnen Sie als Lehrer nun erst recht ab und diejenigen, die sich gern verbal auseinandersetzen, haben einen Vorwand, sich mit Ihnen anzulegen, während sich die Mauerblümchen in die Defensive gedrängt fühlen. Geschrei vermittelt die Botschaft, dass Sie die Kontrolle verloren haben, – und lässt Ihren Blutdruck steigen.

Es gibt also niemanden, der von Geschrei und Gebrüll profitiert. Jede Form von **Aggressivität** (selbst ein Stirnrunzeln wird von manchen Schülern als feindselig empfunden) kann dazu führen, dass sich eine negative Atmosphäre ausbreitet, bevor die Schüler überhaupt das Klassenzimmer betreten haben. Ist das der Fall, wird die Unterrichtsstunde mit Sicherheit zu einem heißen Tanz werden.

Eine schwierige Klasse muss also *allmählich* beruhigt werden. Wenn Sie bereits an der Tür des Klassenzimmers auf eine **ruhige und freundliche Atmosphäre** hinwirken, dann geben Sie den Ton für den Rest der Stunde vor. In diesem Fall stehen die Chancen gut, dass die Schüler Ihnen besser zuhören und Ihren Anweisungen Folge leisten.

Methode

Wie Sie die Schüler an der Tür beruhigen können

Um die Schüler bereits an der Tür zum Klassenzimmer beruhigen zu können, sind zwei Schritte erforderlich:

1. **Machen Sie allgemeine, nicht bloßstellende Aussagen zum gewünschten Verhalten und vermeiden Sie aggressives Schimpfen über Dinge, die Sie nicht sehen wollen**

Gerade in schwierigen Klassen konzentriert sich der Lehrer oft auf das, was nicht richtig läuft. Die Versuchung ist groß, die Schüler ständig zu ermahnen, an ihnen herumzunörgeln, wenn sie nicht das erwartete Verhalten zeigen, und ihnen Vorhaltungen zu machen, wenn sie etwas falsch machen. Aber dadurch entsteht ein sehr negatives Unterrichtsklima, das einen gewaltigen Einfluss auf das Verhalten der Schüler hat und die Situation auch für den Lehrer nur noch verschlimmert.

Machen Sie das Gegenteil, wenn Sie wollen, dass die Schüler positiv auf Sie reagieren. Achten Sie auf die Schüler, die sich richtig verhalten. Danken Sie denen, die sich an Ihre Anweisungen halten, und fordern Sie deren Mitschüler in Ruhe dazu auf, sich ebenso zu verhalten. Durch Verstärkung des gewünschten Verhaltens schaffen Sie schnell eine positive, angenehme Atmosphäre, in der sich die Schüler wie von selbst zu beruhigen beginnen, und gießen Sie nicht zusätzlich Öl ins Feuer. So sollten Sie also *nicht* verfahren:

„TIM, HÖR AUF ZU QUATSCHEN UND STELL DICH ORDENTLICH HIN! LUKAS, WAS IST LOS MIT DIR? WARUM KOMMST DU IMMER ZU SPÄT?! IHR ZWEI DA, KOMMT HER ZU MIR, SOFORT!"

Stattdessen könnten Sie es so machen:

„Danke, Tim und Hannah, dass ihr euch ruhig hingestellt habt. Lukas, schön, dass du dich beruhigt hast. Danke! Diese Gruppe hier ist auch schon brav und ruhig. Danke, Mädels! Und jetzt beruhigen wir uns da hinten auch noch. Ein paar reden immer noch und machen Unfug. Wir können zusammen ins Zimmer gehen, sobald alle ruhig dastehen, ohne dabei zu reden. Danke, Sarah, gut zu sehen, dass du bereit für den Unterricht bist. Wir warten nur noch auf ein paar wenige. Wir gehen hinein, wenn alle ruhig sind."

Haben Sie es bemerkt? In diesem Beispiel wird kein Schüler, der noch nicht ruhig ist, beim Namen genannt. Es gibt keinen direkt an einen einzelnen Schüler gerichteten Tadel. Denn sobald Sie einen Schüler namentlich ermahnen, können Sie sich auf eine Diskussion gefasst machen. Formulieren Sie also Ihre Beobachtungen allgemein (*„Ein paar reden immer noch und machen Unfug", „Wir warten nur noch auf ein paar wenige"*) und geben Sie ruhige, positive Hinweise (*„Wir gehen hinein, wenn alle ruhig sind"*).

2. Reden Sie zwanglos mit einzelnen Schülern oder kleinen Gruppen

Im ersten Kapitel habe ich bereits den Gedanken des „Teilens und Herrschens" als Hilfsmittel zur Führung einer lebhaften bis aufsässigen Klasse erwähnt. Wenn Sie sich an der Tür an eine Klasse als Ganzes wenden, werden Sie kaum die Aufmerksamkeit eines jeden Schülers finden. Und wenn Sie das nicht hinbekommen, verlieren Sie schnell den Respekt Ihrer Schüler. Besser ist es, wenn Sie nur mit kleinen Gruppen oder einzelnen Schülern sprechen.

Lehrer, die auch außerhalb des Klassenzimmers mit ihren Schülern zwanglos plaudern – etwa an der Bushaltestelle, auf dem Schulhof oder auf dem Gang –, werden von ihnen tendenziell mehr respektiert.

Die Schüler reagieren auch viel positiver auf solche Lehrer. Schüchterne Lehrer vermeiden es hingegen, sich unter die Schüler zu mischen. Zudem senden sie die Botschaft aus, dass sie im Grunde Angst vor der Klasse haben.

Nehmen Sie sich also auch außerhalb des Unterrichts Zeit für einen kurzen Plausch mit Ihren Schülern und lernen Sie sie dadurch etwas besser kennen. Das ist bereits ein riesiger Schritt hin zu einem respektvollen Miteinander im Unterricht.

Insbesondere bei höheren Klassenstufen ist es sicher nicht einfach, sich unter eine Gruppe von Jugendlichen zu mischen und dann einzelne Schüler dazu zu bringen, mit einem zu reden. Das gilt vor allem dann, wenn Ihre Beziehung zu den Schülern noch nicht sehr gefestigt ist.

In → Kapitel 5 finden sich einige Vorschläge, wie Sie eine Beziehung zu Ihren Schülern aufbauen und festigen können. Zusätzlich möchte ich Ihnen noch einen Rat, den ich selbst als junger Referendar von meinem Mentor erhalten habe, ans Herz legen: Tauchen Sie in die Jugendkultur ein. Schauen Sie sich Filme und Serien an, die sich auch Ihre Schüler anschauen. Hören Sie sich die Musik an, die bei Ihren Schülern beliebt ist. Zeigen Sie Interesse für alles, was in der Welt Ihrer Schüler von Bedeutung ist. Dadurch kommen Sie in die Lage, etwas zu einer Unterhaltung beizutragen oder ein Gespräch mit Ihren Schülern anzubahnen.

Wenn Sie Ihre Schüler bereits vor der Tür zum Klassenzimmer abfangen, können Sie eventuelle **Probleme oder Störenfriede noch vor dem Unterricht entdecken** und entsprechend darauf reagieren. Denn Schüler, die auf dem Gang streiten, herumalbern, hyperaktiv, aufgeregt, boshaft oder dergleichen sind, werden höchstwahrscheinlich im Klassenzimmer ihr Verhalten fortsetzen – es sei denn, Sie unternehmen etwas dagegen.

Die meisten Probleme lassen sich sehr einfach erkennen, wenn Sie rechtzeitig Ihre Fühler danach ausstrecken: Schüler, die ihre Jacken oder Mützen nicht ablegen wollen, Schüler, die ihre Köpfe zusammenstecken, flüsternd auf andere zeigen und dabei kichern, Schüler, die unentwegt mit ihrem Smartphone beschäftigt sind, – das alles sind Schüler, die Anlass zu Sorge geben.

Am wichtigsten ist, dass Sie wachsam sind und sich um jeden Schüler kümmern, der an der Tür nicht positiv auf Sie reagiert: Wenn Tim normalerweise eine quietschvergnügte Seele ist, nun aber ohne sein typisches Lächeln vor dem Klassenzimmer erscheint und nicht einmal Ihren Gruß erwidert, dann sollte Ihnen klar sein, dass etwas nicht in Ordnung ist. Es wäre dann klug, für ihn ein wenig Zeit aufzuwenden und womöglich seine Sorgen herauszufinden, bevor Sie ihn ins Zimmer lassen.

Der tiefere Sinn dieser Vorgehensweise ist die **Prävention.** Es geht darum, Probleme so früh wie möglich zu erkennen und anzupacken, damit sie nicht eskalieren können. Wir haben es bereits besprochen: Wenn Sie sich unter vier Augen an einen Schüler wenden, machen Sie es so ruhig und einfühlsam wie möglich und außer Hörweite der anderen. Das ist besonders wichtig, wenn es sich um sehr sensible Probleme und Themen handelt. Hier nun zwei Vorschläge, wie Sie sich vor dem Klassenzimmer an einen offensichtlich unruhigen oder aufgeregten Schüler wenden können:

Lehrer: *Hallo Tim! Du siehst ein bisschen genervt aus. Was ist los?*

Tim: *Nichts.*

Lehrer: *Na gut, schön. Ich war nur ein wenig besorgt, weil ich nicht will, dass du dich über irgendetwas aufregst. Ich weiß, du musst dich manchmal richtig beherrschen, um im Unterricht die Ruhe zu bewahren. Deshalb mache ich dir einen Vorschlag: Ich werde ein besonderes Auge auf dich haben, und wenn ich sehe, dass du etwas unruhig wirst, dann komme ich zu dir und rede ganz leise mit dir. Dann brauche ich dich nicht so zu ermahnen, dass es alle anderen hören. Es bleibt also alles unter uns. Das ist so eine Art Frühwarnsystem, damit du keine Probleme bekommst. Einverstanden? Gibt es noch etwas, was du mir sagen willst?*

oder:

***Lehrer:** Dann ist es gut. Ich war nur ein wenig besorgt, weil ich nicht will, dass du wütend wirst. Ich weiß, du musst dich im Unterricht manchmal richtig zusammenreißen, um nicht zu explodieren. Ich schlage dir Folgendes vor: Immer wenn du spürst, dass du gereizt wirst oder dich etwas ärgert, schiebst du diese blaue Karte an den Rand deines Tisches oder hältst sie nach oben, damit ich sie sehen kann. Dann kann ich dir helfen, bevor die Dinge aus dem Ruder laufen. Die anderen bekommen davon nichts mit. Einverstanden?*

Hinweis: Wenn Sie es mit besonders erregten Schülern zu tun haben, dann werfen Sie einen Blick in das Kapitel „Der Umgang mit Problemen" ab → Seite 225. Dort finden Sie detaillierter beschriebene Methoden.

Wenn Probleme auftauchen, müssen Sie darauf reagieren, bevor die Schüler das Klassenzimmer betreten. Denn wenn sie mit ungelösten Problemen ins Zimmer kommen, wird es mit ziemlicher Sicherheit Störungen am laufenden Band geben. Natürlich kann man mit manchen Problemen leichter fertig werden als mit anderen. Deshalb finden Sie hier noch eine Standardantwort auf Fragen, die sich nicht vor dem Klassenzimmer lösen lassen:

„Tim, ich verstehe dein Problem jetzt nicht ganz. Ich kann dir im Augenblick nicht helfen, weil ich den Unterricht abhalten muss. Aber ich bin froh, dass du mich darauf aufmerksam gemacht hast. Ich werde dir helfen – direkt nach dem Unterricht. Rücke es in deinem Kopf jetzt erst mal ganz weit nach hinten und nachher bringen wir dann alles wieder auf die Reihe."

TIPP !

Halten Sie sich mit Ihren Schülern nicht zu lange vor dem Klassenzimmer auf. Denn wenn sich die Zeit, in der Sie sich unter die Schüler mischen und mit ihnen plaudern, zu lange hinzieht, kann der Schuss nach hinten losgehen. Die Klasse wird immer ausgelassener und ist dann nur schwer wieder unter Kontrolle zu bekommen. Um dem vorzubeugen, sollten Sie die Zeit außerhalb des Klassenzimmers nicht über eine oder zwei Minuten ausdehnen. Dann sollten Sie die Schüler nach und nach in den Raum lassen.

So, nun steht die Klasse also in Reih und Glied, sie hat sich beruhigt und ist bereit, das Klassenzimmer zu betreten. Jetzt müssen wir aber für einen Augenblick einen Schritt zur Seite machen und besprechen, wohin sich die Schüler eigentlich setzen sollen.

SITZ
PLAN

8 Sitzordnung

Eine **gut durchdachte Sitzordnung** ist von entscheidender Bedeutung, wenn Sie es mit einer sehr schwierigen Klasse zu tun haben. Ich kann mich noch gut daran erinnern, wie es im Referendariat ablief, wenn ich die Sitzordnung in solchen Klassen ändern wollte. Die Schüler beschwerten und beklagten sich so lange darüber, dass sie nicht neben ihren Freunden sitzen durften, bis ich schließlich die neue Sitzordnung über den Haufen warf. Ich ließ sie dann einfach dort Platz nehmen, wo es ihnen genehm war. Im Grunde ging es mir aber nur darum, eine Konfrontation zu vermeiden. Es hat natürlich nicht funktioniert. Meine ersten Unterrichtsstunden waren ein Chaos.

Letztendlich aber setzte ich meinen Kurs und meine Sitzordnungen durch, trotz den üblichen Klagen und Einwänden *(„Nein, ganz nach vorn will ich nicht." „Neben den? Neben den setze ich mich ganz bestimmt nicht!").* Und schon bald stellte ich enorme Fortschritte fest, was das Verhalten meiner Schüler betraf. Nach ein paar Tagen hatten sich meine Klassen mit der neuen Sitzordnung abgefunden und beruhigt. Die Schüler gewöhnten sich an ihre neuen Plätze und, wichtiger noch, sie begannen zu begreifen, dass ich der Chef im Ring war.

Im Klassenzimmer haben Sie das Sagen und Sie treffen die Entscheidungen – auch was die Sitzordnung betrifft. Sicher, wenn Sie eine neue Sitzordnung einführen wollen, wird es wahrscheinlich zunächst einen Aufruhr geben. Einige Schüler werden schmollen, andere werden versuchen, zurück an ihre alten Plätze zu schleichen, andere werden forsch darauf losmarschieren und die übrigen werden sich womöglich überhaupt nicht mehr bewegen. Alle werden den einen oder anderen Einwand haben. **Aber bleiben Sie standhaft!** Lehnen Sie es kategorisch ab, irgendwelchen Sonderwünschen nachzugeben. Denn wenn Sie die Vorgaben für einen Schüler abändern, ist Ihr ganzer Plan im Eimer und in Ihrem Klassenzimmer kommt es zum Chaos. Halten Sie dem Sturm stand; nach den Wutausbrüchen erwarten Sie ruhige(re) Gewässer!

Wie Sie sicher schon festgestellt haben, besteht ein großer Teil der Strategie, die Kontrolle über eine laute Klasse zu übernehmen, darin, möglichen Problemen im Klassenzimmer zuvorzukommen und Lösungen parat zu haben, die Sie nur noch aus dem Ärmel zu ziehen brauchen. Es lässt sich einfach nicht vermeiden, dass einige Ihrer Schüler massive Einwände gegen Ihre Vorstellung von der Sitzordnung haben werden. Deshalb folgt nun ein Vorschlag, wie Sie darauf reagieren können.

Methode

Wie Sie mit Einwänden gegen die Sitzordnung umgehen können

Erklären Sie Ihren Schülern einleitend:

„Wir alle sitzen gern neben unseren Freunden, aber ich möchte, dass ihr euch im Unterricht nicht ablenken lasst und erfolgreich seid. Lasst uns also etwas versuchen: Nehmt einen Zettel, schreibt oben euren Namen hin und darunter die Namen von zwei Klassenkameraden, von denen ihr glaubt, dass sie euch beim Lernen unterstützen können. Es sollten also Schüler sein, die euch nicht ablenken werden oder die euch helfen können, wenn ihr bei einer Aufgabe mal nicht weiterwisst. Ich werde dann die Sitzordnung so gestalten, dass jeder zumindest neben einem der beiden Mitschüler sitzt, soweit das möglich ist."

Auf diese Weise räumen Sie den Schülern ein gewisses Mitspracherecht bei der Planung ein. Dadurch fällt es ihnen leichter, die Sitzordnung zu akzeptieren, als wenn sie gar keine Wahl hätten.

Der nächste Punkt ist optional: Hängen Sie einen Kalender an die Wand, auf dem die verbleibende Unterrichtszeit eines Halbjahres gut zu erkennen ist. Erklären Sie dazu, dass Sie die Sitzordnung nach x Unterrichtsstunden wieder ändern werden, solange die Schüler ruhig mitarbeiten und respektvoll miteinander umgehen. Auf diese Weise haben sie die Möglichkeit in Aussicht, eine gewisse Anzahl von Stunden neben ihren Freunden sitzen zu dürfen, wenn sie sich entsprechend verhalten.

Kooperative Lerngruppen – eine Sitzordnung, die funktioniert

Manche Lehrer vertreten bei der Sitzordnung vehement eine strikte Trennung von Mädchen und Jungen sowie eine paarweise Anordnung der Sitzplätze mit Blick nach vorn. Dadurch glauben sie, die Gelegenheiten zu ungewollter Interaktion und natürlich auch zu Störungen reduzieren zu können. Mir persönlich gefallen solche Sitzordnungen nicht und den Schülern vermutlich auch nicht. Wahrscheinlich würde ihr Widerstand noch heftiger ausfallen, sollten Sie sich für eine solche Sitzordnung entscheiden.

Ordnen Sie stattdessen Ihre Schüler in Tischgruppen an, wenn Sie nach einer bewährten und realistischen Methode suchen, die auf längere Sicht die Motivation fördert, positive Interaktionen unter den Schülern ermöglicht, die Entwicklung sozialer Kompetenzen erleichtert und zudem noch Störungen reduziert. Um noch genauer zu sein: Sie sollten Ihre Schüler in **kooperative Lerngruppen** einteilen. Im Allgemeinen besteht eine solche Lerngruppe aus vier Schülern – aus einem leistungsstarken, einem schwächeren und zwei mittleren. In einer Gruppe sind idealerweise beide Geschlechter vertreten, ebenso verschiedene ethnische Gruppen, wenn es die Situation ergibt. Kooperative Lerngruppen haben vier entscheidende **Vorteile:**

1. Wenn sich die Schüler gegenseitig dabei unterstützen, Lern- oder andere gemeinsame Ziele zu erreichen, bauen sie **positive Beziehungen** untereinander auf. Das Zusammengehörigkeitsgefühl wächst und es gibt weniger Streit und Unstimmigkeiten. Manchmal ist es geradezu erstaunlich, wie fürsorglich gerade die schwierigsten Schüler den anderen in der Gruppe helfen.
2. Leistungsschwächere Schüler gewinnen an **Selbstvertrauen** und ihre Motivation wird größer. Durch die Zusammenarbeit mit leistungsstärkeren Schülern werden sie nun in Aktivitäten eingebunden, ohne dass sie einen Mangel an erforderlichen Kompetenzen und Kenntnissen verspüren. Durch die aktive Teilnahme an gemeinsamen Aktivitäten (anstatt nur gelangweilt oder frustriert danebenzustehen) neigen sie auch weniger zu störendem Verhalten. Auch die leistungsstärkeren Schüler profitieren, wenn sie ihre Lernpartner anleiten und unterstützen, – ihr Verständnis

von einem und ihre **Kenntnisse über einen bestimmten Lernstoff** werden verstärkt.

3. Der Lehrer spart **Zeit.** Sobald sich die Schüler an das Arbeiten in kooperativen Lerngruppen gewöhnt haben, unterrichten sie sich sozusagen gegenseitig und helfen einander. Der Lehrer ist frei von ständigen Bitten um Hilfe und Aufmerksamkeit. Er kann sinnvolle Unterstützung leisten, wenn und wo es erforderlich ist.

4. **Soziale Kompetenzen** entfalten sich auf natürliche Weise. Sich selbst entfalten und ausdrücken, Entscheidungen treffen, Verantwortung übernehmen und sich seiner Verantwortung bewusst sein, teilen, zuhören, Konflikte bewältigen – all das sind Kompetenzen, die während der Arbeit in der Gruppe wie von selbst eingeübt und entwickelt werden. Und das wiederum hat den Domino-Effekt, dass die Verhaltensprobleme weniger werden, die aus einem Mangel an diesen Kompetenzen entstehen.

Methode

Wie Sie auf einfache Weise Ihre Schüler in kooperative Lerngruppen einteilen können

Das Zusammenstellen kooperativer Lerngruppen ist sicher nicht ganz so einfach wie das Platzieren von Schülern in alphabetischer Reihenfolge. Aber diese einfache Methode wird Ihnen die Sache etwas erleichtern. Sie brauchen lediglich eine Klassenliste, auf der die Schüler nach ihrer Leistungsstärke angeordnet sind, und einige Haftnotiz-Zettel.

Teilen Sie die Schüler in drei Leistungsgruppen ein: schwach, mittel, stark. Halbieren Sie die „mittlere" Gruppe, sodass es nun insgesamt vier Gruppen sind. Verwenden Sie für jede Gruppe Haftnotiz-Zettel in verschiedenen Farben und beschriften Sie diese mit den Namen der Schüler.

Stellen Sie nun die Lerngruppen zusammen, indem Sie aus jeder Farbgruppe einen Schüler auswählen und die Haftnotiz-Zettel zu Vierergruppen anordnen. Einzelne Schüler können Sie dann leicht von einer Lerngruppe in die andere verschieben, bis Sie mit der Einteilung zufrieden sind. Die fertige Sitzordnung können Sie dann im Klassenzimmer zum Nachschauen aushängen.

Denken Sie aber daran: Manch ein Schüler findet großen Gefallen daran, diverse Haftnotizen einfach zu vertauschen, um den Lehrer in Verwirrung zu versetzen. Dem können Sie vorbeugen, indem Sie Ihre **Sitzordnung laminieren.**

Noch eine Anmerkung zu den Geschlechtern: Es ist nicht immer möglich, in jeder Gruppe **dasselbe Verhältnis zwischen Mädchen und Jungen** herzustellen. Seien Sie aber vorsichtig, falls in einer Gruppe drei Mädchen und ein Junge sind – oder umgekehrt. Das kann dazu führen, dass die oder der Einzelne völlig ignoriert wird oder im Gegenteil ihr bzw. ihm ganz besondere Aufmerksamkeit geschenkt wird. Es ist in jedem Fall besser, in so vielen Lerngruppen wie möglich eine gleiche Verteilung herzustellen und, wenn nötig, noch Teams zu bilden, in denen nur Mädchen oder Jungen sind.

Brave
Schüler
hier
entlang

9 Der Weg ins Klassenzimmer – die Filtermethode

Nun also zurück zu den Schülern, die wir vor der Tür haben stehen lassen. Wir werden später auf diejenigen blicken, die nicht sofort angemessen auf Sie reagieren. Für jetzt aber nehmen wir an, dass die meisten Ihrer Schüler sich beruhigen. Der nächste Schritt besteht nun darin, sie ins Klassenzimmer zu bekommen. Die Methode, die wir dafür einsetzen, wird „Filtermethode" genannt. Sie funktioniert folgendermaßen:

Methode

Die Filtermethode

1. Fordern Sie die Schüler auf, sich in einer Reihe aufzustellen
In den vorangegangenen Minuten haben Sie die Klasse umsichtig mit einigen freundlichen Erinnerungen und allgemeinem Geplauder beruhigt. Nun geht es darum, die Schüler von der „Spielzeit" in die „Arbeitszeit" zu leiten. Dazu verändern Sie zuerst Ihre Position. Gehen Sie von der Klasse weg (zum Beispiel an die andere Wand des Gangs) und verändern Sie Tonfall und Lautstärke Ihrer Stimme. Nun fordern Sie die Schüler mit einer einzigen Anweisung dazu auf, sich in einer Reihe aufzustellen – ruhig und deutlich:

„Okay, lasst uns anfangen. Stellt euch jetzt bitte in einer Reihe hinter … (Name des betreffenden Schülers) auf, schaut nach vorn – und nicht mehr reden!"

Sie können für diesen Vorgang auch ein Zeitlimit vorgeben und/oder noch deutlicher werden:

„Also, ich zähle jetzt von „fünf" rückwärts. Sobald ich bei „null" angekommen bin, steht ihr in einer Reihe, Gesicht zur Tür, linke Schulter an der Wand – und völlige Stille. Fünf … vier … drei … zwei … eins … null."

2. Richten Sie die nächste Anweisung nur an die Schüler, die machen, was Sie gesagt haben

Wie bereits erwähnt, ist es einfacher, mit kleinen Gruppen umzugehen als mit großen. Teilen Sie also im nächsten Schritt Ihre Klasse in „Zuhörer" und „Nicht-Zuhörer" ein. Die Idee dahinter ist, dass die „Zuhörer" wesentlich aufnahmebereiter sind und deshalb Ihre nächste Anweisung eher befolgen werden:

„Ihr tretet bitte vor die Reihe. Ihr habt gemacht, was ich gesagt habe, und ich rede jetzt nur mit euch."

Danach geben Sie den betreffenden Schülern eine klare Anweisung, was sie als Nächstes machen sollen, zum Beispiel:

„Ihr geht jetzt gleich ins Klassenzimmer und setzt euch an die Plätze, die ich euch zugeteilt habe." (Sie können die Sitzordnung an der Wand anbringen, jeden Platz mit einem Namensschild versehen, jedem Schüler beim Betreten eine Platznummer auf einem Zettel in die Hand drücken oder einfach nur auf den jeweiligen Platz zeigen.)

„An der Tafel seht ihr eine Aufwärmübung, die ihr bitte in Ruhe erledigt. Ihr habt gezeigt, dass ihr Anweisungen befolgen könnt. Ich verlasse mich also darauf, dass jeder für sich arbeiten kann. Wenn einer zu reden anfängt oder Unfug macht, hole ich ihn sofort wieder heraus. Alles klar?"

„Also, geht rein und danke, dass ihr so vernünftig gewesen seid."

3. Lassen Sie die „Zuhörer" ins Klassenzimmer

Lassen Sie nun die Schüler der ersten Gruppe nacheinander ins Zimmer. Aber seien Sie entschlossen, diejenigen zurückzuholen, die an ihren Platz rennen, die einen anderen stoßen, die zu lärmen beginnen usw. Wer sich so verhält, befolgt nicht Ihre Anweisung. Fordern Sie die Betreffenden also auf, sofort wieder herauszukommen. Äußern Sie aber gleichzeitig ein Lob für jene, die sich richtig verhalten.

„Tim, komm bitte wieder heraus. Im Augenblick lasse ich nur Schüler ins Klassenzimmer, die sich, ohne zu stoßen, zu rennen

oder zu schreien, an ihren Platz setzen können. Diese Schüler zum Beispiel haben es gut gemacht. Danke, dass ihr euch an das gehalten habt, was ich gesagt habe."

Nun stehen Sie also nur noch mit den Schülern vor der Tür, die beim ersten Mal Ihre Anweisung nicht gehört haben oder nicht hören wollten.

4. Wiederholen Sie die Anweisung zum Aufstellen in einer Reihe

Der nächste Schritt besteht also in der Wiederholung der Aufforderung, sich in einer Reihe aufzustellen. Sie werden feststellen, dass nun einige weitere Schüler bereit sind, die Anweisung zu befolgen und das Klassenzimmer zu betreten, – teilweise, weil sie beobachtet haben, dass die erste Gruppe schon hineingegangen ist, teilweise, weil einige lediglich einen oder zwei Extra-Momente mehr brauchten, um Ihre Anweisung zur Kenntnis zu nehmen. Mit dieser neuen Gruppe von „Zuhörern" können Sie nun Schritt 2 und 3 wiederholen.

5. Beschäftigen Sie die Schüler im Klassenzimmer

Hoffentlich sind es jetzt nur noch eine Handvoll Schüler, die noch vor der Tür stehen und ohne weiteres Nachhelfen Ihrerseits noch nicht bereit sind, sich aufzustellen und das Klassenzimmer zu betreten. Das bedeutet, dass Sie die meisten Störenfriede sehr effektiv herausgefiltert haben (daher der Name der Methode). Anders gesagt: Sie haben verhindert, dass diese Schüler das Klassenzimmer stürmen und eine Menge Stress verursachen, mit dem Sie während des gesamten Unterrichts zu kämpfen hätten.

Die Schüler, mit denen Sie jetzt noch draußen vor der Tür stehen, brauchen offensichtlich noch etwas mehr Aufmerksamkeit. Einige wollen vielleicht eine Aufmunterung (z. B. jene, die die Aufgaben oft als zu schwierig empfinden oder die sich in ihrer Gruppe nicht wohlfühlen). Andere wollen womöglich Schmeicheleien hören und die nächsten benötigen eine ruhige Erinnerung an Regeln und Konsequenzen.

Um diese Schüler wollen wir uns später kümmern. Zunächst sollten Sie noch dafür Sorge tragen, dass diejenigen, die sich bereits im Klassenzimmer befinden, hinreichend beschäftigt sind.

Eine beruhigende Aufwärmübung ist eine Aufgabe, welche die Schüler vollkommen selbstständig erledigen können, bei der sie also keine Fragen stellen müssen und keine Hilfestellung brauchen. Wenn Sie ihnen etwas Langweiliges, Schwieriges oder Frustrierendes vorsetzen, dann werden sie es entweder nicht machen oder Ihre Unterstützung brauchen. In beiden Fällen ist Ihre Aufmerksamkeit erforderlich. Geben Sie ihnen also eine Aufgabe, die einfach und zugleich motivierend ist.

Ideen für solche Aufgaben werden wir genauer anschauen, wenn wir uns in → Kapitel 10 mit dem Beginn des Unterrichts beschäftigen. Lassen Sie mich jetzt nur noch auf etwas Anderes hinweisen – auf die Utensilien. Bei einer nicht unerheblichen Zahl von Schülern ist zu erwarten, dass sie kein Schreibmaterial mitbringen. Wenn Sie diesem Faktum nicht vorbeugen, werden Sie einen sehr störenden Rückschlag erleben und wieder einige Schüler vor die Tür holen müssen. Uns geht es aber darum, so vielen Problemen wie möglich vorzubeugen. Nehmen Sie sich also die Zeit, an jedem Tisch Schreibmaterialien bereitzulegen oder diese an einem zentralen Ort im Klassenzimmer bereitzustellen. Auf den → Seiten 243 bis 248 finden Sie weitere Hinweise für den Umgang mit Schülern, die gewohnheitsmäßig ihre Arbeitsmaterialien nicht mitbringen.

Die Schüler, die sich jetzt im Klassenzimmer befinden, haben gezeigt, dass sie Anweisungen befolgen und dass Sie ihnen vertrauen können. Solange Sie etwas haben, womit Sie sie beschäftigen können (etwa die Aufwärmübung), und solange Sie die Tür offen lassen und immer wieder einen Blick ins Klassenzimmer werfen, sollten Sie nun ein paar Minuten Zeit für die Nachzügler vor der Tür haben.

6. Kümmern Sie sich um die Nachzügler vor der Tür

Die Schüler, mit denen Sie jetzt noch im Gang stehen, haben wohl absichtlich Ihre Anweisungen missachtet. Es könnte also in dieser Phase passieren, dass Sie die Beherrschung verlieren: *„Also, ich lasse euch jetzt ins Klassenzimmer. Aber ihr könnt euch darauf verlassen, dass ich euch wie ein Adler im Auge behalte. Auch nur beim geringsten Vorfall steht ihr wieder vor der Tür und dürft nachsitzen. Habe ich mich deutlich genug ausgedrückt?"*

In dieser Phase müssen Sie Stärke zeigen, aber Geschrei und Drohungen sind nicht die optimale Methode. Behandeln Sie Ihre schwierigsten Schüler so, wie Sie es erhoffen und erwarten würden, dass jemand anders Ihre eigenen Kinder behandelt. Dann liegen Sie richtig. (Und wenn Sie noch keine eigenen Kinder haben, dann denken Sie an eine andere liebe Person – oder an Ihre Katze.)

Wenden Sie sich also an die Schüler, die nicht in angemessener Weise auf Sie reagiert haben, etwa folgendermaßen:

„Tim, ich möchte, dass du am Unterricht teilnimmst. Aber ich kann dich nicht ins Klassenzimmer lassen, solange ich nicht sicher bin, dass du mir zuhören und meinen Anweisungen folgen wirst. Ich muss mich an die Schulordnung halten. Und darin steht, dass ich die volle Kontrolle über eine Klasse haben muss. Wenn ich dir also nicht vertrauen kann, kann ich dich auch nicht ins Zimmer lassen.
Du wirst also hier vor der Tür noch warten, bis du wirklich bereit bist, genau das zu machen, was ich dir sage. Solange bist du einfach nicht unter Kontrolle und es wäre gegen die Schulordnung, wenn ich dich in die Klasse lassen würde. Du hast jetzt noch keinen Ärger und du bekommst jetzt auch noch keine Strafe. Ich möchte nur ganz sicher sein, dass du tun wirst, was ich dir sage. Du bleibst also noch ein paar Minuten hier stehen, dann hast du Zeit, um über alles nachzudenken. In drei oder vier Minuten komme ich wieder und schaue nach. Wenn du dann bereit bist, meine Anweisungen zu befolgen, kannst du sofort in die Klasse. Ich komme also bald wieder; dann will ich hören, wie du dich entschieden hast. Bleib bitte hier solange stehen."

Anmerkung: Der Erfolg bei diesem Vorgehen hängt fast vollständig von Ihrem Tonfall und Ihrer Haltung ab. Wenn es danach klingen sollte, dass Sie Tim das Leben absichtlich schwer machen wollen, wird es so nicht funktionieren. Im besten Fall reagiert Tim mit einem widerwilligen Einlenken, das nicht lange anhalten muss. Im schlimmsten Fall, wenn er sich zu hart angegangen fühlt, wird der Schüler den Gang hinunterrennen und sich der Situation entziehen.

Wenn Sie also einem Schüler ein Ultimatum wie dieses stellen, dann achten Sie ganz besonders auf einen ruhigen und verständnisvollen Tonfall. Wenn Sie es schaffen, Ihre Emotionen im Zaum zu halten, können Sie von Tim zwei Reaktionen erwarten: Entweder er wird Ihnen versprechen, sich richtig zu verhalten, und Sie bitten, ihn zu den anderen in die Klasse zu lassen. Oder, und das ist gewöhnlich der Fall, er wird mit den Schultern zucken und andeuten, dass er lieber noch auf dem Gang bleibt.

In beiden Fällen ist Ihre Antwort dieselbe: Sie lassen ihn für ein oder zwei Minuten allein vor der Tür stehen, bevor Sie ihm weitere Aufmerksamkeit schenken. Lassen Sie sich auf keine Diskussionen mit ihm ein und geben Sie an dieser Stelle unter keinen Umständen nach. Erst nach dieser entscheidenden Bedenkzeit geben Sie ihm die Chance, in den Unterricht zu kommen, – und zwar unter Ihren Bedingungen.

Lehrer: *Na, Tim, bist du jetzt bereit, in den Unterricht zu kommen?*

Tim: *Ich glaube schon.*

Lehrer: *Das genügt mir nicht, Tim. Ich muss sicher sein, dass du meinen Anweisungen zu hundert Prozent folgst. Ich frage dich also nochmal: Bis du jetzt bereit, in den Unterricht zu kommen und meine Anweisungen zu befolgen?*

Tim: *Ja.*

Lehrer: *Sehr gut, das freut mich wirklich. (Denken Sie an ein Lächeln!) Ich habe einen Tisch für dich ganz nach vorn gestellt. Wenn du es schaffst, zehn Minuten lang dort für dich allein ruhig zu arbeiten, ohne Probleme zu machen oder zu tuscheln, kannst du wieder auf deinen normalen Platz zu deinen Freunden. Wenn du Unfug machst, bleibst du vorn. Ist das ein faires Angebot?*

***Tim:** (keine Antwort)*

***Lehrer:** Tim, ist das ein faires Angebot?*

***Tim:** Ja.*

***Lehrer:** Sehr gut! Also – gehen wir rein.*

Wenn sich Tim an dieser Stelle weigert, in den Unterricht zu kommen, können Sie ihm noch eine weitere Bedenkzeit einräumen (sehr wichtig, wenn er besonders erregt oder wütend ist), einen isolierten Tisch im Klassenzimmer für ihn bereitstellen oder mit der Reihe Ihrer Sanktionen beginnen, wenn Sie das Gefühl haben, dass er absichtlich auf Streit aus ist.

Wenn Sie mit mehr als einem Schüler vor der Tür zu tun haben, sollten Sie sich an die ganze Gruppe wenden und beurteilen, ob Sie sie in das Klassenzimmer lassen können oder nicht. Es ist ohne Zweifel eine gute Idee, nicht kooperationsbereite Schüler so schnell wie möglich herauszufiltern. Sie haben dann mehrere Optionen, wie Sie weiter mit ihnen verfahren: Einen Schüler könnten Sie vor der Tür stehen lassen. Mit der entsprechenden Anzahl von Tischen ganz vorn in der Nähe Ihres Pults können Sie zwei oder drei weitere Schüler unterbringen. Bei Schülern, die sich offensichtlich gar nicht beruhigen lassen, können Sie auf das „zeitweilige Parken" zurückgreifen (→ siehe Seite 38) oder sie in den Trainingsraum schicken (das hängt von der Schulordnung ab).

Hinweis: Sie sollten den letzten vor der Tür Verbliebenen höchstens einige wenige Minuten Aufmerksamkeit schenken. Schließlich ist Ihr Klassenzimmer voller Schüler, auf die Sie aufpassen müssen.

Formeller Beginn
Lustiger Beginn
Ruhiger Beginn
Motivie-render Beginn

10 Der Unterricht beginnt

Nun hat sich die Klasse bereits beruhigt und Sie haben es geschafft, dass alle Schüler auf ihrem Platz sitzen. Alles ist also bereit für einen ordentlichen Beginn des Unterrichts. Normalerweise sind die ersten fünf Minuten ausschlaggebend dafür, wie eine Unterrichtsstunde weiter verläuft und endet. Es ist also entscheidend, einen **richtigen Start** zu finden. Dazu betrachten wir im Folgenden vier Möglichkeiten: den formellen, den ruhigen, den lustigen und den motivierenden Unterrichtsbeginn.

Der formelle Unterrichtsbeginn

Beim **formellen Unterrichtsbeginn** stehen die administrativen Pflichten am Anfang. Er beginnt zum Beispiel mit der **Überprüfung der Anwesenheit.** Ein solcher Unterrichtsbeginn kann dazu dienen, eine Klasse zu beruhigen und auf den eigentlichen Unterricht einzustimmen. Das gilt aber nur, wenn dem Lehrer genügend Respekt entgegengebracht wird und er während des gesamten Ablaufs die Kontrolle behält. Ist das nicht der Fall, kann sich sehr schnell ein schöner Zirkus mit verrückten Geräuschen, falschen Namen und derben Hänseleien entwickeln. Der Unterricht beginnt dann mit einem Chaos, das nur schwer wieder in den Griff zu bekommen ist.

Wenn Sie es mit einer sehr schwierigen Klasse zu tun haben, bei der Sie selbst an Ihren Kontrollfähigkeiten zweifeln, empfehle ich, die Anwesenheit auf informelle Weise zu überprüfen. So könnten Sie die Namen abhaken, während die Schüler mit einer der Aufgaben beschäftigt sind, die beim ruhigen Beginn (→ Seite 164) erklärt werden.

Der formelle Beginn ist also für eine **einigermaßen vernünftige Klasse** geeignet, die den Lehrer weitgehend respektiert. Wenn Sie es mit einer schwierigen Klasse zu tun haben und sehen, dass die Schüler während der Überprüfung der Anwesenheit nicht auf Sie reagieren, bietet der ruhige Beginn einen Einstieg in eine Stunde, der mehr Kontrolle zulässt und in Kombination mit der Filtermethode sehr gut funktioniert.

Der ruhige Unterrichtsbeginn

Bei einem **ruhigen Unterrichtsbeginn** geht es hauptsächlich darum, die Schüler so schnell wie möglich mit einer Aufgabe zu beschäftigen. Ziel ist es, aus einer lebhaften Klasse etwas Energie herauszunehmen und die Schüler in einen Gemütszustand zu versetzen, in dem sie aufnahmefähiger und lernbereiter sind.

Kernstück des ruhigen Beginns ist eine **beruhigende Einstiegsaufgabe** (Vorschläge dafür finden Sie weiter unten). Ich nenne diese Aktivitäten gern auch ein „zusätzliches Paar Hände" des Lehrers, weil Sie den Schülern keine Erklärungen oder Hilfestellungen geben müssen. Solche Einstiegsaufgaben sollen die Schüler für einige Augenblicke beschäftigen, in denen Sie sich um organisatorische Angelegenheiten kümmern können – oder um andere Schüler, die Ihre Aufmerksamkeit brauchen.

Besonders bei Klassen, die eine strikte Konstanz brauchen und davon profitieren, sollten die Einstiegsaufgaben zu einer **Routine** für den Beginn jeder Unterrichtsstunde werden. Dann wissen die Schüler genau, was sie tun sollen, sobald sie das Klassenzimmer betreten: Sie setzen sich an ihren Platz, wählen aus einer Liste an der Tafel eine Aufgabe aus, holen die benötigten Utensilien heraus und fangen einfach an. Normalerweise lasse ich im Hintergrunde leise, entspannende Musik laufen, um eine ruhige und einladende Atmosphäre zu schaffen.

Immer wenn ich den ruhigen Unterrichtsbeginn bei sehr schwierigen Klassen eingeführt hatte, konnte ich eine enorme Veränderung in der Einstellung der Schüler zum Unterricht feststellen. Manche hatten ein derart chaotisches und hektisches Leben außerhalb der Schule, dass ihnen diese ruhige Zeit geradezu willkommen schien, um ein wenig zu entspannen und **zur Ruhe zu kommen.** Dazu hatten sie sonst kaum Gelegenheit. Und ich selbst verschaffte mir vor dem eigentlichen Thema der jeweiligen Stunde natürlich ein paar Minuten für die Schüler, die noch ein wenig zusätzliche Aufmerksamkeit benötigten.

Wichtig für den ruhigen Unterrichtsbeginn ist die **Art der Einstiegsaufgaben.** Sie sollten genügend herausfordernd und motivierend sein, damit die Schüler nicht das Interesse verlieren. Sie sollten aber auch nicht zu schwierig sein, damit keine Fragen aufkommen.

Denken Sie daran: Die Einstiegsaufgaben sollen für Sie ein „zusätzliches Paar Hände" sein und ohne Ihre Hilfe von den Schülern bearbeitet werden können. Wählen Sie Aufgaben aus, für die nur wenige verbale Erklärungen nötig sind. Jede Aktivität sollte neben einem Zeitlimit oder einem Arbeitsziel ggf. leicht zu befolgende, schriftliche Anweisungen beinhalten (Schritt 1: Mach dieses … Schritt 2: Mach jenes …).

Das **Zeitlimit und das Ziel** dienen einem doppelten Zweck: Sie verleihen einer einfachen Aufgabe, die sonst nicht ernst genommen würde, Bedeutung und Sie können ein und dieselbe Aktivität auf unterschiedliche Leistungsstände zuschneiden. Leistungsstärkeren Schülern setzen Sie ein schwierigeres Ziel (z. B.: *„Du hast fünf Minuten Zeit für …", „Du musst fünf Fragen beantworten …")* als leistungsschwächeren oder solchen, die zu spät kommen.

Manche Schüler sprechen sehr gut darauf an, wenn sie aus verschiedenen Aktivitäten auswählen können. Eine **Wahlmöglichkeit** kann ein wirksamer Motivator sein. Sie könnten also in verschiedenen Ablagen mehrere Einstiegsaufgaben bereitlegen und die Schüler selbst entscheiden lassen, was sie machen wollen. Allerdings kann das auch Störungen nach sich ziehen. Denn wenn Tim sich für eine Aufgabe entschieden hat und ihm kurz darauf einfällt, dass es doch nicht so sein Ding ist, kann es passieren, dass er die nächsten zehn Minuten alle zur Auswahl stehenden Aufgaben prüfend durchblättert – anstatt sich tatsächlich an die Arbeit zu machen. In diesem Fall wird aus der Auswahlmöglichkeit eine bequeme Vermeidungsstrategie. Ich habe beide Methoden bei verschiedenen Klassen verwendet und bei den einen funktioniert dies, bei den anderen jenes. Jetzt liegt die Wahl bei Ihnen.

Besteht Ihre Einstiegsaufgabe darin, einen Text von der Tafel oder aus einem Buch abzuschreiben, sollten Sie auf die **Textmenge** achten. Ist der Text zu lang, werden sich die Schüler beklagen. Manche werfen nur einen Blick auf eine längere Passage und geraten umgehend in Panik (die sich womöglich mit einem Schwall Schimpfwörter verbindet). Wenn das der Fall ist, können Sie „Mehrarbeit" tarnen, indem Sie die Schüler vier oder fünf Zeilen abschreiben lassen und am Ende einen Hinweis geben: *„Beantworte nun Frage 2 auf Seite 46."* Die Antwort könnte dann weitere fünf oder zehn Zeilen Text ergeben.

Tipp!

Fügen Sie jeder Einstiegsaufgabe schriftlich oder mündlich folgenden Satz hinzu: *„Ihr habt … Minuten Zeit für diese Aufgabe. Wer in dieser Zeit nicht fertig wird, muss die Aufgabe in der Pause oder nach dem Unterricht zu Ende machen."*

Wenn ein Schüler diese Aufgabe nicht beendet, muss er sie in „seiner" Zeit fertig machen – also in der Pause oder nach dem Ende des Schultags. Diese Regel muss bei jedem Schüler eingehalten werden, und zwar *immer.* Denn die Schüler sollen sehen, dass es Konsequenzen gibt, wenn sie die Aufgabe nicht in der vorgegebenen Zeit erledigen.

Selbst wenn sie die Aufgabe mit nach Hause nehmen – sie muss gemacht werden. Denn die Folge für Sie wäre, dass die Schüler in der Einstiegsaufgabe nur eine Zeitverschwendung sehen und deshalb in Zukunft eine ähnliche Übung (oder jede andere Übung für diesen Zweck) gar nicht mehr machen. Gestalten Sie deshalb die beruhigenden Aufgaben für den Einstieg in eine Stunde nicht zu anspruchsvoll, sonst geht der Schuss nach hinten los. Das Ziel ist, die Schüler zu beruhigen, nicht, sie aufzuregen!

Methode

Vorschläge für Einstiegsaufgaben

Die folgenden typischen Aktivitäten eignen sich alle als beruhigende Einstiegsaufgaben, abhängig vom Fach bzw. vom Thema:

* kurze Absätze von der Tafel oder aus einem Buch abschreiben (aus unbekannten Gründen gefällt das meinen Schülern)
* ein Diagramm zeichnen und beschriften
* Formulare aus dem „richtigen Leben" ausfüllen (z. B.: Antragsformulare für einen Reisepass oder einen Führerschein)
* nach Wörtern suchen bzw. ein Worträtsel lösen
* Aufgaben zu Hobbys oder bestimmten Themen – zum Beispiel ein Booklet für einen Lieblingsgegenstand gestalten
* stilles Lesen (Bücher, die die Schüler wirklich gern lesen)

* ein Poster gestalten
* etwas ausmalen (es ist erstaunlich, wie entspannend und fesselnd es sein kann, eine einfache Skizze sorgfältig zu kolorieren, – ein Hauch von Zen!)
* einen Tagebucheintrag verfassen
* Lückentexte ergänzen
* Schatzsuche oder Verständnisaufgaben – zum Beispiel aus gegebenen Quellen Informationen heraussuchen
* ein Video anschauen – geben Sie jedem Schüler ein Blatt mit einfachen Verständnisfragen zum Video, dann bleibt jeder konzentriert
* Übungen zum Thema „Lerne dich selbst kennen" – sie gehören zu meinen bevorzugten Aufgaben, weil sie die Schüler beschäftigen und man zugleich erfährt, was sie mögen und was nicht, was ihre Interessen und Hobbys sind, Informationen also, die so entscheidend sind für Unterhaltungen mit den Schülern und für den Aufbau von Beziehungen

Alternativ dazu können Sie gebrauchsfertige Aufgaben wie die beiden folgenden verwenden:

Methode

Welches Wort passt nicht in die Reihe?

Materialien sind keine erforderlich, aber einige Vorüberlegungen dazu, welche Wortgruppen Sie auswählen wollen.

Zeit:
5–10 Minuten

Überblick:
Schreiben Sie jeweils zum Unterrichtsthema passende Schlüsselwörter an die Tafel oder händigen Sie jedem Schüler beim Betreten des Klassenzimmers ein entsprechendes Blatt aus. Die Aufgabe der Schüler besteht darin, das nicht passende Wort herauszufinden.

So geht's:

1. Schreiben Sie drei oder vier Wortreihen mit jeweils drei Wörtern an die Tafel, auf ein Blatt oder ein Kärtchen (z. B.: Landwirtschaft, Ölbohrung, Frisieren; Atlantik, Pazifik, Asien; Krankenhaus, Wohnblock, Kino).

2. Die Schüler müssen das nicht passende Wort herausfinden und ihre Wahl begründen. Bei dieser Übung gibt es kein richtig oder falsch. Solange die Schüler Erklärungen liefern, die logisch oder überzeugend sind, sollten Sie diese akzeptieren. Die Idee dahinter ist, Kommunikations- und Denkfähigkeiten zu fördern.

Methode

Knack den Code

Materialien:
Kugelschreiber, Papier und für jeden Schüler ein Umschlag mit dem geheimen Code-Schlüssel und einer Liste mit Schlüsselwörtern

Zeit:
5–10 Minuten

Überblick:
Eine kreative Denkaufgabe zum Unterrichtsbeginn, die an die meisten Fächer und Themen angepasst werden kann.

So geht's:

1. Denken Sie sich als Geheimcode ein Alphabet aus, in dem jeder Buchstabe durch ein Symbol oder ein Bild dargestellt wird. Jeder Schüler bekommt davon eine Kopie zusammen mit einer Liste von Schlüsselwörtern, die mit dem Thema des Unterrichts zu tun haben. Beides steckt in einem Umschlag, den Sie mit „Geheimauftrag", „Vertrauliches Dokument" oder dergleichen beschriften können.

2. Schreiben Sie an die Tafel einen Satz, der sich auf den Unterricht bezieht, und verwenden Sie dabei für das Schlüsselwort Ihren Geheimcode – zum Beispiel: *„Heute lernen wir etwas über … (Schlüsselwort)."*

3. Bitten Sie die Schüler nun, die Botschaft zu entschlüsseln und ihre Liste mit Schlüsselwörtern in codierter Form zu schreiben. Leistungsstärkeren Schülern können Sie eine längere Liste geben.
4. Die Schüler können ihre Blätter auch untereinander austauschen und die Botschaften des anderen decodieren.
5. Die Aufgabe können Sie auch mit der gesamten Klasse machen und die Schüler bitten, in codierter Form aufzuschreiben, was sie in der Stunde gelernt haben.

Nun aber genug des Vergnügens. Kehren wir zu unserer ernsten Aufgabe zurück, nämlich die Schüler zu beruhigen. Bei einer sehr schwierigen, energiegeladenen Klasse könnte es klug sein oder sogar notwendig, den bereits vor der Tür begonnenen Vorgang des Beruhigens noch fortzusetzen. Sie könnten vielleicht mit Tischgruppen plaudern, positive Äußerungen machen und umgehend diejenigen loben, die sich an Ihre Anweisungen halten.

Der ruhige Beginn sollte abhängig von der Klasse nicht länger als zehn Minuten dauern. Dann sollten Sie zur nächsten Aktivität übergehen, was normalerweise eine **„ordnungsgemäße" Lehr- oder Lerntätigkeit** sein wird. In dieser Übergangsphase können bei jeder Klasse Störfaktoren auftreten. Aber bei einer schwierigen Gruppe kann ein totales Chaos entstehen, wenn der Übergang nicht im Voraus geplant und gut durchgeführt wird.

Wenn Sie spüren, dass die Schüler bereit sind für Ihren eigentlichen Unterricht, dann „warnen" Sie sie 30 Sekunden vorher: *„Wir schließen diese Aufgabe in 30 Sekunden ab. Kommt also zu einem Ende mit dem, was ihr gerade macht, legt alles beiseite und macht euch bereit für die nächsten Anweisungen!"* Der Grund für diese **„Vorwarnung"** ist einfach: Wenn Ihre Schüler gerade in eine nette Aufgabe oder Unterhaltung vertieft sind, wird es mehr als ein paar Sekunden dauern, bis die Aufforderung zum Wegpacken überhaupt zur Kenntnis genommen wird. Wenn Sie im Voraus eine „Warnung" geben, reduziert sich die Notwendigkeit, an den Schülern herumzunörgeln und sie zur Eile anzutreiben.

Wenn die Schüler aufgehört haben zu arbeiten, geben Sie ihnen klare **Schritt-für-Schritt-Anweisungen,** ihre Sachen wegzuräumen, wenn nötig, und sich bereit zu machen für den eigentlichen Unterricht. Bevor Sie nun detaillierte Anweisungen geben, sollten Sie darauf achten, dass alle Schüler ruhig sind und den Blick auf Sie richten. Wenn Sie dies nicht als Gewohnheit durchsetzen und nicht auf diesen Grad der Aufmerksamkeit bestehen, werden Ihre Schüler Sie nicht ernst nehmen. Ich kann das nicht oft genug betonen – es ist *Ihr* Klassenzimmer und *Sie* haben hier das Sagen. Aber Sie haben nur dann das Sagen, wenn Ihnen Ihre Schüler auch zuhören.

Der lustige Unterrichtsbeginn

Die dritte Art des Unterrichtsbeginns zielt darauf ab, die **Aufmerksamkeit der ganzen Klasse** zu gewinnen, indem Sie den Unterricht mit einem „Knall" beginnen lassen. Diese Art des Unterrichtsbeginns ziehe ich vor – aber es gibt einen gewissen Vorbehalt: Die Gefahr bei sehr lebhaften Klassen besteht darin, dass es die Schüler zu weit treiben und sich danach nur sehr widerwillig anderen Aufgaben zuwenden, weil sie womöglich noch zu überdreht sind.

Der lustige Unterrichtsbeginn sollte also mit **Vorsicht** zum Einsatz kommen. Wenn Sie sich nicht sicher sind, die Klasse nach einer sehr lebendigen Aktivität wieder unter Kontrolle bringen zu können, dann ist es keine gute Option für Sie – und sicher nicht die beste.

Wenn Sie eine lustige Aktivität bereits mit einer ruhigeren Klasse erfolgreich ausprobiert haben, könnten Sie es auch in einer schwierigeren Klasse versuchen. Wenn Sie jedoch befürchten, dass es zu Problemen kommt, dann greifen Sie lieber auf eine andere Form des Unterrichtsbeginns zurück. Sie können ihn immer noch lustiger gestalten, wenn Sie über die betreffende Klasse ein wenig mehr Kontrolle haben.

Was also geschieht bei einem lustigen Unterrichtsbeginn? Setzen Sie dabei auf **amüsante, aufregende und auch sehr lebhafte Aktivitäten,** die den Schülern Spaß machen. Diese Aktivitäten können einen Bezug zum Unterrichtsstoff haben, aber auch nicht-fachbezogene Einstiegsübungen eignen sich dafür, die Aufmerksamkeit einer Klasse zu wecken, – selbst wenn sie eine tief verwurzelte Negativeinstellung zum Lernen hat. Sobald Ihre Schüler beginnen, positive Gefühle (dazu gehört auch Spaß) in einer Unterrichtsstunde zu verspüren, wird sich ihre gesamte Einstellung Ihnen gegenüber und in Bezug auf Ihr Fach ändern, – und zwar schnell. Hier kommt nun ein Beispiel:

Methode

Was steckt im Beutel?

Materialien:
Gegenstand, der mit dem Unterrichtsstoff zu tun hat, Beutel

Zeit:
10 Minuten

Vorbereitung:
Verstecken Sie den Gegenstand im Beutel (verwenden Sie nach Möglichkeit einen Beutel bzw. eine Verpackung, welche die Schüler neugierig macht. Vermeiden Sie also Plastiktüten vom Discounter).

So geht's:

1. Schreiben Sie an die Tafel: „Ihr dürft 20-mal raten, was in dem Beutel steckt."
2. Erklären Sie den Schülern, dass sie sich melden und eine Frage stellen dürfen, um herauszufinden, was im Beutel ist. Es dürfen aber nur Fragen sein, die mit *ja* oder *nein* beantwortet werden können (erlaubt ist also die Frage *„Ist der Gegenstand blau?"*, nicht erlaubt hingegen die Frage *„Welche Farbe hat er?"*).
3. Schreiben Sie die Fragen nacheinander an die Tafel. Dann wissen Sie, wie viele Fragen schon gestellt wurden, und Wiederholungen werden vermieden. Beantworten Sie die Fragen mit *ja* oder *nein* und machen Sie an der Tafel hinter der Frage ein Häkchen oder ein Kreuz. Ich verwende für richtige und falsche Antworten gern auch ein Geräusch, was zur heiteren Stimmung beiträgt, – ein Kazoo oder eine Quietsche-Ente für falsche Antworten, ein Signalhorn oder eine Trillerpfeife für die richtigen.
4. Die Spannung steigt, wenn die Anzahl der Fragen in den zweistelligen Bereich geht. Dann keimen bei den Schülern erste Zweifel auf, ob sie den Gegenstand noch erraten werden. Die Spannung können Sie dann sogar noch steigern, wenn Sie ihnen eine zusätzliche Hausaufgabe in Aussicht stellen, falls sie den Gegenstand nicht erraten.

Der motivierende Unterrichtsbeginn mit Fragen

Der motivierende Unterrichtsbeginn mit Fragen ist ein **fast narrensicherer Weg,** eine schwierige Klasse zum Mitmachen zu bringen. Sie sollten aber Fragen stellen, welche die Schüler in hohem Maße interessant in Bezug auf ihr eigenes Leben finden.

Wie viele andere Lehrer auch begann ich die meisten Stunden mit einer Frage, die sich auf das **Thema des Unterrichts** bezog. Ging es zum Beispiel um den Blutkreislauf, lautete meine Einstiegsfrage etwa: *„Wie viele von euch können mir erklären, was ein Blutgefäß ist?“* Einige wenige Schüler zeigten sich bereit, mir zu antworten. Und so dachte ich, das Richtige zu machen. Doch auf jede Hand, die nach oben ging, kamen fünf andere, die unten blieben. Ein großer Teil der Schüler machte einfach nicht mit. Und, wie wir alle wissen, wenn die Schüler nicht mitmachen, verhalten sie sich bald so, wie wir es nicht gern sehen.

Seien wir ehrlich, es war eine **langweilige Frage.** Egal mit wie viel Inbrunst Sie eine solche Frage stellen, bei Ihrer Klasse wird daraus keine besonders nennenswerte Motivation erwachsen. Mit solchen Fragen verlassen Sie sich auf die Schüler, die ohnehin gut und bereitwillig mitarbeiten, – und richten Ihre Aufmerksamkeit und den Fokus des Unterrichts nur noch auf diese Schülergruppe.

Für diejenigen Schüler aber, die einfach nur dasitzen und zuschauen und vielleicht so tun, als würden sie zuhören, wird die Sache noch viel einfacher: Warum sollten sie sich anstrengen und mitmachen? Sie finden das Fach langweilig, sie wissen die Antwort auf die Frage nicht oder sie wollen einfach nicht antworten. Vielleicht befürchten sie, bei ihren Freunden als Streber zu gelten, womöglich wollen sie nicht riskieren, etwas Falsches zu sagen und sich zu blamieren. Da ist es doch einfacher, nur dazusitzen und zuzuschauen – oder dazusitzen und Unfug zu treiben.

Wenn Sie auch die zweite Schülergruppe einbeziehen wollen, sollten Sie eine Frage stellen, die irgendwie eine **Verbindung zu den Interessen der Schüler** herstellt oder zumindest für ihr Leben und ihre Erfahrungen relevant ist. Warum sollten sie sich dafür interessieren, wie das Blut im Körper zirkuliert, wenn die Frage nicht für sie selbst eine Bedeutung hat?

Wie Sie den Unterricht für Ihre Schüler relevanter machen können, werden wir uns in → Kapitel 11 genauer anschauen. Versuchen Sie für den Moment nur herauszufinden, welche der folgenden Fragen motivierend ist:

1. *„Wer kann mir sagen, wie das Blut durch den Körper fließt?"*
2. *„Wer weiß, was ein Blutgefäß ist?"*
3. *„Kann mir jemand sagen, was Blutkapillaren sind?"*
4. *„Wer von euch hat sich schon mal aus Versehen geschnitten?"*

Es liegt auf der Hand, dass eine Gruppe unmotivierter Schüler am wahrscheinlichsten wohl auf die vierte Frage ansprechen würde, weil sie dazu einlädt, von eigenen Erfahrungen und Erlebnissen zu erzählen. Und nehmen Ihre Schüler erst einmal aktiv und angeregt am Gespräch teil – zweifelsohne mit ein paar blutigen Geschichten über diverse Verletzungen –, dann können Sie sie zum eigentlichen Thema des Unterrichts hinführen.

Wenn wir das Beispiel vom Blutkreislauf nochmals aufgreifen, könnten Ihre Fragen dann folgendermaßen lauten:

- *„Wie lange hat es geblutet?"*
- *„Wie hast du die Blutung gestoppt?"*
- *„Hätte es auch zu bluten aufgehört, wenn du nichts gemacht hättest?"*

Und schließlich können Sie zum Hauptinhalt der Stunde überleiten:

- *„Woher kommt das Blut und wie tritt es aus der Wunde?"*

Sicher haben Sie erkannt, dass der motivierende Unterrichtsbeginn mit Fragen ein verlässliches Mittel ist, bei den Schülern Interesse zu wecken und sie ins Unterrichtsgeschehen einzubinden. Das Schlüsselwort dabei ist **Relevanz.** Im nächsten Kapitel betrachten wir nun zusätzliche Möglichkeiten, wie Sie durch Relevanz den Unterricht noch interessanter gestalten können.

Ich wollte doch nur etwas AUFMERKSAMKEIT!

11 Ein positives Lernklima bewahren

Wollen wir kurz rekapitulieren: Sie haben die Schüler vor dem Klassenzimmer mit nicht bloßstellenden Ermahnungen und durch Smalltalk beruhigt. Es ist also sehr wahrscheinlich, dass sie Ihren Anweisungen folgen werden. Dann haben Sie die Schüler kontrolliert ins Klassenzimmer gelassen (bei sehr lebhaften Klassen mit der Filtermethode). Und Sie sind bereits mit einer der vier Einstiegsmethoden in den Unterricht gestartet.

Wir kommen später noch darauf zurück, wie Sie mit Schülern verfahren können, die sich in dieser Phase noch nicht beruhigt haben – jene also, die noch nicht teilnahmebereit sind oder durch ihr Verhalten den Unterricht stören. Jetzt aber gilt es, **das ruhige und produktive Lernklima** für die motivierten Schüler **aufrechtzuerhalten.** In diesem Kapitel betrachten wir also einige allgemeine Vorschläge, wie Sie den Unterricht am Laufen halten und ihn interessanter machen können.

Motivierende Unterrichtsstunden

Wenn sie über einen längeren Zeitraum mit einer zu Störungen neigenden Klasse zu tun haben, versuchen manche Lehrer oft gar nicht mehr, ihre Schüler zu motivieren (was verständlich ist). Stattdessen nehmen sie Zuflucht zu langweiligen, für die Schüler wenig anregenden Aufgaben. Gelegentlich ist es sicher sinnvoll, die Schüler etwas von der Tafel abschreiben zu lassen oder sie mit Arbeitsblättern zu beschäftigen. Werden diese eher **stumpfsinnigen Aktivitäten** aber zur Norm, wird sich das Verhalten der Schüler ohne Zweifel verschlechtern.

Vor einigen Jahren hatte ich ein Erlebnis, das mir deutlich vor Augen führte, wie enorm wichtig motivierende Lernaktivitäten für das Vermeiden von Verhaltensproblemen sind. Ich arbeitete damals an einer **Einrichtung für sehr schwierige Schüler,** wo jede Minute des Unterrichts darauf verwendet werden musste, auf Fehlverhalten zu reagieren. Von 8:30 Uhr bis 15:30 Uhr war die Aufmerksamkeit eines jeden Lehrers und Mitarbeiters darauf gerichtet, die Schüler durch den Tag zu bringen, ohne dass sie ernsthafte Zwischenfälle verursachten oder darin verwickelt wurden. Es war überaus ermüdend und stressig.

An jenem Tag wurden wir von der Schulleitung angewiesen, unsere Klassen in die Aula zu bringen. Dort sollte ein interaktiver Unterricht abgehalten werden, unterstützt von einem Unternehmen, das mit Reptilien, großen Insekten und anderen gruseligen Kriechtieren aus fernen Ländern zu tun hatte.

Die Reaktionen unserer Schüler auf externe Besucher waren für gewöhnlich im besten Fall unverschämt, im schlimmsten Fall ziemlich rabiat. Ich ging also mit einigem Zittern und Bangen in die Aula. Aber dann geschah etwas Seltsames: Als die Schüler die Halle betraten, stand eine junge Frau, die für die Tiere verantwortlich war, an der Tür und begrüßte sie herzlich und mit einem freundlichen Lächeln. Mit einem Finger an den Lippen bat sie um Ruhe. In der anderen Hand hatte sie eine Ratte, die sie an ihre Brust drückte. Hinter ihr standen acht Kisten mit halbdurchsichtigen Deckeln. Man konnte einigermaßen erkennen, dass sich in den Kisten etwas ruckartig bewegte. Aus einer Kiste ragte unter dem Deckel ein langes, haariges Insektenbein hervor.

Die Auswirkung auf das Verhalten der Schüler war erstaunlich. Ihr ganzes Benehmen änderte sich schlagartig, als sie die Halle betraten. Sie bremsten sich selbst ab, machten große Augen und gingen ruhig auf die Sitzreihen zu. Als alle auf ihren Plätzen waren, stellte sich die junge Frau kurz vor und erzählte dann etwas über die Tiere, die sie mitgebracht hatte. Wer wollte, durfte die Tiere aus der Nähe betrachten und sie berühren.

Noch ein paar Minuten zuvor lagen manche dieser Schüler in heftigem Streit. Häufig sah man einige von ihnen auf dem Dach des Schulgebäudes stehen, von wo sie Steine auf Autos warfen oder die Lehrer beschimpften. Und jetzt saßen alle Schüler plötzlich ruhig da und waren völlig von einer Unterrichtsaktivität in Beschlag genommen! Sie waren absolut gebannt und ich konnte zum ersten Mal beobachten, dass sich keiner meiner Kollegen mit einem Fehlverhalten auseinandersetzen musste.

Verstehen Sie mich bitte richtig: Es ist mir klar, dass Sie nicht immer eine Kiste mit Schlangen und Taranteln in den Unterricht mitbringen können, wenn Sie es mit einer schwierigen Klasse zu tun haben. Aber wir alle können etwas aus diesem Erlebnis lernen: Wenn Sie Ihre Schüler mit einer Aktivität beschäftigen, die sie wirklich interessiert und motiviert, dann haben Sie auch viel weniger mit Verhaltensproblemen zu tun. Aber wie macht man das? Wie erreichen Sie es, dass *Ihr* Unterricht die Schüler stärker anspricht und erfolgreich verläuft, auch wenn die Dame mit dem „Wanderzirkus" nicht zur Verfügung steht?

Das Geheimnis, wie Sie Ihren Unterricht ansprechender und motivierender gestalten

Ich möchte einen bildhaften Vergleich verwenden, um zu zeigen, wie man die Aufmerksamkeit der Schüler im Unterricht gewinnt. Ich nenne diesen Vergleich den **„Gefühlsrucksack"**. Wenn Schüler über den Gang schlurfen und den Weg zum Klassenzimmer nur stöhnend und ächzend hinter sich bringen, dann ist es offensichtlich, dass sie sich schon im Voraus mental darauf eingestellt haben, wie der Unterricht verlaufen wird: Man muss einfach nur durchhalten, etwas Erfreuliches wird man sicher nicht erleben.

In einer solchen Situation stelle ich mir vor, dass jeder Schüler einen riesigen Rucksack mit sich herumschleppt, der mit unerwünschten Gefühlen vollgestopft ist. Die Schüler werden von negativen Emotionen und Gedanken über eine bestimmte Unterrichtsstunde (und wahrscheinlich über die Schule und das Leben überhaupt) regelrecht nach unten gezogen.

Diese Emotionen und Gedanken basieren oft auf ihren **persönlichen Erfahrungen** – vorausgegangenem Unterricht, dem sie gerade beiwohnen durften, und womöglich auch auf Bemerkungen von Mitschülern: *„Ich hasse diese Stunde. Geht's dir vielleicht anders?"*

Nehmen wir beispielsweise an, dass die Schüler in der vorausgegangenen Stunde wegen mangelnder Kenntnisse und Fähigkeiten Probleme damit hatten, eine Aufgabe zu Ende zu bringen. Dann steckt mit hoher Wahrscheinlichkeit ein erhebliches Maß an Frustration, vielleicht sogar Angst verbunden mit dem Gefühl der Unfähigkeit in dem Rucksack, den sie in die nächste Stunde mitbringen. Wenn sie zudem den Eindruck haben, dass sie zuvor vom Lehrer schikaniert wurden, dann stecken in dem Rucksack auch noch Misstrauen, Wut und vielleicht sogar Rachegelüste. Und wenn die Schüler außerdem davon überzeugt sind, der folgende Unterricht werde zu langweilig oder völlig irrelevant für sie sein, dann bringen sie auch noch schlechte Laune, Gereiztheit und Lustlosigkeit mit.

Sicher wissen Sie, was ich meine: Die meisten schwierigen Schüler (wenn nicht sogar alle) erreichen die Tür zum Klassenzimmer in der Überzeugung, dass der Unterricht keinen Spaß machen und ihnen gar nichts bringen wird. Wenn sie in dieser Gemütsverfassung sind, dann wird es sehr schwierig, mit ihnen etwas zu lernen und ihr Verhalten im Zaum zu halten. Die Lösung des Problems ist einfach: Sie müssen lediglich den **Inhalt des Rucksacks verändern.** Wenn Sie es schaffen, dass Ihre Schüler mit ein klein wenig Begeisterung und Optimismus in Ihren Unterricht kommen, weil sie in der letzten Stunde bei Ihnen etwas Aufregendes gesehen oder eine tolle Geschichte gehört haben, weil es – in angemessenem Rahmen – lustig zugegangen ist und es etwas zum Lachen gab, dann sind Sie auf dem richtigen Weg.

Sie können nur dann von Ihren Schülern erwarten, dass sie gern und lernbereit in Ihren Unterricht kommen, wenn sie in ihrem Rucksack das **Gefühl des eigenen Erfolgs** mitbringen, etwa, weil sie einen schwierigen Inhalt erstmals richtig verstanden haben. Oder wenn im Rucksack das **Gefühl des Vertrauens** steckt, weil sie von Ihnen für ihre Anstrengungen gelobt wurden. Oder das **Gefühl von Zusammengehörigkeit und Kameradschaft,** weil die Ergebnisse einer Gruppenarbeit einfach großartig waren.

Als Lehrer wollen Sie doch, dass Ihre Schüler zu Ihnen kommen und sich darauf freuen, etwas zu lernen und mit Ihnen zusammenzuarbeiten, weil ihnen Ihr Unterricht gefällt. Wenn die Schüler in Ihrem Unterricht Erfolg hatten und etwas erreichten, etwas Interessantes entdeckten und lernten, wenn sie Spaß hatten und zusammen lachten, wenn sie sich verbesserten und sich deshalb selbst besser fühlten, wenn sie motiviert waren, sich umeinander kümmerten und emotional positiv angesprochen wurden, – dann, ja dann spricht doch nichts mehr dagegen, dass die Schüler in Bezug auf den nächsten Unterricht bei Ihnen ein bisschen optimistischer sind. Schließlich könnte es von dem **Erfreulichen und Angenehmen** noch mehr geben. Das sind Dinge, die jeder Lehrer in jeder Unterrichtsstunde bewerkstelligen kann. Im Grunde läuft es darauf hinaus, die Schüler spüren zu lassen, dass sie erwünscht und geschätzt sind. Und man sollte darauf achten, dass sie etwas Positives aus dem Unterricht mitnehmen.

Zehn Möglichkeiten, den Unterricht ansprechend und motivierend zu gestalten

1. Loben Sie oft und aufrichtig

Wenn negatives Verhalten fest verwurzelt ist (und das ist bei sehr schwierigen Klassen der Fall), dann neigen wir als Lehrer dazu, uns nur noch darauf zu konzentrieren, was im Klassenzimmer falsch läuft: *„Seid ruhig!", „Ich hab's euch schon mal gesagt: Ihr sollt ruhig sein!", „Wie oft soll ich es noch sagen: Seid endlich ruhig!"* Dadurch entsteht eine sehr **negativ geladene Atmosphäre,** welche die fest verwurzelte Ansicht der Schüler noch bestätigt, dass die Schule kein besonders netter Ort ist.

Konzentrieren Sie sich aber darauf, was die Schüler richtig und gut machen, scheint das der Intuition (Verflixt, man muss ihnen doch die Meinung geigen!) zuwider zu laufen. Aber es ist der schnellste Weg, den ich kenne, um eine negative Stimmungslage zu verändern. Denn es gibt meiner Meinung nach kein Kind auf diesem Planeten, das nicht tief in seinem Inneren etwas erfolgreich schaffen will. Und jeder Schüler wird auf Sie reagieren, auch wenn Sie der einzige auf der Welt sind, der regelmäßig erkennt und anerkennt, wenn er etwas richtig gemacht oder sich um Fortschritte bemüht hat, seien sie noch so klein. Das einzige, worauf Sie streng achten müssen: Das **Lob** muss zur richtigen Zeit kommen (wenn es zum Beispiel verdient ist) und es muss in der richtigen Weise ausgesprochen werden (davon war bereits in → Kapitel 6 die Rede).

2. Achten Sie darauf, dass Aufgaben lösbar und passend sind

Erfolgserlebnisse in der Schule sind für schwierige Schüler sehr rar. Nur selten erleben sie das befriedigende Gefühl, an einer Aufgabe hart gearbeitet und sie erfolgreich zu Ende geführt zu haben. Dennoch ist die Meisterschaft auf einem Gebiet einer der mächtigsten, oft zitierten Motivatoren. Es muss uns also viel daran liegen, dass auch die schwierigsten Schüler ein Maximum an Gelegenheiten erhalten, in denen sie sich kompetent zeigen können, etwas schaffen und erfolgreich sind. Damit können wir sie wirklich ermutigen, auch künftige Aufgaben anzupacken und eine gewisse Begeisterung fürs Lernen zu entfalten.

Oft gehen schwierige Schüler nur widerwillig in den Unterricht, weil sie sich ans Scheitern gewöhnt haben – und auch daran, dass sie dafür ständig kritisiert werden. Sie haben Angst, vor den anderen dumm dazustehen. Daraus resultiert ihr Unwillen, etwas überhaupt zu versuchen, was sie wiederum mit ungehobeltem Verhalten oder anderen **Vermeidungsstrategien** tarnen. Einer meiner Dozenten hatte vor vielen Jahren eine eindrucksvolle Methode, um diese Tatsache zu verdeutlichen.

Am Beginn einer Nachmittagsvorlesung gegen Ende des Semesters verkündete Herr A (so wurde er liebevoll genannt) stolz, dass die

Gruppe in einen neuen, revolutionären **wissenschaftlichen Test** eingeweiht werden solle, den ein Privatunternehmen demnächst an Schulen anbieten wolle. Seiner Meinung nach wäre es im Rahmen unserer Ausbildung sinnvoll, wenn wir in der nächsten Sitzung als Versuchskaninchen den Test machen und dabei die Rolle der Schüler übernehmen würden. Weiter erklärte er noch, dass das Ganze unter strengen Prüfungsbedingungen stattfinden müsse.

Als wir dann zur nächsten Sitzung erschienen, waren die Tische bereits in Reihen angeordnet. Wir gingen an die uns zugewiesenen Plätze und warteten still auf die **Prüfungsunterlagen.** Währenddessen stellte uns Herr A eine sehr ernsthafte, geschäftsmäßig gekleidete Dame vor. Auf einem Abzeichen war sie als Repräsentantin der Firma *Star Education* zu erkennen. Nach einer kurzen Einführung zeigte die Dame sich zufrieden, dass wir alle von der Bedeutung des Unterfangens überzeugt waren. Sie betonte noch, dass wir unter allen Umständen alle Prüfungsfragen beantworten sollen. Dann wurden die Unterlagen ausgeteilt.

Ich bin von Natur aus nicht der Ruhigste in schwierigen Situationen und ich muss zugeben, dass Prüfungen in der Schule für mich immer mit enormem **Stress** verbunden waren. Aber das war im Vergleich gar nichts, wie ich mich nun angesichts dieser Prüfungsfragen fühlte! Ich konnte darin keinen einzigen Buchstaben entdecken, der einen Sinn ergab. Mein Verstand rotierte, meine Hände wurden feucht und mein Herz raste – ich war wirklich am Verzweifeln.

Ich blickte mich im Raum um und sah zu meiner Erleichterung, dass es den anderen Teilnehmern nicht viel besser erging. Einige kritzelten wild herum, aber man konnte ihre Panik sehen. Sie schrieben eine Antwort hin, strichen sie wieder durch und probierten eine andere Lösung. An ihren Gesichtern aber konnte man erkennen, dass die neue Lösung auch nichts taugte.

Ich dachte an **meine Schulzeit** zurück und mir fiel ein, was ich immer machte, wenn mir bei der ersten Frage einer Prüfung schier gar nichts einfiel. Ich überflog also auch jetzt wieder die anderen Fragen in der Hoffnung, irgendwo die Rettungsleine zu finden, mit der ich mich selbst aus dem Schlamassel ziehen konnte. Aber bei keiner einzigen Frage hatte ich auch nur einen blassen Schimmer von einer vernünftigen Antwort.

Schließlich machte ich meinen **Frust** hörbar: Ich schob das Papier zur Seite, warf meinen Stift auf den Tisch und murmelte wüste Beleidigungen. Irgendwer hinter mir kicherte. Ein zusammengeknülltes Blatt – ursprünglich zu den Testunterlagen gehörig – flog durch den Raum nach vorn. Scheinbar hatte noch jemand das Handtuch geworfen. Und plötzlich explodierte der Raum. Einige Teilnehmer blieben zwar noch ruhig und gaben ihr Bestes, aber bei den meisten von uns brodelte es. Wir gerieten in **Rage** darüber, dass man uns solche lächerlichen und unverständlichen Aufgaben vorgesetzt hatte. Hände schossen nach oben. Mit einer wegwerfenden Geste in Richtung der stirnrunzelnden Prüfungsleiterin rannte eine Studentin aus dem Zimmer. Ihr Ausruf *„So ein blöder Sch…!"* brachte unser aller Urteil auf den Punkt.

Angesichts des Tumults kamen sowohl unser Dozent als auch die für den Test beauftragte Dame nach vorn und richteten ihre Blicke auf uns. Im Raum wurde es still. Wir warteten auf eine **Erklärung von Herrn A.** *„Also, zunächst einmal herzlichen Dank für die große Bereitschaft, an diesem Test teilzunehmen. Und ich möchte Ihnen bei dieser Gelegenheit auch gleich meine Frau vorstellen."* Dabei deutete er auf die neben ihm stehende Dame. *„Sie arbeitet nicht wirklich für Star Education – meines Wissens gibt es eine solche Firma gar nicht. Wir beide haben uns vor ein paar Tagen diesen Test ausgedacht."* Hier machte er eine Pause. Ein Lächeln begann sich auf seinem Gesicht abzuzeichnen, dann fuhr er fort: *„Und jetzt wissen Sie, wie sich ein Schüler fühlt, dem eine Aufgabe vorgesetzt wird, die viel zu schwer für ihn ist."*

Am erstaunlichsten bei dieser Geschichte ist für mich, dass jeder Teilnehmer an diesem Test ein Erwachsener und zugleich ein angehender Lehrer war, – wir standen damals kurz vor dem Ersten Staatsexamen. Dennoch benahmen wir uns wie **verhaltensauffällige Teenager.** Alle Verhaltensweisen, über die wir uns in unseren Klassenzimmern beklagen, waren zu beobachten – Gemurmel, Schimpfwörter, durch den Raum fliegende Gegenstände, Tuscheln, ohne Erlaubnis aus dem Zimmer rennen, Diskussionen mit dem Lehrer. Und der einzige Anlass für dieses Verhalten waren Aufgaben, die für uns zu schwierig waren.

Immer wieder sagen mir Kollegen, denen ich diese Geschichte erzählt habe, dass sie daran denken müssen, wenn sie Aktivitäten für ihre Schüler planen, insbesondere für **Schüler mit besonderen Lernbedürfnissen.** Und sie denken auch daran, wenn mal wieder eine Unterrichtsstunde völlig danebengeht. Es ist also überaus wichtig, dass Aufgaben sowohl lösbar als auch für die Schüler passend sind. Sind die Aufgaben zu einfach, langweilen sich die Schüler – und das werden sie auch deutlich zeigen. Sind die Aufgaben zu schwierig, dann werden Sie ein Chaos erleben.

Methode

Drei einfache Prinzipien für nicht überfordernde Aufgaben

1. Passen Sie die Aufgaben der Leistungsstärke an!
2. Vermeiden Sie Aufgaben mit zu viel Text!
3. Nicht alles auf einmal – teilen Sie die Aufgaben in handhabbare Etappen ein!

Besonders bei Schülern mit emotionalen Schwierigkeiten oder Verhaltensproblemen ist es sinnvoll, die Aufgaben in kleine Etappen einzuteilen. Das ist vor allem notwendig, wenn Sie auch die gesamte Beurteilung bei schwierigen Schülern vornehmen müssen. Es ist nichts falsch daran, einen Test in eine Reihe mehrerer kleiner Tests aufzuspalten und sie den Schülern an mehreren Tagen hintereinander vorzulegen. Wo soll das Problem sein, wenn die Arbeit gemacht wird? Und wenn Sie sehen, dass einzelne Schüler mit der gegebenen Aufgabe zu kämpfen haben, dann nehmen Sie etwas weg oder decken Sie einen Teil ab. Dann können sich die betreffenden Schüler auf die Menge konzentrieren, die sie schaffen können.

Denken Sie immer daran: Schüler, die nur widerwillig bei einer Aktivität mitmachen oder zu deren Vermeidung zu Unterrichtsstörungen neigen, machen das vielleicht nur deshalb, weil sie Angst davor haben, zu versagen.

3. Setzen Sie auf Musik und Sound-Effekte

Musik übt eine enorme Wirkung auf junge Menschen aus – sie ist ein bedeutender Teil ihres Lebens, den wir uns im Unterricht zu Nutze machen sollten. **Musik** kann zur Entspannung der Schüler beitragen und sie wieder aufmerksamer machen. Mit Musik können Sie ihre Kreativität und Leistung verbessern. Musik kann Energie verleihen und frisches Leben in eine müde Klasse bringen, aber sie kann einen überdrehten Schüler auch wieder beruhigen. Musik macht Spaß, sie verändert die Denkweise, hilft beim Entstehen harmonischer Verhältnisse und fördert zwischenmenschliche Bindungen. Die richtige Musik in der richtigen Situation lässt ein Team zusammenwachsen und ist eine wertvolle Lernhilfe. Und natürlich bietet Musik auch Grund zur Heiterkeit, wenn der Lehrer ein paar Lieblingslieder aus seiner eigenen Jugend mitbringt – vielleicht sogar noch auf Kassette.

Neben der Musik können Sie auch **Sound-Effekte** im Klassenzimmer auf sehr unterschiedliche Weise einsetzen. Vom rauschenden Gameshow-Applaus, wenn ein Schüler eine Frage richtig beantwortet, bis hin zu einer Polizei-Sirene, wenn die Klasse doch zu frech wird, – Sound-Effekte können Heiterkeit und Gelächter in den Unterricht bringen. Die Mobiltechnologie macht sie auf einfache Weise verfügbar. Die meisten Smartphones können an Lautsprecher angeschlossen werden und dann für alle möglichen Effekte verwendet werden. Es ist erstaunlich, wie realistisch das alles klingt. Mit meinem Smartphone trickse ich oft meine eigenen Kinder aus und lasse sie glauben, der Eisverkäufer mit seinem Wagen stünde vor der Haustür.

Methode

Drei Ideen für den Einsatz von Musik im Klassenzimmer

1. Sorgen Sie mit Musik für die richtige Stimmung
Während einer Unterrichtsstunde können Sie Musik für verschiedene Zwecke einsetzen: zur Motivation der Schüler, zur Beruhigung, zur Steigerung der Konzentration oder zur Entspannung. Je nach Art der Aktivität passen unterschiedliche Genres. Eine gute Investition ist eine CD mit Filmmusik (Sie könnten zum Beispiel schwierige Aufgaben

mit der Titelmusik von den Filmen *Rocky* oder *Mission: Impossible* untermalen).

Musik unterstützt auch den Übergang von einer Unterrichtsphase in die nächste. Sobald alle Schüler an ihren Plätzen sitzen, können Sie die Musik allmählich leiser drehen und abschalten. Damit geben Sie ein klares Zeichen, dass der Unterricht jetzt auch förmlich beginnt bzw. weitergeht. Ein solcher Hinweis wirkt weit weniger harsch als das übliche *„Ruhe jetzt! Ich will anfangen."*

Dürfen sich die Schüler bei einer Aktivität frei im Klassenzimmer bewegen, könnte eine lebendige Tanzmusik dazu beitragen, dass ein gewisses Tempo beibehalten bleibt. Eine Diskussion wird natürlich von einer langsamen, weniger eindringlichen Musik besser untermalt. Ein solches Stück könnte bei geringer Lautstärke für eine ruhigere Atmosphäre sorgen und zugleich jenen einen gewissen Schutz bieten, die sich nur ungern mündlich äußern. Denn gehemmte Schüler können richtige Angst davor haben, bei einem Gespräch etwas zu sagen. Gegen Ende einer Diskussion könnten Sie ein anderes Musikstück laufen lassen. Damit können Sie andeuten, dass der nächste Übergang oder das Ende des Unterrichts bevorsteht. Am Ende des Unterrichts könnte eine aufmunternde, heitere Musik dazu beitragen, positive Gefühle bei den Schülern zu verstärken, während sie aus dem Zimmer marschieren. Ein Vorschlag wäre die Titelmusik von *Fluch der Karibik.*

Man hat herausgefunden, dass Barockmusik die rechte Hirnhälfte stimuliert und die Konzentrationsfähigkeit unterstützt. Barockmusik könnte also Gespräche in kleinen Gruppen und Gruppenarbeit sehr gut untermalen und sie könnte beruhigend wirken, wenn die Schüler ins Klassenzimmer kommen.

2. Beruhigen Sie die Klasse mit Musik – es wird harmonischer

Klassische Musik kann eine überraschend positive Wirkung auf die Atmosphäre im Klassenzimmer ausüben. Einige meiner schwierigsten Schüler an einer weiterführenden Schule beklagten sich bitterlich darüber, als ich zum ersten Mal klassische Musik in den Unterricht mitbrachte und im Hintergrund laufen ließ, zum Beispiel den *Boléro* von Maurice Ravel. Sie versicherten mir eindringlich, dass die einzige

Musik, die sie ertragen könnten, *Hardcore House* sei. Wie nicht anders zu erwarten, kamen wir mit der Klassik anfangs nicht weiter. Sie saßen da, starrten mich an und steckten ihre Finger in die Ohren. *„Wir hören gar nicht hin, das ist reiner Mist!"*, beteuerten sie. Allmählich aber bemerkten sie, diese Musik schon einmal gehört zu haben, – und zwar in Filmen und Werbespots. Daraufhin wuchs ihre Toleranz und sie baten tatsächlich ab und zu, ich solle bestimmte Stücke nochmals spielen.

Beethovens *Neunte*, Strauss' *Sonnenaufgang* und Griegs *Morgenstimmung* waren sehr bekannt, aber viele andere Stücke eben auch. Die Reaktion war wirklich erstaunlich. Auch wenn ich keine harten wissenschaftlichen Daten vorlegen kann, glaube ich, dass es viel ruhiger war und Verhaltensprobleme weniger wurden, wenn ich solche Musik bei gemäßigter Lautstärke während des Unterrichts laufen ließ.

3. Musik als Hilfsmittel für das *Classroom Management*
Musik kann als Schutzschild dienen und unerwünschte Geräusche oder dominante Stimmen überdecken, die sonst manche in Aufgaben vertiefte Schüler ablenken könnten. Außerdem ermöglicht Musik im Hintergrund dem Lehrer mehr Vertraulichkeit, wenn er einem einzelnen Schüler Rückmeldung gibt oder eine Ermahnung ausspricht.

4. Verwenden Sie Requisiten

Eine Kiste voller verrückter Hüte, Masken, Klamotten, Perücken und Scherzartikel ist ein absolutes Muss für ein lustiges Klassenzimmer. Nicht nur Rollenspiele, auch andere Aktivitäten können Sie damit wesentlich spannender gestalten. Verwenden Sie **Requisiten,** wenn Sie ein wichtiges Thema einführen, oder lassen Sie die Schüler beim Beantworten von Fragen in verschiedene Rollen schlüpfen: *„Heute beantwortest du die Fragen in der Art eines Rockstars/Landwirts/Piloten/Nachrichtensprechers … und dabei trägst du diese verrückte Perücke/Maske …"*

Sie selbst können sich riesige Plastikohren anlegen oder übergroße, rosafarbene Ohrenschützer aufsetzen, wenn der Geräuschpegel zu sehr nach oben geht. Ein großer aufblasbarer Hammer, ein Polizeihelm, gewaltige Vampirzähne oder enorme Boxhandschuhe aus Schaumstoff können dabei helfen, wenn Sie sich um Schüler kümmern müssen, die aus dem Ruder zu laufen drohen. Ein wuscheliges Reporter-Mikrofon ist beim Fragen und Antworten sicher origineller als die übliche Bitte um Handzeichen. Eine Fahrradhupe eignet sich bestens zum Beenden einer Aktivität. Und mit einem Sheriff-Hut und Spielzeugpistolen können Sie Schüler beeindrucken, die bei einem Ratespiel (versehentlich) eine falsche Antwort gegeben haben. Lassen Sie Ihrer **Fantasie** freien Lauf.

Auch sachbezogene Requisiten sind bestens geeignet, um neue Themen oder Inhalte vorzustellen. Das beste Requisit, das ich die Ehre hatte im Unterricht zu verwenden, war ein echtes **Relikt von der *Titanic.*** Es handelte sich um eine zerbrochene Taschenuhr, die einem Jungen gehörte, der als Page bei einem der Aufzüge arbeitete. Meine Schüler waren bereits einige Wochen mit ihren Projektarbeiten beschäftigt und waren von der ganzen Geschichte der *Titanic* fasziniert. Nachdem sie sich nun bereits mit Bildern, Videos und

Büchern auseinandergesetzt hatten, war es für sie umso verblüffender, plötzlich ein Stück lebendiger Geschichte vor Augen zu haben und es sogar berühren zu können. Sie hatten bereits herausgefunden, wann genau das Schiff gesunken war, nämlich um 2:20 Uhr, und sie hatten diese Uhrzeit bereits auf ihrer Zeitleiste als letzten Eintrag notiert. Als sie nun sahen, dass die Taschenuhr exakt um 2:20 Uhr stehengeblieben war, waren sie verständlicherweise völlig baff.

Das war natürlich etwas Einmaliges. Die Chancen, ein solches Relikt in die Hände zu bekommen, sind ziemlich gering. Und Ihre Bemühungen, etwas aus einem Museum zu bekommen, würden sicher auf wenig Gegenliebe stoßen. Ich hatte Glück (ursprünglich wollte ich Kate Winslet in den Unterricht mitbringen): Ein Freund kannte die Besitzerin der Taschenuhr. Bis zu diesem Zeitpunkt hatte sie die Uhr außerhalb ihrer vier Wände niemandem gezeigt. Aber sie war begeistert von der Idee, einen Beitrag zur Ausbildung der Kinder leisten zu können, und so kam sie mit der Uhr in den Unterricht. Wie gesagt, ich hatte Glück. Aber wir alle haben Freunde und Verwandte, die wiederum andere Leute kennen. Vielleicht finden Sie auf diese Weise etwas, was Sie in Ihrer nächsten Unterrichtsstunde gut brauchen können.

Requisiten eignen sich wie sonst nichts für den **Beginn des Unterrichts.** Die Uhr von der *Titanic* präsentierte ich meiner Klasse im Rahmen der Einstiegsübung „Was steckt im Beutel?" (→ siehe Seite 171). Der Beutel war übrigens in diesem Fall einer der echten Säcke, in denen die Behörden nach dem Unglück die Habseligkeiten der Passagiere aufbewahrten. Er stand geheimnisvoll auf einem Tisch in der Mitte des Zimmers, als die Schüler hereinkamen.

5. Fordern Sie die Schüler heraus

Irgendwer hat mir mal gesagt, dass es zwei todsichere Möglichkeiten gibt, uninteressierte Schüler zu motivieren: mit ihnen wetten oder sie bezahlen. Da ich nicht möchte, dass Sie Pleite gehen, wollen wir uns die erste Möglichkeit genauer anschauen. **Herausforderungen** sind ein universeller Motivator. Aber um mit Herausforderungen richtig zu arbeiten, müssen Sie zweierlei berücksichtigen, nämlich den Kontext und den Schwierigkeitsgrad. In Bezug auf den Kontext muss eine Herausforderung einen Schüler interessieren. Eine handwerkliche Aktivität wird praktisch veranlagte Schüler ansprechen, eine sportliche Herausforderung eher die Sportler unter den Schülern und eine technische wohl eher die *Nerds* (Verzeihung!). Man muss also seine Schüler kennen, will man sie mit einer passenden Herausforderung motivieren.

Auch die **Schwierigkeit einer Herausforderung i**st wichtig. Ist sie zu leicht, dann stellt sich kein Erfolgserlebnis ein, wenn sie geschafft ist. Oder der Schüler wird so etwas gleich als zu langweilig und kindisch einschätzen und sich gar nicht erst darauf einlassen. Ist sie aber zu schwierig, dann werden Ihre Schüler von künftigen Versuchen abgeschreckt sein.

Methode

So können Sie Ihre Schüler herausfordern

* Jeder Schüler kann die maximale Anzahl an Fehlern, die er in einer Aufgabe machen darf, selbst festlegen.
* Jeder Schüler sucht sich die Frage selbst aus, die er in einer bestimmten Zeit beantworten soll.
* Fordern Sie die Schüler heraus, ihre Parallel-Klasse zu übertreffen. *(„Sie haben es in acht Sekunden geschafft, sich an ihre Plätze zu setzen, den Mund zu halten und die Bücher herauszunehmen!")*
* Schieben Sie die Herausforderung anderen in die Schuhe. *(„Einige Kollegen, die eure Noten gesehen haben, behaupten, dass ihr im nächsten Test niemals ein ‚Befriedigend' schaffen werdet. Wie wär's, wenn wir richtig zusammenarbeiten und ihnen das Gegenteil beweisen?")*
* Schweigegelübde: Nehmen Sie eine Stoppuhr und legen Sie eine bestimmte Zeit fest, in der die Schüler vollkommen still sein sollen. Beginnen Sie mit zwei oder drei Minuten Stillarbeit, dann fünf Minuten, dann sieben … Sie werden überrascht sein, wie lange Ihre Schüler durchhalten können, sobald sie die ersten Erfolge erlebt haben und allmählich die Vorteile erkennen, die Stille mit sich bringen kann.

* Spaßige Herausforderungen – zum Beispiel: *„Ich wette, dass es keiner von euch schafft, vier trockene Cracker innerhalb einer Minute zu essen."* Mein Lieblingslehrer in Biologie (ich hoffe, Sie lesen das, Herr Finlinson!) ging mit uns diese Wette ein, als die Verdauung auf der Tagesordnung des Unterrichts stand. Er wollte damit verdeutlichen, dass die Verdauung bereits im Mund durch den Kauvorgang und Speichel beginnt. Es ging dann nicht ganz sauber zu, um es vorsichtig zu formulieren, und wenn ich daran denke, nach fast 30 Jahren, muss ich immer noch lachen.

6. Lassen Sie die Schüler entscheiden

Die Schüler bekommen ein **Gefühl der Kontrolle und Unabhängigkeit,** wenn sie selbst entscheiden können, was sie machen. Sie fühlen sich dann auch nicht mehr so gegängelt und beginnen, von sich aus zu agieren. Am einfachsten erreichen Sie das, wenn Sie etwas Druck aus den Anforderungen nehmen, um die Bereitschaft zum Mitmachen zu erhöhen.

Beispielsweise könnten Sie bei Prüfungsfragen mehr Wahlmöglichkeiten einbauen, zum Beispiel: *„Beantworte zwei Fragen von Abschnitt A, zwei Fragen von Abschnitt B und zwei Fragen von Abschnitt C."* Das wirkt weniger bedrohlich, als würde es gar keine Auswahlmöglichkeit geben. Ein Negativ-Beispiel: *„Schlagt Seite 20 auf und macht die Übungen; wenn ihr damit fertig seid, dann macht ihr die Aufgaben auf dem Arbeitsblatt."* Hier ist der Spielraum für die Schüler sehr eingeschränkt. Versuchen Sie es stattdessen so: *„Ich habe einige Aufgaben an die Tafel geschrieben. Ihr braucht aber von den zehn Aufgaben nur fünf zu machen. Welche das sind, könnt ihr euch selbst aussuchen. Ihr entscheidet auch selbst, in welcher Reihenfolge ihr die Aufgaben erledigen wollt."* Diese einfache Wahlmöglichkeit bewirkt einen himmelweiten Unterschied, was die Reaktionen der Schüler betrifft.

Als weitere Alternative können Sie die ganze Klasse über vorgegebene Wahlmöglichkeiten mit einem **Stimmzettel** abstimmen lassen. Die Abstimmung mit Zetteln ist sinnvoll, weil es bei mündlichen Entscheidungsfindungen zu Streitereien kommen kann. Außerdem macht eine Abstimmung mehr Spaß. Der Stimmzettel könnte beispielsweise so aussehen:

Welche der folgenden Aufgaben möchtest du machen?
Kreuze an.

1. Eine Mindmap erstellen zum Thema … ☐
2. Einen Zeitungsartikel schreiben über … ☐
3. In Gruppenarbeit eine Lösung finden für … ☐
4. Übung 5 aus dem Buch machen … ☐

Die Aufgabe mit den meisten Stimmen gewinnt. Durch die Teilnahme an dieser Abstimmung erklärst du dich damit einverstanden, die gewählte Aufgabe ohne Widerrede zu erledigen.

7. Achten Sie auf Relevanz

Wie wir in → Kapitel 10 gesehen haben, reagieren Schüler am positivsten auf Aufgaben und Herausforderungen, die eine Verbindung zu dem haben, was sie von der **realen Welt** kennen und wissen. Deshalb sollten Sie Ihnen Themen und Inhalte so vermitteln, dass sie auch aus ihrer Sicht relevant sind. Nur dann werden sie Interesse daran haben. Ich möchte Ihnen anhand eines Beispiels aus meiner Erfahrung zeigen, wie das funktionieren kann.

Ich unterrichtete Jungen im Teenager-Alter, die von den normalen Schulen ausgeschlossen worden waren. Ein Thema meines Unterrichts war **Shakespeare.** Diese Jungen sprachen nur selten in verständlichen, grammatikalisch korrekten Sätzen – einsilbige Knurrlaute waren ihre bevorzugte Ausdrucksweise. Sie können sich also in etwa vorstellen, was sie von Shakespeare hielten!

Im ersten Jahr suchte ich verzweifelt nach geeigneten **Materialien.** Lehrbücher, die angeblich vollgepackt waren mit motivierenden Aktivitäten für leistungsschwache Schüler, erwiesen sich als wenig hilfreich. Auch die staatlichen Lehrpläne und Lehrer-Handreichungen waren keine große Hilfe. Nach vier oder fünf Unterrichtsstunden versetzte allein schon der Name Shakespeare diese Jungen in eine solche Wut, dass sie das Zimmer zu zerlegen drohten, falls ich ihnen noch mehr davon zumuten wollte.

Wie also soll ein Lehrer einer Gruppe abweisender 15-jähriger Jungen ein Drama von Shakespeare nahebringen, das so weit vom modernen Leben entfernt scheint? Wie schaffen wir es, dass sie sich mit Shakespeare als Schriftsteller auseinandersetzen und in ihm jemanden erkennen, der etwas Wichtiges zu sagen hat, sodass sie zumindest teilweise zuhören?

Als eine neue Schülerkohorte in meinen Unterricht kam, hegte sie bereits großen Hass gegen Shakespeare und gegen seine Sprache (vor allem deshalb, weil sie sie nicht verstanden). Andere Schüler der Schule, die ihn bereits hatten ertragen müssen, hatten ihnen erzählt, dass die Shakespeare-Stunden – nett ausgedrückt – *Mist* seien. Ich hatte also schon verloren, bevor das Spiel überhaupt begonnen hatte. Die Schüler hatten sich bereits ihre Meinung über Shakespeare gebildet, dass er nämlich *Sch…* sei.

Ende des 16., Anfang des 17. Jahrhunderts, lange bevor der erste Teenager über die Erde marschierte, schrieb jemand Theaterstücke, welche Herz und Verstand fesselten. Seine Stücke waren überaus unterhaltsam und die Leute waren verrückt danach. Er war der Quentin Tarantino der damaligen Zeit (obwohl er wahrscheinlich der bessere Schauspieler war).

In etwa so stellte ich Shakespeare der neuen Klasse vor. Ich erwähnte anfangs nicht einmal den Namen. Stattdessen unterhielten wir uns über **Filme,** welche die Schüler gesehen hatten. Horrorfilme, Komödien und Gangsterfilme wie *Reservoir Dogs* brachten sie zum Reden. Wir sprachen über die Gefühle, die von den Filmen hervorgerufen werden, und über die Gründe, warum die Schüler sie so unterhaltsam fanden.
Dann fragte ich meine Schüler, was sie ohne Fernsehen oder Kino machen würden. Welche Möglichkeiten der Unterhaltung gab es,

bevor diese Medien zu einem derart wichtigen Bestandteil unseres Lebens wurden? Die meisten hatten von diesen Gebäuden gehört, die man **Theater** nennt. Aber wahrscheinlich hätte keiner sie von einem Supermarkt unterscheiden können. Und natürlich war noch keiner von ihnen schon einmal in einem Theater gewesen. Ich organisierte also einen Ausflug. Die Schüler waren begeistert und wollten mehr über diese wunderbare Form der Unterhaltung erfahren. Und von diesem Punkt an zeigten sie auch Interesse an Shakespeare, trotz der früheren Ignoranz, Angst und Abscheu.

Im Laufe mehrerer Unterrichtsstunden konnte ich in diesen Schülern also Interesse für Shakespeare wecken. Das Entscheidende dabei aber war: Sie erkannten allmählich, dass die von ihnen bevorzugte Unterhaltung dieselbe war wie die vor Hunderten von Jahren. Shakespeare hatte für sie eine Bedeutung gewonnen. Er hatte Komödien und blutige Tragödien geschrieben, die von seinen Fans – den Kinogängern von gestern – geliebt wurden. Sobald die Schüler die **Parallelen** zwischen der Unterhaltung von damals und den Blockbustern von heute erkannten, wollten sie mehr darüber wissen.

Methode

Fünf Möglichkeiten, den Lernstoff für die Schüler relevant zu machen

1. Stellen Sie eine Verbindung zu den Problemen der realen Welt her
Durch die Einbeziehung des gegenwärtigen sozialen Kontextes in ein bestimmtes Unterrichtsthema erkennen die Schüler, dass der Lernstoff gar nicht so weit von ihrem Leben entfernt ist. Sprechen Sie zu Beginn des Unterrichts ein aktuelles Ereignis an (und zeigen Sie dazu Zeitungsartikel) oder sprechen Sie über ein Thema aus dem realen Leben, das für die jeweilige Altersgruppe von Bedeutung ist.

2. Stellen Sie eine Verbindung zur Umgebung Ihrer Schüler her
Tragen Sie den Lernstoff nach draußen und zeigen Sie den Schülern, wie sie ihre Kenntnisse in ihrer eigenen Umgebung verwenden können. Dadurch gewinnen die Lerninhalte unmittelbar an Relevanz. Bringen Sie den Unterrichtsstoff am Beginn einer Stunde in Zusammenhang mit einem Foto vom Stadtzentrum, mit einem Zeitungs-

artikel über ihre Nachbarschaft, mit einem Nachrichtenvideo über ein lokales Ereignis. Oder gehen Sie mit Ihren Schülern nach draußen in ihre Umgebung.

3. Stellen Sie eine Verbindung zu den Interessen der Schüler her

Kapitel 5 handelte vom Lehrer-Schüler-Verhältnis und es war davon die Rede, wie wichtig es ist, die Interessen und Hobbys der Schüler zu kennen. Die Verknüpfung von Lerninhalten mit ihren Interessen ist für sie eine der besten Möglichkeiten, die Wichtigkeit eines Themas zu erkennen. Selbst wenn Sie keine detaillierten Informationen über Ihre Schüler haben, gibt es ganz allgemein Bereiche, für die sich die meisten Kinder und Jugendlichen interessieren, zum Beispiel Sport, Mode, Stars und Sternchen, Action-, Horror- und Blockbuster-Filme, Musik, Computerspiele, beliebte TV-Shows und TV-Serien oder auch Örtlichkeiten, wo sie sich am Abend gern treffen (z. B.: im lokalen Park, in der Einkaufszone).

4. Stellen Sie eine Verbindung zu Themen aus dem realen Leben her, die dem Alter Ihrer Schüler entsprechen

Die Pubertät ist eine Zeit voller Schwierigkeiten. Die meisten Teenager sehen sich mit Problemen konfrontiert, die für sie sehr verwirrend und verstörend sein können. Wenn das Lernen in Verbindung mit Themen und Problemen gebracht wird, welche die Schüler vielleicht gerade hautnah erleben, können sie sich besser hineindenken und verstehen, dass das, was ihnen da präsentiert wird, für sie relevant ist. Solche Themen sind zum Beispiel Gangs und Gangkultur, Drogen und Alkohol, geringes Selbstvertrauen oder Selbstwertgefühl.

5. Verwenden Sie Metaphern und Vergleiche

Metaphern und Vergleiche eignen sich bestens, um Schülern neue Inhalte verständlich und damit auch für sie relevant zu machen. Denn mit dieser Methode ziehen Sie Parallelen zwischen dem Neuen und dem bereits Bekannten, allgemein Bekannten oder tagtäglichen Objekten, Ereignissen und Handlungen. Ich verwende Metaphern und Vergleiche sehr oft in meinem Unterricht zur Beschreibung von Vorgängen, Aktionen und Inhalten – eigentlich von allem. Die Schüler erfassen und verstehen auf diese Weise einen neuen Stoff einfach besser. Ihnen geht sozusagen ein Licht auf oder, anders gesagt, sie haben plötzlich einen *Plan.* Wissen Sie, was ich meine?

Es ist ganz einfach, eine Metapher oder einen Vergleich für fast alles zu finden. Stellen Sie sich die simple Frage *„Wie ist das eigentlich?"* und suchen Sie sich die Antwort heraus, die sich Ihrer Meinung nach am besten für Ihre Schüler eignet. Nehmen wir den nicht einfach zu erklärenden Begriff *Diffusion* (die Ausbreitung von Partikeln aus Bereichen höherer Konzentration in Bereiche niedrigerer Konzentration). Wie ist das eigentlich?

1. Es ist, als würde ein überfüllter Aufzug nach unten fahren, und wenn er unten ist, verteilen sich die Leute in alle Richtungen.
2. Es ist, als ob man zuschaut, wie sich der Rauch eines Lagerfeuers ausbreitet.
3. Es ist, als ob man den Pups eines Schülers in den hinteren Reihen hört und dann sieht, wie sich die anderen nacheinander die Nase zuhalten, während sich das chemische Kampfmittel im Raum ausbreitet.

Jeder dieser Vergleiche würde sich eignen, den Vorgang der Diffusion so zu beschreiben, dass Schüler, die zuvor davon keine Ahnung hatten, sich darunter etwas vorstellen können. Aber aus bestimmten Gründen finden die meisten Schüler Vergleich 3 am verständlichsten.

8. Zaubern Sie

Manche Lehrer, vielleicht Sie auch, werden jetzt wohl denken, dass **Zaubern im Unterricht** eigentlich eine lächerliche Idee ist. Aber auf zauberhafte Weise können Sie die Aufmerksamkeit Ihrer Schüler wecken und ihre Fantasie anregen. Die Stimmung einer negativen Klasse kann sich ändern und es ergibt sich eine kleine „Denkpause". Unter Umständen lassen sich die Zaubertricks dazu verwenden, wichtige Punkte des Lernstoffs besser zu veranschaulichen.

Ich stolperte zufällig über diese Idee mit den **Zaubertricks** und setzte sie erstmals im Zusammenhang mit Shakespeare ein. Wir hatten in der Klasse über „Macbeth" gesprochen und das besondere Interesse der Schüler an Hexen führte zu einer Diskussion über das Übernatürliche, was seinerseits wiederum zu einer Stunde über Zauberkünstler und Illusionisten führte. Die Schüler hatten ihre wahre Freude daran. So beschloss ich, ihnen zu ihrem Vergnügen ein paar Zaubertricks vorzuführen, die mir ein Freund aus der Entertainment-Branche beigebracht hatte. Ich konnte erst gar nicht glauben, wie viel Interesse die Schüler diesen einfachen Tricks entgegenbrachten. Also versuchte ich, ihnen zumindest einen neuen Trick pro Woche vorzuführen. Mit der Zeit kamen die Schüler mit ihren eigenen Tricks in den Unterricht und führten sie der Klasse vor. Daraus entwickelte sich so etwas wie ein Ritual mit einem „magischen Moment" jede Woche.

Mir ist aufgefallen, dass Schüler aller Altersstufen besonderen Gefallen an Zaubertricks rund ums **Gedankenlesen und Wahrsagen** finden. Sie müssen über keine übernatürlichen Fähigkeiten verfügen, um damit vor Ihrer Klasse glänzen zu können. Es genügen die folgenden Anleitungen:

Zaubertrick #1: Der Fremde

Der Trick

Geben Sie drei Freiwilligen jeweils einen Zettel und bitten Sie sie um ihre Mithilfe. Zwei von ihnen sollen auf ihren Zettel den Namen eines Schülers aus der Klasse schreiben. Der dritte aber soll den Namen eines Schülers aus einer anderen Klasse oder Jahrgangsstufe notieren.

Die drei Zettel werden gefaltet und in einen Hut gesteckt – ohne dass Sie die Zettel berühren. Dann werden Ihnen die Augen verbunden oder der Hut wird über Ihren Kopf gehalten, sodass Sie nicht hineinschauen können. Dann greifen Sie in den Hut und ziehen den Zettel mit dem Namen des Schülers, der nicht zur Klasse gehört.

Wie geht das?

Der Trick ist sehr einfach. Nehmen Sie ein Blatt Papier und reißen Sie es in drei Zettel. Der obere und der untere Zettel haben dann eine glatte und eine raue Kante, der mittlere Zettel aber hat nur zwei raue Kanten. Sie müssen beim Verteilen der Zettel also darauf achten, dass der Schüler, der den Namen der nicht zur Klasse gehörenden Person notiert, den mittleren Zettel bekommt. Wenn Sie dann in den Hut greifen, müssen Sie nur noch erfühlen, welches der

Zettel mit den rauen Kanten ist. Ziehen Sie ihn aber nicht sofort heraus, wenn Sie ihn ertastet haben. Fordern Sie die Schüler auf, sich auf die Namen, die sie notiert haben, zu konzentrieren.

Ziehen Sie dann den Zettel heraus und lassen Sie ihn noch gefaltet. Machen Sie die Sache richtig spannend! Entfalten Sie danach den Zettel, auf dem dann auf wundersame Weise der Name des Schülers steht, der nicht zur Klasse gehört.

Zaubertrick #2: Berühmtheiten

Der Trick

Bitten Sie die Schüler, die Namen von zehn berühmten Personen aus der Vergangenheit oder Gegenwart zu nennen. Sie können den Trick auch an den aktuellen Unterrichtsstoff anpassen und nach entsprechenden Begriffen oder Daten fragen. Jeder Name bzw. jedes Wort wird auf ein separates Kärtchen geschrieben. Dann werden die Kärtchen gemischt und auf einem Notizblock notieren Sie Ihre Vorhersage, welches Kärtchen gezogen wird. Ein Schüler übernimmt diese verantwortungsvolle Aufgabe. Dann liest er den Namen auf dem Kärtchen laut vor – und es ist derselbe, den Sie auf dem Notizblock vorhergesagt haben.

Wie geht das?

Sie brauchen zehn Kärtchen, einen Notizblock und einen Hut. Dann fragen Sie die Schüler nach dem Namen einer Berühmtheit oder nach einem Begriff, der mit dem Lernstoff zu tun hat. Schreiben Sie das Wort auf ein Kärtchen und stecken Sie es in den Hut. Fragen Sie nach dem nächsten Namen bzw. Begriff. Aber diesmal schreiben Sie nicht das Genannte auf das Kärtchen, sondern wieder den ersten Namen oder Begriff. Auf beiden Kärtchen steht also dasselbe. So verfahren Sie auch bei den nächsten, von den Schülern genannten Namen oder Begriffen. Schlussendlich stecken dann zehn Kärtchen mit demselben Namen bzw. mit demselben Begriff im Hut. Dann notieren Sie dieses noch auf Ihren Notizblock, aber so, dass man nicht sieht, was Sie schreiben.

Legen Sie den Notizblock so hin, dass die Klasse ihn sehen kann, aber mit dem Namen nach unten. Rufen Sie nun einen Schüler als Assistenten an Ihre Seite. Mischen Sie die Kärtchen im Hut und bitten Sie

Ihren Assistenten, eines herauszuziehen und laut vorzulesen, was darauf steht. Danach drehen Sie den Block um, auf dem alle den gezogenen Namen lesen können. Der Name, den Sie vorhergesagt haben, ist der Name, der aus dem Hut gezogen wurde! Denken Sie bitte daran, nach der Vorführung die Kärtchen zu vernichten, auf dass Ihnen niemand auf die Schliche kommt.

Zaubertrick #3: Du wirst tun, was ich dir sage!

Der Trick

Sie greifen in Ihre Tasche oder in die Schublade an Ihrem Pult und holen ein paar x-beliebige Dinge hervor – zum Beispiel Schere, Schlüssel, Trillerpfeife, Armbanduhr, Fluxkompensator, Daumenschrauben oder dergleichen. Wählen Sie drei Dinge aus – sagen wir den Schlüssel, die Trillerpfeife und die Uhr – und platzieren Sie diese auf Ihrem Pult. Fahren Sie dann fort: *„Tim, du wirst jetzt einen dieser Gegenstände auswählen und ich werde dich mit meinen übersinnlichen Kräften so beeinflussen, dass du genau den Gegenstand nimmst, den ich will. Der Schlüssel da, ja, genau, dieser Schlüssel, der Schlüssel, der hier liegt – damit kannst du eine Tür aufsperren, die Tür zum Erfolg, denn es ist der Schlüssel zu deinem Erfolg."* Dass Sie dabei das Wort *Schlüssel* besonders nachdrücklich betonen, ist klar.

Tim lacht sich derweil ins Fäustchen und denkt sich: *„Darauf fall ich bestimmt nicht herein!"* Und er greift sich die Uhr. Daraufhin blicken Sie erstaunt in die Runde und sagen: *„Das ist ja interessant, Tim. Du glaubst wirklich, du kannst dich meinen Befehlen widersetzen. Du unterschätzt die Macht, die ich über dich habe!"* Dann deuten Sie auf einen weißen Zettel auf Ihrem Pult und bitten Tim, diesen umzudrehen. Dort steht dann zu lesen: *„Du wirst die Uhr nehmen. Ich habe es dir doch gesagt!"*

Wie geht das?

Egal für welchen Gegenstand sich der Schüler entscheidet, – Sie sind bei diesem kleinen, aber raffinierten Trick auf der sicheren Seite. Wenn er den Schlüssel auswählt, dann sagen Sie dem Schüler, er möge sich doch den Schlüsselanhänger genauer anschauen. Dort kann er dann lesen: *„Haha, ich habe es doch gewusst, dass du den Schlüssel nimmst. Du darfst mich nie unterschätzen!"* Wenn Sie zuvor den Schlüssel so hinlegen, dass der Anhänger nach unten

zeigt, kann Tim das Geschriebene erst dann lesen, wenn er ihn an sich nimmt.
Bei der Trillerpfeife funktioniert es ähnlich: Entscheidet sich Tim dafür, soll er sich das Band, an der die Pfeife hängt, anschauen. Dort steht: *„Haha, ich habe gewusst, dass du die Trillerpfeife nimmst. Unterschätz mich nicht!"* Auch diese Worte wird Tim nur lesen, wenn Sie ihn darauf aufmerksam machen. Wenn Sie zufällig ein Diktiergerät in Ihrer Schreibtischschublade haben, wäre natürlich eine zuvor aufgenommene Stimmnachricht eine nette Variante: *„Haha, ich habe gewusst, dass du das Diktiergerät nimmst …"*

Der Trick lässt sich variieren, weil Sie alle möglichen Dinge verwenden können, die mit dem jeweiligen Unterrichtsthema zu tun haben. Und der Trick funktioniert auch bei Schülern, die nicht Tim heißen.

9. Machen Sie Mini-Tests

Mit Mini-Tests sorgen Sie für etwas mehr **Bewegung in Ihrem Unterricht** und tragen dazu bei, soeben Gelerntes in kleinen Portionen zu verstärken:

Jogging

Bitten Sie die ganze Klasse, aufzustehen und auf der Stelle zu joggen. Die Schüler joggen dann so lange, bis sie genügend wichtige themenbezogene Fakten gerufen haben. Wie lange sie joggen, hängt von der Zahl der Fakten ab, die Sie als Ziel vorgegeben haben.

Leuchtrakete

Erklären Sie, was Sie darunter verstehen: Eine Leuchtrakete steigt dann hoch, wenn ein Schüler von seinem Platz aufspringt und etwas Positives zum Unterricht beiträgt – wenn er zum Beispiel etwas wiederholt, was gerade eben oder zuvor schon während der Stunde durchgenommen wurde. Nehmen Sie eine Stoppuhr und sagen Sie den Schülern, dass Sie jetzt eine bestimmte Zahl an Leuchtraketen innerhalb von 30 oder 60 Sekunden sehen wollen. Bei mehr als 60 Sekunden zieht sich diese Aktivität zu lange hin und die Begeisterung schwindet. Manchmal kann ein kleiner Anreiz helfen: *„Also, in zehn Minuten ist Pause. Wenn ihr in die Pause gehen wollt, dann möchte ich in den nächsten 60 Sekunden 15 Leuchtraketen sehen."*

10. LdL? Lernen durch Lehren!

Aktivitäten unter dem Motto *Lernen durch Lehren* bieten Schülern die Gelegenheit, das Gelernte zu verfestigen, indem sie es Mitschülern erklären. Denken Sie an das Sprichwort: *„Man hat nie etwas richtig gelernt, ehe man es nicht einem anderen beigebracht hat.“* Als Lehrer können Sie durch solche Aktivitäten das **Verständnis prüfen** und erkennen, wie viel die Schüler bereits verinnerlicht haben. Außerdem können Sie sich dabei eine kleine Ruhephase gönnen.

Auf die Plätze, fertig … weitersagen!

Das ist eine großartige, noch dazu effektive Routine für Ihre Schüler. Sie eignet sich für eine schnelle (und oft auch sehr lebendige) Wiederholung oder Zusammenfassung, wenn Sie mit Ihren Erklärungen fertig sind.

Sobald Sie *„Auf die Plätze, fertig … weitersagen!“* rufen, arbeitet jeder Schüler für 30 oder 60 Sekunden mit seinem zugewiesenen Lernpartner zusammen und erklärt ihm, was gerade im Unterricht durchgenommen wurde. Den Lernpartnern sollten zum besseren Verständnis die Nummern 1 und 2 zugewiesen werden.

Schritt 1
Nachdem in der Klasse etwas Neues durchgenommen wurde, bitten Sie um Meldung, ob es noch offene Fragen gibt. Damit sollen alle Unklarheiten beseitigt und Missverständnisse im nächsten Schritt ausgeschlossen werden.

Schritt 2
Sie rufen *„Auf die Plätze, fertig … weitersagen!“* und sofort beginnt Partner 1, Partner 2 den neuen Stoff zu erklären. Dabei sollen sich die Schüler trauen, die wichtigsten Punkte durch ausdrucksstarke Mimik und übertriebene Gestik zu betonen. Denn Humor hilft, dass das Gelernte hängen bleibt. Gleichzeitig sollte die Erklärung recht schnell erfolgen. Bei schwierigeren Inhalten können dafür bis zu 60 Sekunden zur Verfügung stehen. Am besten aber ist es, die Aktivität möglichst kurz und schwungvoll zu halten. Denn verlieren die Schüler erst einmal das Interesse daran, geht der Effekt verloren.

Schritt 3

Beenden Sie die erste Runde. Dafür verwende ich gern eine Fahrradhupe – sie ist nicht zu überhören und signalisiert den Übergang. Die Partner tauschen die Rollen. Auf das Zeichen *„Auf die Plätze, fertig … weitersagen!“* unterrichtet jetzt Partner 2 Partner 1. Abschließend bedanken sich die beiden beieinander für den aufschlussreichen Unterricht – und Sie können mit dem Ihren fortfahren.

CHECKLISTE
Einstieg: 5 Minuten
Video: 5 Minuten
Partnerarbeit: 15 Minuten
Spiel: 10 Minuten
Klassendiskussion: 10 Minuten

12 Den Unterrichts-flow aufrechterhalten

Wenn sich Schüler langweilen, die Lust verlieren oder ihr Arbeitseifer irgendwie unterbrochen wird, können sie durchaus zu unangemessenem Verhalten neigen. Und ein solches Verhalten kann sich unterschiedlich intensiv gestalten. Ihre Aufmerksamkeit kann sich in Raum und Zeit verlieren. Sie arbeiten womöglich nur noch mechanisch und verschwenden kaum noch einen Gedanken darauf, was sie da eigentlich gerade machen. Oder sie beginnen – schlicht und ergreifend – herumzualbern. Wenn so etwas passiert, müssen Sie wertvolle Zeit und Energie darauf verwenden, wieder die Kontrolle zu gewinnen und die Schüler zu ihren Aufgaben zurückzubringen. In diesem Kapitel werfen wir nun einen Blick auf einige Methoden, **wie die Schüler bei ihren Aufgaben gehalten und Störungen minimiert werden können.**

Verwenden Sie Checklisten

Eine Checkliste ist in unserem Falle nichts weiter als eine Liste, auf der die einzelnen Aktivitäten einer Unterrichtsstunde notiert sind. Nützlich im Sinne der Aufrechterhaltung eines angemessenen Verhaltens wird eine solche Checkliste aber erst dann, wenn sie von den Schülern gesehen werden kann und wenn die einzelnen Punkte nach ihrer Erledigung abgehakt werden. Für alle Schüler ist es vorteilhaft, wenn sie genau wissen, an welcher Stelle in einer Unterrichtsstunde sie sich gerade befinden und was als Nächstes ansteht. Mit einer **sichtbaren Checkliste** können sie auf einen Blick erkennen, was sie schon geschafft haben und was noch auf sie zukommt.

Nachstehend sehen Sie ein sehr einfaches Beispiel für eine Checkliste, die Sie neben der Tafel anbringen können. Die Liste enthält im Wesentlichen nur die **Eckpunkte einer Stundenplanung.** Für Schüler, denen es schwerfällt, aufmerksam zu bleiben, kann es beruhigend sein, wenn sie das Voranschreiten einer Stunde Schritt für Schritt beobachten können, zum Beispiel:

1. Einstieg – 5 Minuten
2. Video – 5 Minuten
3. Partnerarbeit – 15 Minuten
4. Spiel – 10 Minuten
5. Klassendiskussion – 10 Minuten

Wenn eine Aufgabe erledigt ist, können Sie anhand der Liste zur nächsten Aktivität überleiten. Wenn die Schüler wissen, was als Nächstes kommt, verläuft der Übergang reibungsloser.

Legen Sie sich einen Aufgabenvorrat an

Es kann immer mal eine Unterrichtsstunde danebengehen. Aber bei einer schwierigen Klasse ist die Wahrscheinlichkeit größer, dass Sie eine Aktivität in einer langen Nacht sorgfältig vorbereiten und dann am nächsten Tag dennoch völlig scheitern. Für einen solchen **Notfall** sollten Sie einige geeignete Aktivitäten zur Hand haben, mit denen Sie träge, gelangweilte oder frustrierte Geister beschäftigen können. Mithilfe des Internets und/oder passender Lehrerhandbücher können Sie sich zu jedem Unterrichtsthema einen Vorrat an lustigen, sinnvollen und motivierenden Aufgaben anlegen. Diese können Sie einsetzen, wenn die für eine Stunde vorgesehene Aktivität nicht funktioniert oder wenn Schüler Zeit übrig haben. Überlegen Sie sich zu jeder Aktivität zwei oder drei Varianten, damit die Schüler sie unabhängig von ihrem Leistungsstand erledigen und ihre Fähigkeiten verbessern können.

Machen Sie strukturierte Pausen

Denkpausen, Dehnübungen, *Energizer,* Trinkpausen oder kleine Glücks-Momente (z. B.: Witze, schnelle Spiele, originelle und skurrile Geschichten, lustige Videos) – all das spielt beim Unterrichten einer lauten Klasse eine wichtige Rolle.

Schwierige Schüler haben oft nur **kurze Aufmerksamkeitsspannen.** Selbst wenn Sie glücklicherweise eine Aufgabe gefunden haben, bei der die Schüler total konzentriert sind, brauchen sie etwa alle zwanzig Minuten eine strukturierte Pause. Eine solche Pause kann sowohl zu Beginn einer Stunde, in der Mitte oder am Ende liegen. Außerdem sind Pausen eine gute Möglichkeit, den Zusammenhalt der Klasse zu fördern und Interaktion anzuregen.

Begehen Sie bitte nicht den Fehler, solche Pausen für reine Zeitverschwendung zu halten. Sie werden viel mehr Zeit verschwenden, wenn sich Ihre Schüler langweilen, lustlos oder müde sind und eine Abwechslung brauchen. Klug eingesetzte *Energizer* können die Aufmerksamkeit einer sonst problematischen Klasse aufrechterhalten. Denn sie tragen dazu bei, dass sich müde oder gereizte junge Geister wieder konzentrieren können und motiviert zu Werke gehen. Hier sind einige Denkpausen und *Energizer,* die Sie in Ihrem Unterricht einsetzen können:

Methode

Denkpause: Ich bin der Kapitän des Schiffs

Zeit:
5–15 Minuten

Ziele:
Förderung des genauen Zuhörens und Beruhigung einer Klasse, die das Interesse an einer Aufgabe verloren hat oder die zu übermütig wurde.

So geht's:

1. Bitten Sie die Schüler, sich ruhig hinzusetzen. Sagen Sie dann: *„Ich bin der Kapitän des Schiffs und ich nehme Kartoffeln mit auf die Reise. Was würdest du mitnehmen?"* Die Schüler dürfen aber nur Dinge mitnehmen, die mit dem ersten Buchstaben des Namens des jeweiligen Sprechers beginnen (z. B.: Kapitän – Kartoffeln). Doch diese Regel erklären Sie den Schülern nicht, denn sie sollen selbst dahinterkommen.

2. Rufen Sie die Schüler nacheinander auf, weitere Dinge zu nennen, die sie auf die Reise mitnehmen wollen. Der erste Schüler könnte beispielsweise sagen: *„Ich heiße Ben und ich nehme mein Smartphone mit."* Darauf könnten Sie antworten: *„Tut mir leid, Ben, dein Smartphone kannst du nicht mitnehmen. Aber du könntest eine Badehose mitnehmen."* Wenn nötig, können Sie die Anfangsbuchstaben besonders betonen, damit das Spiel in Gang kommt.

3. Hat ein Schüler die Regel entdeckt, soll er sie den anderen nicht verraten. Stattdessen spielt er einfach weiter und nennt weitere Dinge zum Mitnehmen.

Anfangs kann es schwierig sein, die ganze Klasse zum Mitmachen bei diesem Spiel zu bewegen. Aber allmählich wird jeder teilnehmen und herausfinden wollen, wie er seine Dinge an Bord des Schiffes schaffen kann. Falls Sie zu Beginn des Spiels Schwierigkeiten haben, die Klasse zu beruhigen, können Sie die einleitende Bemerkung auch an die Tafel schreiben.

Sie können das Spiel variieren und etwa nur Wörter gelten lassen, die einen Doppelkonsonanten enthalten (z. B.: Hammer, Spaghetti, Butter ...). Oder Sie können ein Schlüsselwort oder eine begleitende Geste einbeziehen. Immer wenn Sie an der Reihe sind, können Sie Ihren Satz beispielsweise mit einem unauffälligen *„also"* beginnen: *„Also, ich bin der Kapitän ..."* Dann dürfen nur die Schüler, die ebenfalls mit *„also"* beginnen, ihre Sachen mit an Bord nehmen. Oder Sie können sich bei Ihrer Äußerung beiläufig an der Nase reiben oder sich ans Ohr fassen. Die Schüler müssen dann besonders aufpassen, um solche Feinheiten zu erkennen.

Methode

Energizer: Mini- und Maxi-Dehnungen

Zeit:
5 Minuten

Ziele:
In einer Klasse die Konzentration wiederherstellen, eine leichte Entspannung nach einer anstrengenden Arbeit, das Energieniveau anheben, die Gemüter aufmuntern und Spaß haben. Diese Übung hat den zusätzlichen Vorteil, dass sie einfach mit dem Inhalt der Stunde verknüpft werden kann.

So geht's:
1. Fordern Sie die ganze Klasse auf, aufzustehen.
2. Machen Sie eine Mini-Dehnung vor, indem Sie einen kleinen Teil Ihres Körpers bewegen (z. B.: die Lippen kräuseln, einen Finger

heben und senken). Kombinieren Sie die Mini- mit einer Maxi-Dehnung (indem Sie sich beispielsweise nach der Decke strecken oder ein Bein an den Körper ziehen). Sagen Sie gleichzeitig zu dieser Demonstration einen Satz, der mit dem Unterrichtsthema zu tun hat.

3. Die Schüler machen die Dehnung nach und wiederholen den Satz. Rufen Sie dann einen Schüler auf, der eine Mini- und Maxi-Dehnung vormachen soll und dazu einen weiteren Satz zum Unterrichtsthema beiträgt. Dieser Schüler ruft danach den nächsten auf.
4. Lassen Sie die Schüler vier oder fünf Dehnungen machen, bevor Sie mit der Stunde fortfahren (oder einem Muskelkrampf abhelfen, wenn es sein muss!).

Methode

Energizer: Atempause

Zeit:
3 Minuten

Ziele:
In einer Klasse die Konzentration wiederherstellen, eine leichte Entspannung nach einer anstrengenden Arbeit oder eine sehr lebendige Klasse wieder auf den Boden bringen und beruhigen.

So geht's:
Laden Sie Ihre Schüler zu einer Übung mit zehn ganz speziellen, beruhigenden Atemzügen ein. Doch Vorsicht! Manche Klassen können nach dieser Ankündigung ziemlich albern werden. Dann, aber nicht nur dann, können Sie Ihren Schülern einige Zusatzinformationen zu dieser Atemübung geben. Erklären Sie ihnen, dass es sich um eine uralte Yoga-Technik handelt, die jetzt auch Spitzensportler und Astronauten anwenden, um zu mentaler Stärke und Entspannung zu finden. Möglicherweise würden durch die Übung sogar der sechste Sinn und parapsychische Fähigkeiten geweckt! Oft genügen solche Hinweise, um eine Klasse neugierig zu machen und zur Teilnahme zu bewegen.

1. Fordern Sie die Schüler auf, langsam einzuatmen und dabei bis vier zu zählen. (Achten Sie auf Schüler, die zu tief einatmen. Die Übung sollte mit keinerlei Anstrengung verbunden sein. Der Hauptgedanke ist Entspannung!)
2. Dann halten sie den Atem an und zählen dabei wieder bis vier.
3. Danach atmen sie aus und zählen dabei bis vier.
4. Nach dem Ausatmen halten sie wieder den Atem an und zählen bis vier. Dann geht die Übung wieder von vorn los.

Nach zwei oder drei Runden werden die Schüler ihr eigenes Tempo und ihren Rhythmus gefunden haben und anfangen, sich zu beruhigen. Ermuntern Sie die Schüler, bei der Übung die Augen zu schließen. Dadurch können sie sich besser auf den eigenen Atem konzentrieren.

Der Atemzyklus im Verhältnis 4:4:4:4 ist tatsächlich sehr beruhigend. Sie können es selbst versuchen, bevor Sie in eine Stunde mit einer wirklich schwierigen Klasse gehen. (Oder bevor sich Resignation breitmacht!)

Methode

Energizer: Abtanzen

Zeit:
30 Sekunden

Material:
Eine CD oder MP3 voller Spitzen-Diskomusik, die garantiert jeden vom Sitz reißt und mit den Hüften wackeln lässt. Es darf auch durchaus etwas Älteres sein, zum Beispiel aus *Saturday Night Fever.*

Ziele:
Eine ausgezeichnete, wenn nicht gar einzigartige Möglichkeit, in jeder Unterrichtsstunde gute Laune zu verbreiten und zugleich den Lern-Sauerstoff in den Schülern ansteigen zu lassen.

So geht's:

1. Die Schüler sollten gruppenweise an ihren Tischen arbeiten.
2. Erklären Sie ihnen, dass Sie mehrmals während des Unterrichts Musik laufen lassen. Spielen Sie den Schülern ein Beispiel vor, damit sie wissen, was auf sie zukommt. Erklären Sie weiter: Sobald die Musik ertönt, sollen die Schüler aufstehen und mit den tollsten Bewegungen, die ihnen einfallen, ihre Tanzkünste darbieten.
3. Vergeben Sie nach jedem „Abtanzen" Punkte. Berücksichtigen Sie aber nur die Tischgruppen, an denen alle Schüler auf den Beinen waren.
4. Notieren Sie die Punkte und setzen Sie für die Gewinner am Ende der Woche einen Preis aus (z. B.: weniger Hausaufgaben).

Setzen Sie individuelle Arbeitsziele

Dies ist zweifelsohne eine der besten Strategien, um problematische Schüler bei der Stange zu halten. **Vorher abgesprochene Arbeitsziele** scheinen einen fast magischen Beruhigungseffekt auf Schüler zu haben und können ihre anfänglich skeptische Haltung gegenüber einer Aufgabe verbessern. Zudem kann ihre Konzentration wiederaufleben, wenn ihre Aufmerksamkeit abzuschweifen droht.

Mit solchen **individuellen Zielen** tragen Sie dem Umstand Rechnung, dass manche Schüler jeweils nur einen kleinen Teil einer machbaren bzw. geeigneten Aufgabe schaffen können. Wenn sie mit einer umfangreichen oder verwirrenden Aufgabe konfrontiert werden, haben sie Angst zu scheitern und greifen auf eine ganze Reihe von Vermeidungsstrategien zurück – angefangen mit der strikten Weigerung, überhaupt einen Stift in die Hand zu nehmen, bis hin zum Stühle-Rücken, Umkippen des Papierkorbs oder der stürmischen Flucht aus dem Klassenzimmer. Weiter denkbar sind alle möglichen Verrücktheiten und allgemeinen Störungen.

Durch Ziele erlangen Schüler **Vertrauen in ihre Fähigkeiten,** eine Aufgabe erledigen zu können. Ziele machen Erfolge erreichbar und machbar – eine seltene Gelegenheit und eine enorme Erleichterung für problembehaftete junge Menschen. Nehmen wir zum Beispiel an, unser alter Freund Tim trödelt herum und stört damit den Unterricht leicht. Anstatt auf ihn einzureden oder ihm zu drohen, damit er mit seiner Arbeit weitermacht, können Sie ihm ein realistisches Arbeitsziel setzen. *„Tim, jetzt ist es 11 Uhr. In zehn Minuten musst du deine Arbeit bis zu diesem Punkt erledigt haben. Das ist dein Ziel."* Markieren Sie dabei die Stelle in seinem Buch mit einem Bleistift. Oder: *„Tim, das ist dein Ziel: Ich möchte, dass du innerhalb der nächsten zehn Minuten bis zu Frage Nummer 6 kommst."*

Ich weiß, es klingt zu einfach, um sich überhaupt damit zu beschäftigen. Aber ich hatte ganze Klassen mit normal unaufmerksamen Schülern, die mich regelrecht anflehten, dass ich ihnen ein Arbeitsziel vorgab. Allein diese Strategie bewirkte einen gewaltigen Unterschied in der Beziehung zu meinen schwierigsten Klassen.

TIPP! Am besten ist es, die Ziele leise vorzugeben. Denn für manche Schüler ist es peinlich, wenn sie kleinere Ziele als ihre Klassenkameraden bekommen. Andere hingegen fangen zu diskutieren an, wenn sie glauben, dass ihnen zu viel Arbeit zugeteilt wird. In jeder Klasse gibt es Schüler, die einerseits ein ziemlich schlechtes Verhalten an den Tag legen, andererseits aber sehr leistungsfähig sind. Solchen Schülern erkläre ich in einem Vier-Augen-Gespräch, dass ich ihnen ein größeres Ziel (mit mehr Arbeit) als allen anderen setzen werde, zum Beispiel: *„Tim, ich setze dir heute ein hohes Ziel, weil ich weiß, dass du das ohne Weiteres schaffen kannst. Ich wäre ein schlechter Lehrer, wenn ich dir nicht die Chance gäbe zu zeigen, was in dir steckt."* Würde ich ohne eine solche Erklärung so vorgehen, käme es zu einem Aufstand! Doch die Schüler werden kooperativer, wenn ich sie vor der Stunde zur Seite nehme und „vernünftig" mit ihnen rede.

Vermeiden Sie exzessive Lehrer-Monologe

Wenn Sie im Verlauf einer Unterrichtsstunde **zu viele mündliche Anweisungen und Erklärungen** geben, kann das auf die Schüler sehr irritierend oder ablenkend wirken. Gerade junge Lehrer begehen diesen Fehler oft. Sie hetzen durch die Anweisungen für eine Aktivität. Dann unterbrechen sie die Klasse ständig, halten sie von der

Arbeit ab und rufen weitere Anweisungen in den Raum, die sie zuvor womöglich vergessen oder nicht richtig erklärt haben. Schlussendlich schalten die Schüler ab. Und dann wird es schwierig, ihre Aufmerksamkeit wieder zu gewinnen, wenn man etwas wirklich Wichtiges zu sagen hat.

Wenn Sie eine **komplexe Aufgabe** erklären, sollten Sie diese in sehr einfache Schritte (oder in einzelne Lehreinheiten) herunterbrechen. Gehen Sie die einzelnen Schritte oder Einheiten sorgfältig durch und achten Sie darauf, dass die Schüler in jeder Phase alles verstanden haben.

TIPP !

Schreiben Sie Ihre Anweisungen Schritt für Schritt in Form einer knappen Checkliste auf und geben Sie diese jedem Schüler vor einer Aufgabe. Anstatt ihnen dann ständig zu sagen, was sie machen sollen, können Sie die Schüler auf die Checkliste verweisen.

Leisten Sie angemessene Unterstützung

Die Unterstützung der Schüler ist ein bedeutender Aspekt des *Classroom Management.* Dem Lehrer kann dabei seine Routine zugutekommen. Schließlich kommt es 100-mal am Tag vor, dass die Schüler seine Hilfe benötigen. Der Druck kann dabei riesig sein, wenn die Hälfte der Schüler einer Klasse gleichzeitig **sofortige, individuelle Aufmerksamkeit** einfordert. Aber die Schüler werden es nie lernen, ihre eigenen Probleme zu lösen, wenn sie immer auf Hilfe und Beistand rechnen können, sobald sie es einfordern.

Eine Routine bestehend aus **Selbstkontrolle, Partnerkontrolle und Lehrerkontrolle** befreit Sie von der Beantwortung oft unnötiger und zeitraubender Fragen. Und die Schüler lernen dabei, sich auf sich selbst und auf ihre Klassenkameraden zu verlassen. Wann immer sie eine Frage haben, sollen sie zuerst ihre Arbeit selbst nochmals durchgehen und darauf achten, ob sie eine Möglichkeit zur Lösung ihres Problems finden können. Ist das nicht der Fall, wenden sie sich an ihren Lernpartner oder an einen anderen Schüler in der Klasse. Ist dann immer noch keine Lösung in Sicht, dürfen sie sich schließlich an Sie wenden.

Solche Routinen können Sie den Schülern für jede Art von häufig auftretenden Problemen oder Fragen zurechtlegen, wie zum Beispiel: Was tun, wenn du nicht die richtigen Unterrichtsmaterialien mitgebracht hast? Was tun, wenn du früher fertig wirst? Was tun, wenn dich jemand ärgert? Wie beschriftet man Diagramme richtig? Was tun, wenn du zu spät kommst? Wie verwendet man Unterrichtsmaterialien bzw. Geräte richtig? Und je mehr solcher **Routinen** Sie zur Verfügung haben, desto weniger Zeit werden Sie darauf verwenden müssen, immer wieder dieselben Anweisungen und Erklärungen zu geben.

TIPP !

Sie wollen einem schwatzhaften Schüler Ihre Unterstützung anbieten? Die beste Gelegenheit dafür ist meiner Meinung nach unmittelbar vor der Stunde – und zwar vor dem Klassenzimmer in einem Vier-Augen-Gespräch. Mit einem gemeinsam abgesprochenen „Geheimzeichen" können Sie dem Schüler sehr gut zeigen, dass Sie sich um seinen Erfolg kümmern: *„Tim, kann ich kurz mit dir sprechen. Hör mal, mir ist aufgefallen, dass du in den letzten Stunden sehr viel getuschelt hast. Ich frage mich, ob ich dir irgendwie helfen kann. Manchmal scheinst du es selbst nicht zu merken, wenn du redest. Aber ich will nicht ständig neben dir stehen und dich immer wieder auffordern, ruhig zu sein. Und ich möchte wirklich, dass du das Halbjahr ohne weiteres Nachsitzen schaffst. Wie wäre es also, wenn ich dir bei der Lösung des Problems helfe? Jedes Mal wenn ich dich unaufgefordert reden sehe, gebe ich dir dieses Handzeichen. Davon braucht niemand etwas zu wissen. Es ist unser Geheimzeichen! Wollen wir das einige Stunden ausprobieren und schauen, wie du zurechtkommst?"*

Halten Sie die Schüler mit Fragen wach

Zweifelsohne gibt es Zeiten, in denen Sie der Klasse etwas erklären müssen. Aber Sie können Ihre Lehrermonologe interaktiv gestalten und die Stunde im Fluss halten, indem Sie einzelnen Schülern immer wieder **Fragen stellen.** Das hält sie wach und aufmerksam, denn sie merken sehr schnell, dass jeder bei der nächsten Frage an der Reihe sein könnte.

Methode

Zwei Möglichkeiten, die Fragestellung zu verbessern

1. Nennen Sie den Namen des Aufgerufenen immer nach der Frage.
„Tim, woher wissen wir, dass das Wasser kocht?" Wenn Sie die Frage so stellen, werden sich die anderen Schüler nach dem ersten Wort entspannt zurücklehnen und abschalten, bevor Sie überhaupt zu Ende gesprochen haben. Alle wissen ja, dass Sie sich an Tim wenden. Die richtige Frage würde also demnach lauten: *„Woher wissen wir, dass das Wasser kocht?"* Danach machen Sie eine Pause und blicken in die Runde. Dann erst rufen Sie einen Schüler auf.

2. Wenn ein Schüler eine Frage nicht beantworten kann, rufen Sie nicht einfach den nächsten auf.
Kann ein Schüler eine Frage nicht gleich beantworten, formulieren Sie die Frage mit immer einfacheren Begriffen um, bis er auf eine Antwort kommt. Das ist entscheidend, wenn Sie die Schüler vom üblichen Verhalten abhalten wollen, nämlich aus dem Geschehen auszusteigen. Wenn ein Schüler die (vielleicht richtige) Entschuldigung äußert, dass er etwas nicht verstanden hat, liegt es an Ihnen, durch Neu- und Umformulierung der Frage seinem Verständnis auf die Sprünge zu helfen.

Lehrer: *Wer kann den Vorgang beschreiben, durch den Pflanzen ihre eigene Nahrung erzeugen? … Tim.*

Tim: *(leerer Blick)*

Lehrer: *Also, überleg mal. Was muss eine Pflanze haben, um ihre Nahrung zu erzeugen?*

Tim: *(leerer Blick)*

Lehrer: *Eine Pflanze produziert ihre eigene Nahrung, aber sie muss dazu bestimmte Grundstoffe aufnehmen. Sag mir zuerst, welche Substanz die Pflanze durch ihre Wurzeln aufnimmt.*

***Tim:** Wasser.*

***Lehrer:** Richtig. Und wie heißt das Gas, das Pflanzen über ihre Blätter aufnehmen? …*

Ihre Schüler sollen begreifen, dass sie im Unterricht mitmachen müssen und dass die Teilnahme schmerzfrei ist! Wenn Sie zulassen, dass Schüler ohne eine Antwort davonkommen, werden die anderen sich ein Beispiel daran nehmen.

Setzen Sie einen „Lärmpegel-Messer" ein

Hintergrundmusik ist ein ausgezeichneter „Lärmpegel-Messer". Lassen Sie die Musik ziemlich leise spielen. Betrauen Sie in jeder Tisch- oder Arbeitsgruppe einen Schüler mit der Aufgabe, darauf zu achten, dass die Musik immer hörbar ist. Sobald er die Musik nicht mehr hören kann, weiß er, dass seine Gruppe zu laut ist. Dann muss er seine Mitschüler dazu bewegen, leiser zu werden. Wenn er die Musik wieder hören kann, ist der Lärmpegel in Ordnung.

Eine andere Möglichkeit ist eine **sichtbare Erinnerung** an der Tafel oder an der Wand. Das kann einfach nur ein Hinweisschild sein („Ihr seid zu laut!"), das Sie an der Wand anbringen, sobald der Lärmpegel zu hoch ist. Sie können auch kreativer sein und mit Farben wie bei einer Ampel arbeiten. Eine grüne Karte bedeutet, dass alles in einem erträglichen Rahmen abläuft. Eine gelbe Karte deutet an, dass es immer lauter wird, und eine rote Karte, dass es viel zu laut ist. Anstatt die Schüler immer wieder aufzufordern, ruhig zu sein, tauschen Sie die Karte aus, um den aktuellen Lärmpegel anzuzeigen. Die Schüler werden beobachten, was Sie da gerade machen, und einander auffordern, leise zu sein, wenn die gelbe Karte gezeigt wird. Wenn es im Raum zu laut wird, zeigen Sie die rote Karte und erklären den Schülern, dass sie jetzt für fünf Minuten in Stille für sich arbeiten müssen. Wenn ihnen das gelingt, können Sie wieder die grüne Karte anbringen. Ein derartiger sichtbarer Hinweis fördert das Gespür für die eigene Verantwortung und ermuntert die Schüler, selbst auf ihren Lärmpegel zu achten.

So gewinnen Sie die Aufmerksamkeit nach einer Störung oder Unterbrechung zurück

Kennen Sie den Film *Dangerous Minds?* Darin spielt Michelle Pfeiffer eine engagierte und begabte Lehrerin. Vielleicht erinnern Sie sich an die Anfangsszene, in der sie zum ersten Mal ihrer Klasse begegnet. Sie wird verspottet und beschimpft und rennt den Tränen nahe aus dem Zimmer. Von einem erfahrenen Kollegen wird sie getröstet. *„Ich kann diese Klasse nicht unterrichten"*, stammelt sie verzweifelt. *„Natürlich können Sie das!"*, antwortet er, *„Sie müssen nur ihre Aufmerksamkeit gewinnen."*

Die folgende Zusammenstellung raffinierter Ideen kann Ihnen helfen, wenn Sie die Aufmerksamkeit Ihrer Klasse verloren haben oder wenn Sie am Beginn einer Stunde damit zu kämpfen haben, das Interesse der Schüler für den Unterricht zu gewinnen.

Methode

23 Möglichkeiten, wie Sie sofort die Aufmerksamkeit einer lauten Klasse gewinnen

1. Das Unerwartete

Diese Idee schlägt nie fehl, wenn sie richtig umgesetzt wird. Sie müssen den Schülern lediglich mit etwas kommen, was sie überhaupt nicht erwarten, und sich dann mit einer Erklärung zurückhalten. Kinder sind von Natur aus sehr neugierig. Und auch Ihre Schüler werden unbedingt wissen wollen, warum Sie das Klassenzimmer umgestellt haben, warum heute plötzlich bunte Lichter leuchten, warum Sie diese seltsamen Gegenstände hingestellt haben, warum Sie Party-Snacks auf den Tischen verteilt haben oder warum Sie rückwärts mit einem Strumpf über dem Kopf durch die Tür kommen. Mit solchen Überraschungen sind Sie schnell am Zug: *„Ich werde euch alles erklären ..., aber erst, wenn alle ruhig sind."*

2. Sonntagsmaler

Zeichnen Sie eine abstrakte Skizze an die Tafel und schreiben Sie dazu: *„Könnt Ihr erraten, was das ist?"* Damit gewinnen Sie die

Aufmerksamkeit eines jeden Schülers, der durch die Tür kommt. Sagen Sie aber weiter nichts dazu. Sobald ein Schüler errät, was es ist, drücken Sie ihm ein Kärtchen in die Hand, auf dem ein Begriff mit Bezug zum Unterrichtsstoff notiert ist. Der Schüler zeichnet dann eine Skizze an die Tafel, anhand derer der Begriff auf dem Kärtchen erraten werden soll. Derjenige, der dahinterkommt, erhält ein weiteres Kärtchen und geht selbst an die Tafel. Sie können das Spiel noch formeller gestalten, indem Sie zwei Teams bilden und Zeitlimits setzen. Das Spiel eignet sich aber auch für einen improvisierten Unterrichtsbeginn.

3. Akrobatik

Wenn Sie ein Rad schlagen, sich mit Flick Flacks durchs Klassenzimmer bewegen und abschließend einen Salto rückwärts folgen lassen können, während Sie gleichzeitig Kätzchen jonglieren, dann haben Sie a) den falschen Beruf und b) gewinnen Sie mit absoluter Sicherheit die Aufmerksamkeit Ihrer Schüler. Ich habe es einmal versucht, allerdings ohne Kätzchen.

4. Musikinstrumente und Geräuschemacher

Mit Instrumenten wie Tamburin, Kuhglocke, Gitarre, Klavier oder Kazoo können Sie ein nicht aggressives, aber deutlich hörbares Signal geben, dass Sie jetzt die Aufmerksamkeit aller Schüler erwarten. Und mit Sicherheit ernten Sie Aufmerksamkeit, wenn Sie ein Klavier ins Klassenzimmer schieben. Hier noch ein paar weitere Vorschläge für Geräuschemacher:

* **Klatschen:** Wenn Sie kein Instrument zur Verfügung haben, können Sie Ihre Hände benutzen. Statt jedes Mal, wenn die Schüler zuhören sollen, irgendwie in die Hände zu klatschen, sollten Sie es mit rhythmischem Klatschen versuchen, worauf die Schüler im selben Rhythmus zurückklatschen. Achten Sie aber darauf, ob einige Schüler auf Albernheiten aus sind.

* **Rauchmelder:** Halten Sie ein derartiges Gerät in Ihrer Schublade bereit und „testen" Sie es, wann immer Sie vollkommene Ruhe wünschen. Wenn Sie das regelmäßig zu tun gedenken, werden bald Ohrenstöpsel zum Einsatz kommen.

* **Signalhorn:** Um die Idee mit den Geräuschemachern auf die Spitze zu treiben, verwendete ich in meinen Seminaren und auch in meinen Klassen eine alte Fahrradhupe. Die Sache wird dadurch etwas lustiger (denken Sie an einen Zirkusclown) und das Geräusch schneidet durch das Gerede und den Lärm im Klassenzimmer wie ein scharfes Messer durch eine Sahnetorte.

Sie könnten bestimmte Geräusche auch mit speziellen Aktionen verknüpfen (z. B.: sich auf den Boden setzen, Stifte hinlegen, Tische aufräumen, sich in einer Reihe aufstellen, das Pausengeld bei Ihnen abliefern …).

5. Das Spiel mit der Ruhe

Sie werden staunen, wie aufrecht und ruhig Schüler dasitzen und zuhören können, wenn Sie einer beliebigen Aufforderung das Wörtchen *Spiel* hinzufügen. Sie können sofort die Aufmerksamkeit einer lärmenden Klasse gewinnen, wenn Sie rufen: *„Lasst uns das SCHREI-SPIEL spielen. Ich möchte wissen, wie laut ihr wirklich sein könnt. Sobald alle ruhig sind, erkläre ich die Regeln."* Falls Sie wegen der Lautstärke mit Ihrer Stimme nicht zur Klasse durchdringen, können Sie den Vorschlag auch an die Tafel schreiben. Wenn Sie dann die Aufmerksamkeit der Schüler haben, erklären Sie ihnen, dass sie nun fünf Sekunden lang so viel Lärm machen sollen, wie sie können. Aber nach diesen fünf Sekunden, wenn Sie die Hand heben, müssen alle sofort völlig ruhig sein. Sie werden die Zeit stoppen, wie lange es dauert, bis alle reagieren. Wiederholen Sie das Spiel einige Male und Sie werden sehen, dass sich die Gewohnheit, sofort ruhig zu sein, wenn Sie die Hand heben, einigermaßen verfestigt. Dieses Spiel ist zwar effektiv, Sie sollten aber dennoch Ihre Kollegen in den Nebenzimmern vorwarnen.

6. Die Spieluhr

Kaufen Sie eine billige Spieluhr und ziehen Sie diese zu Beginn des Unterrichts vor den Schülern auf. Sagen Sie ihnen, dass Sie die Spieluhr öffnen und die Musik spielen lassen, sobald die Klasse zu laut ist oder Sie ihre Aufmerksamkeit wollen. Die Musik wird so lange spielen, bis alle ruhig sind. Wenn am Ende des Unterrichts in der Spieluhr noch Musik übrig ist, hat sich die Klasse eine Belohnung verdient.

7. Hände hoch!

Erklären Sie der Klasse: *„Wenn ich das nächste Mal möchte, dass alle ruhig sind, strecke ich meine Hand in die Luft. Wer von euch als Letzter die Hand nach oben streckt und ruhig ist, … (z. B.: … sitzt für zehn Minuten ganz vorn, … dessen Name wird an die Tafel geschrieben).“* Sie können noch hinzufügen: *„Wenn jemand die Hand nach oben streckt, aber weiterredet, finde ich das noch respektloser. Er muss dann in der Pause bei mir im Zimmer bleiben.“*

8. Ich werfe ein Auge auf dich

Ein Beutel mit Wackelaugen aus Plastik lässt sich für kleines Geld im Bastelladen besorgen. Die Augen bewegen sich, sie schauen verrückt aus und Ihren Schülern werden Sie gefallen! Drücken Sie Ihre ermahnenden Botschaften mit Augen aus:

- Ein Auge auf dem Tisch = Ich werfe ein Auge auf dich.
- Zwei Augen = Meine beiden Augen sind auf dich gerichtet – sei vorsichtig!
- Drei Augen = Das hat eine Konsequenz.

Natürlich spielen die Schüler gern mit den Augen herum, besonders in der Gruppe. Eine laminierte Tabelle mit den Namen der jeweiligen Gruppe und Platz zum Anbringen der Augen funktioniert aber genauso.

9. Pst, ihr weckt das Baby auf!

Das ist eine Idee für sehr junge Schüler. Legen Sie eine Babypuppe in eine Ecke des Zimmers. Ernennen Sie einen „Lärmpegel-Überwacher“, der, wann immer es zu laut wird, die Puppe aufhebt und vor die Klasse tritt: *„Pst, ihr weckt das Baby auf!“*

10. Stoppuhr

Sobald die Schüler zu reden anfangen, drücken Sie auf die Stoppuhr. Schreiben Sie gleichzeitig die betreffenden Namen an die Tafel und machen Sie einen Strich dahinter. Beim nächsten Tuscheln machen Sie wieder einen Strich hinter den Namen. Am Ende der Stunde lesen Sie die Zeit von der Stoppuhr ab, die durch Tuscheln verschwendet wurde, und behalten diejenigen mit drei Strichen für diese Zeit in der Pause bei sich im Zimmer. Wenn jemand vier Striche hat, muss er mit einer Konsequenz rechnen.

11. Singende Pferde

Das ist zwar eine lustige Idee, aber sie wird nicht mit allen Klassen funktionieren und sie hat nur eine gewisse Haltbarkeitsdauer. Wenn Sie „singende Pferde" bei Google eintippen, finden Sie eine Animation, die auf ein interaktives Whiteboard übertragen werden kann. Wenn Sie auf die Pferde klicken, beginnen sie zu singen. Sie können zu Beginn des Unterrichts alle vier Pferde singen lassen, während sich die Schüler bereit machen. Lassen Sie dann die Pferde nacheinander verstummen. Wenn dann das letzte Pferd still ist, sollten auch alle Schüler ruhig sein. Wer danach noch redet, hat mit einer Konsequenz zu rechnen, zum Beispiel für fünf Minuten ganz vorn sitzen.

12. Rhythmus und Bewegung

Beispiel 1: Machen Sie die Schüler auf sich aufmerksam, indem Sie rufen: *„Hände an den Kopf, Hände an die Hüften, Hände an die Schultern, Finger auf den Mund."* Wiederholen Sie dann die Aufforderungen zusammen mit den Schülern, die die Bewegungen mitmachen.

Beispiel 2: Rufen Sie: *„Eins, zwei, drei … alle Augen auf mich."* Die Schüler antworten im Chor: *„Eins, zwei … die Augen sind bei Ihnen."*

Beispiel 3: Rufen Sie: *„Wenn ihr mich hören könnt, dann klatscht in die Hände."* Diejenigen, die Sie nicht hören, werden innehalten und schauen, warum die anderen Schüler klatschen. Wenn der Lärm weitergeht, können Sie zu weiteren Bewegungen auffordern, zum Beispiel: *„Wenn ihr mich hören könnt, dann schnippst mit den Fingern, rümpft die Nase …"*

13. Jawoll!

Sie kennen sicher aus Kriegsfilmen Szenen, in denen Rekruten gedrillt werden. Die Kommandos und die zackigen Antworten werden ziemlich lautstark ausgestoßen. Wenn Sie also auf diese Idee zurückgreifen, sollten Sie eventuell die Kollegen in den Nachbarzimmern vorwarnen.

Lehrer: *Wenn ich will, dass ihr mir zuhört, dann sage ich nur ein Wort. Und dieses Wort lautet: STILLGESCHWIEGEN! Und ihr antwortet mit der ganzen Kraft eurer Stimme: „Jawoll, Herr Lehrer!"* (Sie äußern diese Anweisung natürlich in Ihrem besten Kasernenhof-Ton.)

Schüler: *Na gut.*

Lehrer: *STILLGESCHWIEGEN!*

Schüler: *Jawoll, Herr Lehrer (oder Frau Lehrerin)!*

14. Stehplatz für alle
Beim ersten Anzeichen von Tuscheln oder Gemurmel unterbrechen Sie kurz und sagen: *„Alle aufstehen, bitte!"* Fordern Sie die Schüler auf, sich hinter ihre Stühle zu stellen. Dann fahren Sie mit dem Unterricht fort.

15. Belohnung für die Ruhigen
Loben Sie die ruhigen Schüler im Laufe des Unterrichts immer wieder. Machen Sie eine Liste der Betreffenden, die dann etwas früher gehen dürfen. Machen Sie nicht viel Aufhebens darüber, lassen Sie sie einfach gehen, während ihre Mitschüler noch für ein oder zwei Minuten dableiben müssen. Eine Sanktion muss nicht unbedingt streng sein, damit sie wirkt. Noch zwei Minuten hinter der Schulbank aushalten zu müssen, während die anderen schon auf dem Weg zur Bushaltestelle sind, kann für manche Schüler sehr bitter sein. Aber gutes Verhalten wird eben belohnt. Bis Ihre Botschaft ankommt, werden Sie dieses Verfahren nur einige Male anwenden müssen.

16. Die Uhr läuft nicht weiter
Schreiben Sie an die Tafel: *„Diese Unterrichtsstunde dauert 45 Minuten. Und ihr werdet diesen Raum nicht verlassen, bis ihr 45 Minuten meines wunderbaren Unterrichts genossen habt. Ich halte die Uhr an,*

wann immer ihr den Unterricht aufhaltet. Die verlorene Zeit wird am Ende wieder hinzugefügt." Starten Sie also die Uhr, wenn alle ruhig sind. Aber halten Sie die Uhr an, sobald die Schüler stören.

17. Flüsterton

Wenn der Lärmpegel im Raum außer Kontrolle zu geraten scheint, dann flüstern Sie etwas in dem Sinne: *„Wenn ihr mich hören könnt, dann hebt die Hand und ihr bekommt fünf Freiminuten am Ende der Stunde."* Jeder Schüler, der die frohe Botschaft hört, bekommt diese Belohnung. Die anderen aber, die Sie nicht hören, bleiben grün vor Neid zurück.

18. B-R-I-L-L-A-N-T

Erinnern Sie sich? Es ist besser, sich auf gutes Verhalten zu konzentrieren als auf schlechtes. Sagen Sie den Schülern zu Beginn des Unterrichts, dass sie jedes Mal, wenn sie aufmerksam zuhören, bei der Sache bleiben usw., einen Buchstaben des Wortes BRILLANT bekommen. Dieser Buchstabe wird an die Tafel geschrieben. Wenn die Schüler am Ende des Unterrichts alle Buchstaben komplett haben, bekommt die Klasse eine Belohnung.

19. Der geheime Geheimagent

Diese Aktivität ist eine großartige Idee, um die Teilnahme am Unterricht und das Zusammengehörigkeitsgefühl zu fördern. Und das funktioniert folgendermaßen:

* Jeder Schüler erhält beim Betreten des Klassenzimmers ein Geheimagenten-Kärtchen. Das weckt natürlich sofort die Neugier, was für Sie den Vorteil hat, dass die Schüler ruhig sind und Ihnen zuhören. Verkünden Sie: *„Sobald alle ruhig sind, werde ich euch erklären, wofür die Kärtchen gut sind."*
* Lassen Sie die Schüler ihren Namen auf die Kärtchen schreiben und erklären Sie ihnen, dass einer nach dem Zufallsprinzip als Geheimagent ausgewählt wird. Dazu können Sie alle Kärtchen in einen Hut stecken und die Sache noch etwas spannender machen. Um Zeit zu sparen, können Sie auch einen Namen aus der Klassenliste auswählen.

* Kein Schüler darf aber wissen, wer der Geheimagent ist, – nicht einmal der Geheimagent selbst. Teilen Sie den Schülern nur mit, dass es eine Belohnung für die ganze Klasse geben wird, wenn sich der Geheimagent während des Unterrichts gut verhält. Sie können diese Bedingung noch präzisieren, indem Sie ein bestimmtes Verhalten oder ein Lernziel vorgeben.

Weil keiner weiß, wer der Geheimagent ist, werden sich gewöhnlich alle Schüler mehr anstrengen, das vorgegebene Ziel zu erreichen. Das ist das Schöne an dieser Idee! Und wenn der betreffende Schüler den Unterricht aus irgendeinem Grund doch nicht so gut hinbekommt, ist er nicht für den Rest der Klasse verantwortlich. Dieses kleine Spiel ermuntert also nicht nur zu gutem Verhalten und Mitarbeit, sondern stärkt auch die Teamarbeit und den Zusammenhalt in der Klasse.

20. DJ

Lassen Sie eine nette, entspannende Hintergrundmusik laufen – es ist erstaunlich, wie viele Schüler immer wieder klassische Musik hören wollen, nachdem sie sie einige Male genossen haben. Machen Sie die Musik aus, wenn Sie die Aufmerksamkeit der Schüler wollen oder das Ende einer Arbeitsphase bzw. den Übergang zum nächsten Punkt signalisieren wollen.

21. Ankerplatz

Anker können bestimmte Stellen im Zimmer, Musikstücke, Körperhaltungen oder Requisiten wie verrückte Hüte sein. Mit ihnen lassen sich verschiedene Vorgänge im Unterricht automatisieren. Es kann ein bisschen dauern, bis ein Ankerplatz eingeführt ist, aber dann wirkt er bei schwierigen Klassen wortwörtlich Wunder. Hier nun ein Beispiel, wie Sie eine bestimmte Stelle im Zimmer als Ankerplatz verwenden können, um die Aufmerksamkeit der Schüler zu erlangen:

* Wählen Sie eine Stelle aus, an der Sie von allen Schülern gesehen werden können. Erklären Sie der Klasse dann, dass sie sofort mit dem Reden aufhören und ruhig dasitzen soll, sobald Sie an dieser Stelle stehen.

* Machen Sie aus einigen Probedurchgängen ein Spiel: Lassen Sie die Schüler reden, während Sie im Klassenzimmer herumgehen. Dann gehen Sie auf die markierte Stelle zu. Blicken Sie auf die

Schüler und geben Sie zu erkennen, dass Sie die Markierung gleich erreicht haben. Und schließlich hüpfen Sie mit einem Lächeln auf diese Stelle. Wiederholen Sie das einige Male. Dann müsste die Sache mit dem Ankerplatz allen klar sein. Von nun an sollte es so sein, dass Sie nur noch in Richtung der markierten Stelle zu gehen brauchen und die Schüler hören auf zu reden, um gespannt Ihren Worten zu lauschen.

* Gegen Ende der Stunde können Sie zum letzten Mal auf den Ankerplatz springen und den Schülern folgende Mitteilung machen: *„Weil ihr alle gut mitgearbeitet habt, könnt ihr heute zwei Minuten früher gehen."*

22. Scherz-Silbe

Erklären Sie den Schülern: *„Sobald ich eine bestimmte Silbe oder ein Wort in die Klasse rufe oder singe, antwortet ihr mir alle einstimmig im Chor. Wenn ich zum Beispiel ‚Daaa da da da' rufe, antwortet ihr mit ‚Daaaaaaa!'"*

Das Schöne an dieser Methode ist, dass die Schüler eine Menge Lärm machen dürfen. Zudem ist sie sehr effektiv, wenn Sie schnell die Aufmerksamkeit aller gewinnen wollen, ohne auf Konfrontationskurs zu gehen.

23. Teams

Teilen Sie Ihre Klasse in Tischgruppen auf. Die Gruppen können sich für ihr Team einen Namen ausdenken, vielleicht auch ein eigenes Logo oder ein Abzeichen an der Kleidung. Dadurch können Sie Zusammenarbeit und Zusammenhalt stärken. Bringen Sie an der Wand eine Punktetabelle an und zählen Sie die Punkte mit, wann immer Sie um Ruhe oder Aufmerksamkeit bitten. Wenn ein Team noch redet, wenn die anderen bereits still sind, verliert es einen Punkt. Der Teamgeist, ein gewisser Gruppenzwang und das Wettkampfelement sorgen dafür, dass diese Methode bei eher umgänglichen Klassen recht gut funktioniert.

ZZZ

13 Der Umgang mit Problemen

Trotz Ihrer besten Absichten wird es in jeder Unterrichtsstunde gerade bei lauten Klassen Probleme geben, egal wie sorgfältig Sie sich zuvor um die Umsetzung präventiver Strategien bemüht haben. In diesem Kapitel wird es nun darum gehen, wie Sie mit den Problemen umgehen können, mit denen Sie wohl am häufigsten konfrontiert werden. Sie werden feststellen, dass einige Ideen schon vorher in diesem Buch erwähnt wurden. Ich hoffe, dass Sie durch die Wiederholung erkennen werden, wie Sie diese Ideen bei speziellen Herausforderungen in die Tat umsetzen können.

Der Umgang mit Schülern, die im Unterricht nicht mitarbeiten wollen

Wenn Schüler nicht mit einer Aufgabe anfangen wollen oder ihr Eifer während des Unterrichts stark nachlässt, liegt es wahrscheinlich an einem oder mehreren der folgenden Gründe:

- Sie werden von anderen Schülern oder durch äußere Störungen abgelenkt.
- Sie haben das Interesse an einer Aufgabe verloren, weil sie zu einfach oder zu monoton ist.
- Sie sind frustriert, weil eine Aufgabe zu schwierig ist. Wenn Schüler keine Aussicht auf Erfolg erkennen, werden sie bald abschalten. Erinnern Sie sich, wie wichtig es ist, die Schüler zu befähigen?
- Mit ihren Schulsachen ist etwas nicht in Ordnung, wodurch ihre Konzentration gestört und der „Arbeitsmodus" unterbrochen wird.
- Etwas ist unbequem. Ist es im Zimmer zu heiß oder zu stickig? Ist es zu kalt? Liegt ein schlechter Geruch in der Luft?

* Sie bemerken, dass Mitschüler die ganze Aufmerksamkeit auf sich ziehen. Wenn Schüler sehen, dass der Lehrer anderen seine ganze Zeit widmet, könnten sich manche veranlasst sehen, einfach abzuschalten oder Unfug zu machen, um so zumindest negative Aufmerksamkeit zu bekommen.

Wie Sie sehen, gibt es sehr **unterschiedliche Gründe, warum Schüler im Unterricht nicht mitarbeiten** (und die Liste ist bei weitem nicht vollständig). Und dabei haben all diese Gründe eines gemeinsam: Durch gute Planung können Sie sie abmildern und ihnen vorbeugen. Wie und was können Sie also vorausplanen, damit Schüler während des Unterrichts die Motivation zur Mitarbeit nicht verlieren?

Methode

Minimieren Sie Störungen und bereiten Sie sich darauf vor

Störungen gibt es in vielfältiger Form. Manche sind vermeidbar, manche nicht. Aber Sie haben Möglichkeiten, die Häufigkeit des Auftretens zu reduzieren und die Auswirkungen zu minimieren. Nachstehend erfahren Sie, wie Sie mit einigen häufig vorkommenden Störungen umgehen können.

Pupsende Schüler

Jungen sind Jungen und manche von ihnen scheinen eine große Freude daran zu haben, ihre Winde durch das Klassenzimmer wehen zu lassen. Zur Steigerung des komödiantischen Effekts geschieht es gewöhnlich dann, wenn es gerade ganz still im Raum ist. Sie können natürlich nicht kontrollieren, was der Betreffende zuvor gegessen hat. Aber Sie können die Chance des Vorkommens reduzieren, indem Sie allen Schülern genügend Aufmerksamkeit schenken. Dann spüren sie nicht mehr so stark das Bedürfnis, eine Störung verursachen zu müssen. Zudem sollten Sie einen guten Plan parat haben, wenn diese spezielle Form der Störung vorkommt. Eisenharte Konsequenzen sind der beste Weg.

Lehrer: *Tim, das macht man während des Unterrichts nicht. Nimm deine Sachen und setz dich ganz nach hinten. Wenn es* *nochmal vorkommt, musst du das Klassenzimmer verlassen* (oder in der Pause fünf Minuten im Zimmer bleiben, – je nachdem, welche Sanktion Sie vorgesehen haben).

***Tim:** Das war doch keine Absicht!*

***Lehrer:** Das kann sein, Tim. Aber wir müssen alle lernen, uns zu beherrschen. Geh jetzt bitte nach hinten.*

Wie bei jeder ähnlichen Auseinandersetzung besteht der Trick darin, dass Sie so emotionslos wie möglich bleiben, Sie sich auf keine Diskussionen einlassen und Sie tatsächlich *jedes Mal* einschreiten.

Wenn Sie nicht wissen, wer der Schuldige war, könnten Sie folgendermaßen reagieren: Öffnen Sie ein Fenster, zeigen Sie so wenig Verärgerung wie möglich und sagen Sie den Schülern, die überreagieren, sie sollen ruhig sein und nicht herumalbern. Am besten haben Sie eine Aktivität zur Hand, um die Konzentration auf den Unterricht wiederherzustellen.

Hinweis: Egal wie heftig der Protest ausfällt und der betreffende Schüler behauptet, er habe es nicht gewollt, ich gehe immer von einer Absicht aus und spreche die Sanktion aus. Wenn Sie nur einmal die Beteuerung des „Versehens" gelten lassen, haben eventuelle Nachahmer in Zukunft eine perfekte Ausrede.

Der Gang zur Toilette

In vielen Klassen ist der Gang zur Toilette eine gängige Arbeitsvermeidungsstrategie und Sie brauchen einen Plan, wie Sie damit umgehen können. Meine persönliche Ansicht ist, dass jeder 45 Minuten (die gewöhnliche Dauer einer Unterrichtsstunde) durchhalten kann. Und wenn Schüler es nicht können, müssen sie es lernen.
Es ist mir klar, dass auf einige Schüler aus gesundheitlichen Gründen besonders geachtet werden muss. Außer es liegt eine schriftliche Bestätigung der Eltern vor und/oder die Schule hat auf ein Problem aufmerksam gemacht, sollten alle Schüler aber gleich behandelt werden. Die Schüler haben die Gelegenheit, vor einer Unterrichtsstunde

zur Toilette zu gehen, und das sollte auch reichen. Wenn Ihnen das zu streng erscheint, können Sie ja versuchen, zu einem Schüler nachsichtig zu sein, wenn er beteuert, dass er sich gleich in die Hose machen wird. Danach aber benötigen Sie einen Plan, wie Sie mit den nächsten fünf Schülern umgehen, die zehn Minuten später dasselbe Problem haben werden. Es ist besser, eine Regel zu haben und an ihr festzuhalten.

Wenn Sie besorgt sind, Schülern ihre Rechte zu verweigern und formelle Beschwerden von Seiten der Eltern zu bekommen, gibt es einige Alternativen: Sie könnten zum Beispiel „Toiletten-Pässe" ausgeben, die Anzahl der Toilettengänge pro Stunde und pro Schüler begrenzen, eine Liste führen oder einen Vermerk auf der Rückseite eines Heftes des Schülers machen. In jedem Fall sollten Sie dem Schüler eine bestimmte Zeit vorgeben, wann er wieder im Klassenzimmer sein muss. Das können Sie ins Heft oder auf dem Kärtchen, also dem „Pass", notieren. Der Schüler sollte diesen Vermerk mitnehmen, damit er ihn anderen Lehrern, die ihm auf dem Gang begegnen, zeigen und Missverständnisse vermeiden kann.

Andere Schüler
Probleme, die durch Mitschüler verursacht werden, lassen sich leicht lösen. Trennen Sie Schüler, die einander wahrscheinlich stören werden. Setzen Sie die lebhaftesten Schüler nach vorn, damit Sie sie besser im Auge behalten können. Halten Sie alternative Aufgaben bereit, damit sich diejenigen, die aus dem Tritt gekommen sind, wieder neu konzentrieren können.

Planen Sie für gelangweilte und frustrierte Schüler

Planen Sie einen häufigen Wechsel der Aufgaben ein (etwa alle 15–20 Minuten – bei leistungsschwächeren Klassen weniger). Denken Sie dabei auch an einen steigenden Schwierigkeitsgrad für die leistungsstärkeren Schüler und an einfachere Alternativen für die leistungsschwächeren. Bereiten Sie Aufgaben vor, welche die unterschiedlichen Lernstile berücksichtigen. Und lernen Sie Ihre Schüler kennen, damit Sie ihnen gezielt Aufgaben geben können, die schnell zu gegenseitigem Unterrichten von Lernpartnern und zu Klassengesprächen führen, was wiederum für Abwechslung sorgt. Denken Sie daran: Wenn Schüler erst einmal abgeschaltet haben, wird es sehr schwierig, sie wieder zum Mitmachen zu bewegen. Sie *müssen* also im Voraus planen und der Langeweile vorbeugen. Sobald Sie ein Warnsignal bemerken, sollten Sie schnell handeln, um die Schüler bei der Sache zu halten. Es ist dann an der Zeit, zu einer anderen Aktivität überzugehen, einen schnellen *Energizer* einzusetzen, die Schüler aufzumuntern oder ihnen Hilfe anzubieten.

Lassen Sie den Schülern Wahlmöglichkeiten, vermeiden Sie konfliktträchtige Kommandos

Begrenzte Wahlmöglichkeiten sind deshalb so sinnvoll, weil Sie den Schülern damit das Gefühl geben, eine gewisse Kontrolle über eine bestimmte Situation zu haben. Sie fühlen sich dann nicht in eine Entscheidung gezwungen. Alle Schüler, die einen mehr, die anderen weniger, haben ein Bedürfnis nach Autonomie. Sie hassen es, zu irgendetwas gezwungen zu werden. Und wenn sie nicht spüren, dass sie in einem gewissen Maße die Kontrolle haben, beginnen sie zu diskutieren.

Wenn Sie einem Schüler etwa sagen, er möge jetzt sofort zehn Fragen aus dem Buch beantworten, und Sie sich noch dazu mit finsterem Blick vor ihm aufbauen, wird er ziemlich sicher etwas finden, um eine Diskussion zu entfachen. Entweder sind es zu viele Fragen oder die ganze Sache ist einfach nur langweilig. Womöglich wird er Ihnen auch noch vorschlagen, Sie mögen ihn in Ruhe lassen und einen anderen schikanieren.

Einem solchen Schüler fällt es besonders vor seinen Freunden unglaublich schwer, nachzugeben. Je mehr Sie ihn also herumkommandieren, desto mehr verwickeln Sie sich in einen Machtkampf mit ihm. Geben Sie ihm aber eine begrenzte Wahlmöglichkeit, nehmen Sie die Spannung aus der Situation. Der Schüler kann dann guten Willen zeigen, ohne sein Gesicht zu verlieren. Mit anderen Worten: Sie versetzen ihn in die Lage, eine eigene Entscheidung zu treffen, und Sie befehlen ihm nicht, was er zu tun hat. Somit geben Sie auch die Verantwortung an den Schüler weiter. Hier nun einige Beispiele:

„Tim, willst du weiter bei deinen Freunden sitzen und ruhig mit deinen Aufgaben weitermachen? Oder willst du nach vorn kommen und neben mir still weiterarbeiten? Ich helfe jetzt Paul für eine Minute. Dann komme ich wieder zu dir und möchte hören, wie du dich entschieden hast."

„Tim, du kannst dieses Spiel nach den Regeln spielen oder du setzt dich woanders hin und erledigst einige schriftliche Aufgaben am Tisch ganz hinten. Es liegt an dir – es ist deine Entscheidung."

„Tim, du kannst dich vernünftig auf deinen Stuhl setzen, ohne zu schaukeln und mit allen vier Stuhlbeinen am Boden. Oder du kannst dich für zehn Minuten auf den Boden setzen, dort weiterarbeiten und darüber nachdenken, wie man sich richtig auf einen Stuhl setzt. Du hast die Wahl."

Der Umgang mit unangebrachten Bemerkungen

Es wird immer wieder Schüler geben, die Sie mit **unverschämten Fragen** zu Ihrer Person aus der Ruhe bringen wollen. Häufig geschieht das, wenn ein Lehrer zu Beginn eines Schuljahres eine neue Klasse übernimmt oder als Vertretung für einen Kollegen in eine Klasse kommt. Einem solchen Szenario sollten Sie schnell entgegenwirken, ansonsten könnten Sie die Kontrolle über eine Klasse verlieren.

- Warum kommen Sie zu spät?
- Waren Sie gestern Abend aus?
- Wo waren Sie?
- Trinken Sie?
- Waren Sie gestern Abend in der Kneipe?
- Kommen Sie deshalb zu spät?
- Mussten Sie kotzen?
- Weiß Ihre Frau davon?
- Haben Sie eine Frau?
- Ist sie hübsch? …

Mit solchen Fragen wollen Schüler Aufmerksamkeit erregen, den Unterricht aufhalten und vor ihren Freunden gut dastehen. Sie versuchen, die **Schwächen des Lehrers** herauszufinden, ihn in Verlegenheit und letztendlich in Rage zu bringen. Manchmal wollen sie den Lehrer vor ihren Kumpeln schockieren, um ihren Status zu demonstrieren oder ihr Ansehen zu erhöhen. Manchmal wollen sie auch nur die Lacher auf ihrer Seite haben. Und manchmal glauben sie, dass sie den Lehrer schon lange genug kennen, und erlauben sich dann übervertrauliche Fragen.

Auf den ersten Blick mögen solche Situationen harmlos erscheinen. Aber Sie sollten sie sehr schnell **unterbinden,** bevor Sie Ihnen aus der Hand gleiten. Wenn Sie auf die ersten Fragen eingehen, mischen sich immer mehr Schüler ein. Und dann werden die Fragen und Bemerkungen auch immer schlimmer, unsinniger, gröber und auch immer persönlicher, bis die Situation kaum noch zu kontrollieren ist. Schließlich bleibt im besten Fall ein verärgerter, in Verlegenheit gebrachter Lehrer zurück, viel an Respekt geht verloren, das Lehrer-Schüler-Verhältnis ist ramponiert und in der Klasse sitzen aufgewühlte Schüler. Einige bekommen Sanktionen zu spüren, was sie wiederum als äußerst ungerecht empfinden. All das ließe sich aber vermeiden.

Die Aufmerksamkeit der Schüler so schnell wie möglich auf etwas Anderes zu lenken, ist eine Möglichkeit, auf diese Art von Fragen zu reagieren. Die folgenden Methoden sind dazu bestens geeignet:

Methode

Lenken Sie die Aufmerksamkeit auf etwas Anderes

Erklären Sie in aller Ruhe, dass diese Art der Unterhaltung unangebracht ist und sofort aufzuhören hat
Sagen Sie zu dem betreffenden Schüler: *„Schluss damit! Diese Bemerkungen sind unangebracht. Du solltest zuerst nachdenken, bevor du solche Dinge zu einem Lehrer sagst."* Zeigen Sie dabei keine Emotionen und fahren Sie dann gleich mit dem Unterricht fort. Der Schüler sollte spüren, dass Sie ihn richtig abblitzen lassen. Lassen Sie sich auf kein Gespräch mit ihm ein und geben Sie auf weitere

Fragen oder Kommentare keine Antwort mehr. Sie sind auf diesen Schüler eingegangen und er verdient von Ihrer Seite keine weitere Aufmerksamkeit mehr.

Sorgen Sie für eine schnelle Ablenkung, zum Beispiel mit einer schnellen Demonstration, einem neuen Thema oder einem Spiel
Sagen Sie zur Klasse: *„Schaut bitte hierher. Das habe ich vorbereitet."* Oder: *„Also, für dieses Spiel braucht ihr einen blauen Stift und ein Blatt Papier ..."* Wieder geht es darum, sofort von der Frage abzulenken und die Konzentration auf etwas Anderes zu verlagern. Um schnell reagieren zu können und nicht erst in Nachdenken über eine passende Aktivität zu verfallen, sollten Sie interessante und motivierende Spiele oder Übungen parat haben.

Machen Sie vor aller Augen eine Notiz
Nehmen Sie Stift und Papier und erklären Sie: *„Ich schreibe mir deine Bemerkungen genau auf. Dann kann ich keinen Fehler machen, wenn ich andere Leute über dein Verhalten informiere."*

Der Umgang mit Beleidigungen und Beschimpfungen

Die Schüler müssen sich ganz genau darüber im Klaren sein, welche Konsequenzen es hat, wenn sie **Schimpfwörter** benutzen oder auf andere Weise verbal ausfällig werden. Wenn sich die Schulordnung dazu nicht äußert, dann stellen Sie Ihre eigenen Regeln auf.
Und halten Sie sich strikt daran! Auf diese Weise lernen die Schüler, dass sie bei Beleidigungen und Beschimpfungen nicht einfach davonkommen.

Die oft zitierte **Strategie, völlig ruhig zu bleiben,** kommt natürlich auch hier zur Anwendung. Egal wie grob eine Beleidigung ausfällt (Sie brauchen mir nicht zu erzählen, wie kreativ Schüler in dieser Richtung sein können), versuchen Sie, nicht die Fassung zu verlieren. Die vorgesehene Sanktion soll die Arbeit für Sie verrichten. Stellen Sie lediglich ganz ruhig fest: *„Du schuldest mir eine Minute Nachsitzen!"* (oder welche Sanktion auch immer Sie vorgesehen haben), machen Sie eine Notiz und fahren Sie mit dem Unterricht fort. Werden Sie dabei nicht lauter. Denn das könnte als die emotionale Reaktion gewertet werden, die der Schüler womöglich bei Ihnen auslösen wollte.

Werden Schimpfwörter von den Schülern fast schon gewohnheitsmäßig gebraucht, sollten Sie bei den **Sanktionen klein anfangen.** Das mag jetzt vielleicht unverständlich klingen, aber wenn alle zwei Minuten im Klassenzimmer dicke Luft herrscht, können Sie nicht bei jeder verbalen Ungehörigkeit mit der Höchststrafe aufwarten. Wenn Sie gleich mit Nachsitzen anfangen, beschneiden Sie Ihre Optionen für nachfolgende Vorkommnisse und Sie riskieren, dass die gesamte Klasse zum Nachsitzen antreten muss.

Vor einiger Zeit war ich an einer Einrichtung für Kinder und Jugendliche mit emotionalen Problemen und Verhaltensauffälligkeiten tätig und ich war erstaunt, wie großzügig einige Kollegen mit den verbalen Entgleisungen der Schüler in den Jahrgangsstufen 9 und 10 umgingen. Ich hatte zuvor an sehr streng geführten Einrichtungen gearbeitet und beschloss trotz der toleranten Einstellung meiner Kollegen, mich mit diesen Sprachgewohnheiten nicht abzufinden. Es hat einige Wochen gedauert, aber schließlich gab es in meiner Klasse keine Schimpfwörter mehr.

Das erreichte ich durch **strikte Konsequenz,** indem ich auf *jeden* Vorfall reagierte. Zudem arbeitete ich an einem starken Lehrer-Schüler-Verhältnis. Ich verbrachte nach dem Unterricht Zeit mit meinen Schülern, ich spielte mit ihnen Fußball und andere Spiele, ich half ihnen in der Mittagspause und nach der Schule bei ihren Aufgaben usw. Ich weiß, was Sie jetzt denken, und Sie haben Recht: Es war eine Menge an zusätzlicher Arbeit, aber das Ergebnis wiederum gab mir Recht. Ich musste nur noch sagen: *„Hallo, das wollen wir nicht mehr hören!“,* und der Betreffende entschuldigte sich sofort und stimmte mir zu. Die Schüler respektierten mich, weil sie wussten, dass ich mich um sie kümmerte und weil ich mir Zeit genommen hatte, sie kennenzulernen. Mit verbalen Ausfällen gab es keine Probleme mehr, obwohl diese Schüler zuvor die Gröbsten unter den Groben waren.

Methode

Strategien für den Umgang mit Schimpfwörtern

Führen Sie eine Diskussion mit den Schülern durch
Geben Sie den Schülern Gelegenheit, das Problem mit den groben Wörtern zu diskutieren und ihre eigenen Regeln aufzustellen. Sprechen Sie mit ihnen darüber, was sie selbst akzeptabel finden und was nicht und wie sie selbst mit „Missetätern" umgehen würden. Diskutieren Sie auch die folgenden Fragen:

- Wie kann man durch seine Sprechweise Respekt bzw. Respektlosigkeit und Wertschätzung bzw. Geringschätzung ausdrücken?
- Was sagt es über einen aus, wenn er eine grobe Sprache verwendet?
- Wie sollten wir miteinander sprechen und warum?
- Welchen Eindruck macht man auf andere, wenn man in der Öffentlichkeit schimpft und flucht, wenn man beispielsweise zusammen mit der Freundin oder dem Freund in einem Restaurant ist?
- Wollen wir von anderen so gesehen werden? Welche Vorteile oder Nachteile hat es, wenn andere eine negative Meinung von jemandem haben?

Lassen Sie sich nicht hineinziehen
Schüler könnten behaupten, dass es bei ihnen zuhause und unter Freunden ganz normal sei, Schimpfwörter und Kraftausdrücke zu gebrauchen. Antworten Sie darauf nur: *„Das mag sein. Aber im Klassenzimmer sprechen wir nicht so. Ich rede auch nicht auf diese Weise mit euch. Ich erwarte, dass eine solche Ausdrucksweise im Klassenzimmer unterbleibt. Habt ihr das verstanden? Danke."*

Erregen Sie kein großes Aufsehen
Denken Sie daran, dass ein Schüler durch den Gebrauch von Schimpfwörtern womöglich nur eine Reaktion provozieren will. Achten Sie darauf, dass die anderen Schüler beschäftigt sind, bevor Sie dem Betreffenden Ihr Missfallen zeigen. Nehmen Sie ihn beiseite und

kümmern Sie sich um ihn in ruhigem Ton und außer Hörweite seiner Mitschüler.

Führen Sie eine Schimpfwort-Kasse ein

Natürlich können Sie Ihren Schülern nicht das Taschengeld wegnehmen. Eine Beschneidung um Pluspunkte, Zeit oder Vergünstigungen ist aber genauso effektiv. Für jedes schlechte Wort werfen Sie eine Spielmünze oder einen Spielstein in Ihre Schimpfwort-Kasse. Wenn der vorher vereinbarte Grenzwert erreicht ist, treten entsprechende Sanktionen in Kraft.

Suchen Sie Unterstützung bei den Eltern

Versuchen Sie, die Eltern dazu zu bewegen, auch zuhause auf eine höfliche Ausdrucksweise zu achten und Schimpfwörter zu vermeiden. Erklären Sie ihnen, dass der Gebrauch von Schimpfwörtern und Kraftausdrücken im Unterricht problematisch ist und dass es in Zukunft für den Schüler ein noch größeres Problem werden kann, wenn ihm die Grenzen nicht aufgezeigt werden.

Der Umgang mit dem Klassenclown

Der Klassenclown ringt um Aufmerksamkeit. Seine klugen Bemerkungen, groben Kommentare, zotigen Gesten, seine originellen Widerreden und Witzeleien mögen vielleicht lustig sein (und leider sind manche Klassenclowns tatsächlich amüsant), aber oft ist sein Verhalten nur ein **Deckmantel,** unter dem er Frustration und Enttäuschung, ein geringes Selbstwertgefühl oder einen Mangel an Fähigkeiten und Kenntnissen verbirgt. Hier sind einige Vorschläge, wie Sie mit einem Klassenclown zurechtkommen können:

Methoden

Versichern Sie sich, dass dem Klassenclown das Ausmaß des Problems bewusst ist

Oft ist sich der Schüler des Problems, das von ihm ausgeht, gar nicht bewusst. Er glaubt, dass alles in Ordnung sei, wenn er das Gelächter von ein paar Mitschülern erntet. Erklären Sie ihm unter vier Augen, dass er in Wirklichkeit den größeren Teil der Klasse mit seinem Verhalten belästigt und – schlimmer noch – gegen sich aufbringen könnte. Sagen Sie dem Schüler, dass Sie eine Reihe Sanktionen vorgesehen haben. Sie würden diese aber nur mit der einzigen Absicht aussprechen, ihm dabei zu helfen, sein albernes und störendes Verhalten abzulegen.

Verdeutlichen Sie die Konsequenzen

Sorgen Sie dafür, dass der betreffende Schüler die Folgen kennt, wenn er weiterhin den Unterricht stört. Machen Sie ihm auch klar, dass es kein persönlicher Rachefeldzug gegen ihn ist. Aber es sei der einzige Weg, ihn daran zu erinnern, wie er sich im Unterricht zu verhalten hat und erfolgreich sein kann.

Zeigen Sie keine Emotionen, wenn Sie den Schüler zurechtweisen

Der Klassenclown sehnt sich nach Aufmerksamkeit. Gerade deshalb sollten Sie ihn auf keinen Fall damit belohnen, dass Sie „in die Luft gehen", – egal wie viele Knöpfe er bei Ihnen bereits gedrückt hat. Sprechen Sie stattdessen Sanktionen in aller Ruhe und ohne jegliche Aufregung aus, und zwar jedes Mal, wenn er unangemessen agiert. Gehen Sie auch nicht auf seine Proteste ein. Nehmen Sie dem Schüler einfach den Wind aus den Segeln: *„Ich habe dir gesagt, was passieren wird. Du hast dich entschieden. Wenn du mit mir sprechen willst, können wir das später machen. Komm nach dem Unterricht zu mir. Aber jetzt mach mit deinen Aufgaben weiter."* Danach beschäftigen Sie sich nicht weiter mit dem Schüler und wenden sich wieder dem Unterricht zu.

Denken Sie an die positive Alternative

Wie bereits gesagt: Der Klassenclown will Aufmerksamkeit. Also sollten Sie geradezu übereifrig darum bemüht sein, ihm Aufmerksamkeit zu schenken, – aber nur, wenn er etwas richtig und gut gemacht hat.

Loben ist eine sehr effektive Strategie. Sie sollten den Schüler mit so viel Aufmerksamkeit belohnen, wie Sie nur aufbringen können, wenn er ruhig ist und mitarbeitet. Werfen Sie dann Konfetti, lassen Sie eine Fanfare erklingen, springen Sie auf den Tisch und kreischen Sie vor Freude. Aber nur, wenn er es verdient! Wenn es Ihnen gelingt, bei unangemessenem Verhalten ruhig zu bleiben und überzogene Sanktionen zu vermeiden, andererseits aber richtigem Verhalten sofortige und ehrliche Aufmerksamkeit schenken, dann werden Sie sehen, dass Wunder manchmal gar nicht so lange auf sich warten lassen.

Der kreative Umgang mit Smartphone-Problemen

Regeln, die das Smartphone betreffen, können von Schule zu Schule variieren. Wie Sie nun mit dem Problem umgehen, hängt also vom **Standpunkt der Schule** ab. Wenn es bestimmte Regeln zur Smartphone-Nutzung und bei Nichtbeachtung für entsprechende Konsequenzen gibt, können Sie wie bei jedem anderen Verhaltensproblem vorgehen und sich strikt an die Schulordnung halten.

Smartphones können ein Riesenproblem werden, vor allem, wenn Schüler leidenschaftliche Nutzer sind. Dann kann es schwierig werden, die Regeln durchzusetzen. Vielleicht helfen Ihnen die folgenden vier Methoden weiter:

Methoden

Beugen Sie vor – es gibt keine dringenden Anrufe

Schüler werden immer wieder mit der Ausrede kommen, dass sie für dringende Anrufe von zuhause erreichbar sein müssen. Das mag sein – oder auch nicht. Wenn Sie eine kurze Nachricht nach Hause senden, die Telefonnummer der Schule mitteilen und versichern, dass jede Nachricht sofort an den Schüler weitergeleitet wird, dann entfällt jede Notwendigkeit, während des Unterrichts ein Smartphone zu benutzen.

Geben Sie Zeit für das Versenden von Textnachrichten

Zeit zum Verfassen und Lesen von Text-Nachrichten kann nur gewährt werden, wenn die Schule eine klare Regelung für die Verwendung von Smartphones hat. Wenn es eine Regel gibt, die den Gebrauch verbietet, können Sie dagegen natürlich nicht verstoßen. Wenn aber Ihnen die Sache überlassen ist und das Versenden von SMS im Unterricht zu einem größeren Problem wird, können Sie in Erwägung ziehen, den Schülern am Ende einer Unterrichtsstunde einige Minuten als spontane Belohnung zu gewähren, – wenn sie etwa eine Aufgabe vollständig erledigt haben.

Setzen Sie auf Gruppendruck

Treffen Sie mit Ihrer Klasse eine Vereinbarung: Die Schüler könnten beispielsweise früher nach Hause gehen, eine Extra-Pause bekommen oder eine Video-Show anschauen – aber sie verlieren jedes Mal fünf Minuten von diesen Privilegien, wenn im Unterricht ein Smartphone zu hören oder zu sehen ist. Jeder, der diese Regel bricht, wird sich bei seinen Mitschülern sehr unbeliebt machen.

Setzen Sie Smartphones als Lernhilfe ein

Grundsätzlich hat ein Smartphone eine Reihe nützlicher Tools, die sich im Unterricht verwenden lassen. Eine Klasse voller Smartphones bedeutet auch eine Klasse voller Taschenrechner, Stoppuhren und Kameras, welche ohne Erklärung eingesetzt werden können.

Das Versenden von Textnachrichten ist eine schnelle und einfache, von Schülern bevorzugte Form der Kommunikation. Wenn Sie regelmäßig Erinnerungen an die Schüler per Textnachricht versenden, kommt das bei ihnen besser an und wird von ihnen sicher als weniger „lästig" empfunden als eine Anweisung von Angesicht zu Angesicht. Warum also nicht die neuen Technologien nutzen, wenn Sie einen schwierigen Schüler zur Teilnahme motivieren oder einen schüchternen Schüler dazu ermutigen wollen?

Hier noch einige schnelle Ideen, wie die Schüler Smartphones als Hilfsmittel in Ihrem Unterricht verwenden können:

* die Stoppuhr-Funktion für Experimente verwenden
* den Aufbau und die Ergebnisse von Experimenten für Berichte fotografieren
* Texte oder am Whiteboard dargestellte Inhalte zum späteren Nachschlagen abfotografieren
* Materialien oder Nachrichten per Textnachricht oder E-Mail austauschen
* Erinnerungen des Lehrers über Textnachricht oder E-Mail erhalten
* kurze Filme mit der Videofunktion aufnehmen
* fremdsprachige Podcasts herunterladen und übersetzen
* über Podcasts versendete Fragen beantworten
* mit GPS Örtlichkeiten identifizieren
* per Textnachricht Informationen für eine Diskussion weitergeben
* per Textnachricht Fragen bei einem Quiz beantworten
* spontane Fragen an Schüler in der Klasse senden
* die wichtigsten Punkte zu einem Thema als Text- oder Sprachnachricht abspeichern (als Wiederholungsübung am Ende einer Unterrichtsstunde)
* die Weltherrschaft planen (passende Apps dafür gibt es im iTunes-Store)

Der Umgang mit Schülern, die ihre Hausaufgaben nicht erledigen

Es ist ein allgemeines Problem, Schüler dazu zu bewegen, ihre Hausaufgaben zu erledigen, – besonders, wenn es ihnen an Motivation mangelt. Falls sie schon in der Klasse nicht mitarbeiten, wo sie sich ja unter direkter Aufsicht befinden, werden sie zuhause sicher auch nichts machen.

Im Folgenden finden Sie sechs Möglichkeiten, wie Sie Schüler dazu bringen können, ihre Hausaufgaben zu machen, – und zwar ganz ohne Drohungen und Belohnungen:

Methoden

Achten Sie darauf, dass die Hausaufgaben wirklich interessant sind

Je ansprechendere Hausaufgaben Sie den Schülern aufgeben, desto wahrscheinlicher wird es, dass sie auch erledigt werden. Das klingt irgendwie logisch. Geben Sie also Hausaufgaben, die ausreichend herausfordernd sind, die Interesse wecken und die einen praktischen Wert haben. Wenn die Schüler keinen Sinn erkennen oder die Aufgaben zu langweilig oder zu einfach sind, haben sie keine Chance auf Beachtung angesichts der Konkurrenz durch Fernsehen, Computerspiele, Freunde und soziale Netzwerke. Wählen Sie Hausaufgaben, die den Schülern das Gefühl von Erfolg und Stolz ermöglichen. So werden sie auch in Zukunft zu „Wiederholungstätern".

Geben Sie lösbare Hausaufgaben auf

Eine ideale Hausaufgabe ist die Fortsetzung der Arbeit im Unterricht. Es ist besser, die Schüler wissen, was zu tun ist, als einen neuen Lernstoff aufzugeben. Die Schüler wollen genau Bescheid wissen, worauf sie hinarbeiten und wie das Ergebnis aussehen soll. Es hat keinen Sinn, ihnen Hausaufgaben über einen Stoff zu geben, von dem sie noch keine Ahnung haben, – solche Hausaufgaben werden ohnehin nicht erledigt.

Lassen Sie Wahlmöglichkeiten

Wenn sich die Schüler Aufgaben selbst aussuchen dürfen, kann das unheimlich motivierend wirken. Berücksichtigen Sie das also auch bei den Hausaufgaben, zum Beispiel: *„Wähle von den fünf Aufgaben drei aus."* Sie können den Schülern auch die Wahlfreiheit in den Methoden lassen, zum Beispiel: *„Erstelle eine Mind-Map, schreibe einen Bericht, suche Abbildungen oder Zeitungsartikel, um zu zeigen, dass ..."*

Geben Sie die Hausaufgaben schriftlich

Achten Sie immer darauf, dass die Schüler ihre Hausaufgaben notiert haben (eventuell mit den dazugehörigen Erklärungen), bevor sie das Klassenzimmer verlassen. Oder posten Sie die Aufgaben in einem Blog oder auf Ihrer Website, auf die alle Zugriff haben. Damit beugen Sie einer der beliebtesten Ausreden vor: *„Ich habe nicht gewusst, was wir machen sollen."* Zudem können Sie noch Hinweise geben, falls ein Schüler nicht weiterkommt.

Denken Sie an Teamarbeit

Schüler arbeiten gern zusammen. Es wäre also eine gute Idee, gelegentlich (oder regelmäßig, wenn es erfolgversprechend ist) als Hausaufgabe Projekte zu geben, die im Team erledigt werden können. Die individuelle Verantwortung der einzelnen Teammitglieder bringt einen besonderen Antrieb, die Aufgabe auch zu Ende zu bringen.

Beziehen Sie die Eltern mit ein

Wenn Sie selbst Kinder haben, wissen Sie sicher, wie viele Probleme Hausaufgaben zuhause verursachen können: Die Eltern schmeicheln, erinnern, drohen, strafen und bestechen, während die Kinder lügen, leugnen, versprechen, Ausreden erfinden und aufschieben. In vielen Familien bricht jeden Abend wegen dieses einzigen Problems der dritte Weltkrieg aus, während es in anderen Familien nicht der Rede wert ist.

Vielen Eltern, auch denen, die sonst nicht zur Zusammenarbeit tendieren, ist deshalb beim Thema Hausaufgaben Hilfe von der Schule willkommen, was im Gegenzug dazu führen kann, ihre Unterstützung zu gewinnen.

Wenn Sie Probleme damit haben, bei manchen Eltern Unterstützung zu finden, sollten Sie versuchen, sie zu überzeugen, dass Sie ihnen und ihren Kindern helfen und das Leben für alle einfacher machen wollen. Sie sollten den Eindruck vermeiden, dass es zu Ihrem Vorteil ist oder Sie nur die Ziele der Schule verfolgen. Es geht darum, den Kindern zu helfen, damit sie Fortschritte machen und erfolgreich sind. Sie sollten den Eltern verdeutlichen, dass nur ein klein wenig Unterstützung ihrerseits eine enorme Auswirkung auf den Fortschritt ihrer Kinder in der Schule hat, was in der Folge wiederum zur Verbesserung des häuslichen Klimas führt. Denn glücklichere Kinder bedeuten ein einfacheres Leben, weniger Streit, weniger Nachsitzen und weniger Benachrichtigungen, für ein ernstes Gespräch in die Schule kommen zu müssen.

Erklären Sie den Eltern zunächst, dass bei Hausaufgaben die Bemühungen von drei Seiten erforderlich sind – von der Schule, von den Schülern und eben von den Eltern. Jede Seite hängt von der Unterstützung der anderen beiden ab, wenn das System richtig funktionieren soll. Zeigen Sie den Eltern eine Übersicht über all die Hausaufgaben, die nicht gemacht wurden, und erklären Sie die nach der Schulordnung geltenden Regeln für nicht gemachte Hausaufgaben. Sie können hinzufügen, dass das für den betreffenden Schüler weder angenehm noch vorteilhaft ist. Nach Möglichkeit können Sie auch noch Statistiken über die Folgen nicht erledigter Hausaufgaben für die Gesamtnoten vorlegen.

Beschreiben Sie dann genauer, wie die Eltern helfen können, und nennen Sie auch Zeiten bzw. Tage, wann bestimmte Dinge geschehen sollten. Bei umfangreicheren Hausarbeiten werden die Eltern vielleicht einen Zeitplan brauchen, auf dem der zu erwartende Zeitaufwand für die einzelnen Arbeitsschritte und der Abgabetermin vermerkt sind. Wenn die Eltern einen bestimmten, regelmäßigen Zeitraum für die Aufgaben festlegen (z. B.: von 16:30 bis 17:30 Uhr), kann das dem Schüler helfen, seine Fähigkeit der Zeiteinteilung zu verbessern.

Raten Sie den Eltern, die Zeit für die Aufgaben früh genug am Tag festzusetzen, damit der Schüler noch fit ist und die Lieblingsserie im Fernsehen noch nicht begonnen hat. Die Idee dahinter ist, eine Routine bzw. eine Gewohnheit einzuführen, die sich nicht zu sehr mit der allabendlichen Unterhaltung überkreuzt. Ein weiterer Grund für die Festlegung auf einen frühen Zeitpunkt besteht darin, dass auch Konsequenzen ins Spiel gebracht werden können. Wenn nämlich die Hausaufgaben als letzter Tagespunkt anstehen und die lieben Kinder zuvor den ganzen Abend am Computer spielten oder vor dem

Fernseher saßen, welche Konsequenzen bzw. Sanktionen könnte es dann noch geben?

Die Eltern brauchen eine Liste mit den für die Hausaufgaben notwendigen Materialien. Manchmal wird von der Schule etwas zur Verfügung gestellt. Sie können den Eltern auch noch schriftliche Hinweise geben, besonders dann, wenn zu erwarten ist, dass die Aufgabe für den Schüler eine gewisse Herausforderung darstellt. Dann können die Eltern Hilfestellung leisten und Rat geben. Ich habe viele Eltern mit geringem Bildungsniveau kennengelernt, die über diese Möglichkeit sehr erfreut waren.

Schließlich kann es für die Eltern von Vorteil sein, wenn Sie ihnen einige Ratschläge zum Verhaltensmanagement in Bezug auf geeignete Konsequenzen geben, zum Beispiel das Smartphone einbehalten, die Zeit am Computer oder am Fernseher beschränken, das Taschengeld kürzen, – bis eben die Hausarbeit erledigt ist. Je einfacher Sie es den Eltern machen, desto größer sind die Chancen, dass sie sich einbeziehen lassen und mitarbeiten. Nach meiner Erfahrung freuen sich die Eltern darüber, wenn sie mit ihrem Kind wieder Zeit vernünftig verbringen. Es ist ja durchaus möglich, dass sie seit Langem nur sehr wenig ruhigen Umgang miteinander hatten. Auch die Schüler freuen sich über die vermehrte Aufmerksamkeit der Eltern und natürlich auch darüber, etwas zu leisten und zu schaffen.

Der Umgang mit Schülern, die ihre Sachen nicht mitbringen

Schüler, die nicht die richtigen Utensilien dabeihaben, sind eines dieser **scheinbar unbedeutenden Probleme,** die oft von Lehrern, die sich nur auf ernsthafte Herausforderungen konzentrieren wollen, unter den Teppich gekehrt werden. Wenn sich Klara und Chiara in den Haaren liegen, Leo genüsslich eine Zigarette raucht, Hannah den Lukas anspuckt, Kevin mit Büchern nach Tim wirft, weil Tim anzügliche Bemerkungen über eine Assistenzlehrerin macht, dann ist es eben fur die Lehrkraft eine einfache Übung, einem Max schnell einen Stift zu geben, wenn er sein Schreibzeug vergessen hat. Eine solche Lappalie ist dann keiner Aufregung wert. Oder?

Ein Grund, warum Sie doch wegen Max' Vergesslichkeit besorgt sein sollten, liegt darin, dass scheinbar so banale Dinge auch den am besten vorbereiten Lehrer aus dem Tritt bringen können, wenn sie außer Kontrolle geraten. Warum? Was auch immer Sie im Klassenzimmer zulassen, kann von den Schülern als **Ermunterung** verstanden werden. Denn jedes Mal, wenn Sie aus Ihren schwindenden Reserven einen Kugelschreiber aushändigen, bestärken Sie Ihre Schüler in dem Glauben, dass es völlig in Ordnung sei, ohne Schreibzeug zum Unterricht zu erscheinen. Über kurz oder lang wollen es dann alle so handhaben. Aus einem Kugelschreiber werden dann plötzlich 25 und Sie verbringen die Hälfte der Stunde damit, Kugelschreiber auszuteilen wie Bonbons. Letzten Endes stehen Sie mit ein paar zerkauten Kulis da und mit einer Klasse voller Schüler, die sich keinen Deut darum kümmern, ob sie vorbereitet in den Unterricht kommen oder nicht.

Im Endeffekt wollen Sie nichts weiter, als die **Zahl der Ausreden reduzieren,** mit denen die Schüler den Beginn der Arbeit hinauszögern können. Nennen wir es beim Namen: *„Kein Stift"* ist eine großartige Ausrede, um kein Wort zu Papier bringen zu müssen; *„Kein Lineal"* ist der passende Vorwand, um nichts ausmessen zu müssen und keine gerade Linie zeichnen zu können; *„Keine Farbstifte"* bedeutet, kein Bild anfertigen zu können; und ohne Zirkel ist es absolut unmöglich, Kreise zu zeichnen.

Je mehr Zeit Sie damit verbringen, irgendwelche Utensilien zu verteilen, zu holen und zu bringen und auf alle möglichen Sachen aufzupassen, desto stressiger wird der Unterricht, desto weniger Zeit bleibt Ihnen für die Schüler und desto abhängiger werden diese. Wollen wir also die Sache in den Griff bekommen und das Leben für alle einfacher machen. Nachfolgend finden Sie einige Strategien, wie Sie reagieren können, wenn Ihre Schüler mal wieder ihre Sachen nicht dabeihaben:

Methoden

Lassen Sie Bücher und Hefte nicht aus den Augen

Ich bin mir sicher, dass es eine mathematische Formel gibt, die den Zusammenhang zwischen dem allgemeinen Verhalten einer Klasse und dem Verschwinden von mit nach Hause genommenen Büchern erklärt. Aber vereinfachen wir die Sache: Bei einer schwierigen Klasse ist die Wahrscheinlichkeit einfach größer. Und das kann riesige Probleme verursachen.

Ich kann mich noch erinnern, dass ich während meiner Schulzeit selbst einen sehr leichtsinnigen Umgang mit meinen Heften pflegte, die ich mit nach Hause nehmen konnte. Sie schienen einfach zu verschwinden, sobald ich sie in meine Schultasche gepackt hatte. Und sie wurden auch nie mehr gesehen. In manchen Fächern musste ich fast jede Woche ein neues Heft anfangen. Am Ende eines Schuljahres müssen dann unzählige Hefte mit meinem Namen irgendwo in der Welt herumgelegen haben. Und in jedem waren vielleicht ganze drei Seiten beschrieben. Vielleicht passiert das nur (unorganisierten) Jungen, aber es ist ein Problem, das gelöst werden muss. Denn Sie wollen sicher nicht, dass es in jeder Stunde chaotisch zugeht, weil wieder von irgendeinem oder gleich mehreren Schülern ein neues Heft benötigt wird.

Auf der sicheren Seite wären Sie, wenn Sie keine Hefte mit nach Hause nehmen lassen und Sie diese stattdessen an einer bestimmten Stelle im Klassenzimmer aufbewahren. Ja, ich weiß, Sie geben Hausaufgaben auf. Aber es spricht nichts dagegen, dafür eigene Hefte, Schnellhefter oder Ordner anzulegen.

Nehmen Sie einen Schuh als Pfand, wenn Sie etwas verleihen

Diese Vorgehensweise hat mir vor Jahren ein Grundschullehrer auf einer Party empfohlen. Im Laufe der Jahre habe ich in sehr unterschiedlichen Klassen darauf zurückgegriffen. In diesem Buch finden Sie sicher Methoden, bei denen Sie sich nicht ganz wohlfühlen. Womöglich gehört auch diese dazu. Allein schon deshalb, weil es in einem warmen Klassenzimmer sehr dicke Luft geben kann, wenn die Hälfte der Schüler auf die Hälfte ihrer Fußbekleidung verzichten muss. Trotzdem ist es eine sichere Methode, damit Sie Ihre verliehenen Sachen am Ende des Tages auch wieder zurückbekommen. Weil ich gerade daran denke … Ich habe immer noch eine Sammlung linker „No-name"-Turnschuhe zuhause. Scheinbar dachten viele Schüler, dass ein nagelneuer HB-Bleistift ein guter Tausch gewesen sei.

Lassen Sie die Schüler untereinander Sachen ausleihen

Es ist sicher vorzuziehen, dass sich die Schüler gegenseitig Utensilien ausleihen, statt andauernd Dinge aus Ihren eigenen Beständen zu verteilen. Geben Sie den Schülern zu Beginn des Unterrichts ein wenig Zeit, sich bei anderen das Fehlende auszuleihen. Wenn sie aber anfangen, sich gegenseitig die Schuhe auszuziehen, sollten Sie Ihre Strategie ändern.

Gehen Sie die Sache positiv an

Wie bei jedem anderen Problem im Klassenzimmer gibt es auch hier zwei Ansätze: positives Verhalten belohnen, negatives Verhalten bestrafen. Statt sich auf diejenigen zu konzentrieren, die nicht alles dabeihaben, könnte es besser sein, die anderen mit kleinen Belohnungen zu bedenken, zum Beispiel mit grell verzierten Plastikkugelschreibern oder mit antiken „No-name"-Turnschuhen aus Ihrem Fundus.

Konzentrieren Sie sich auf das Verhalten, das Sie sehen wollen

Diese Methode ist mein persönlicher Favorit. Ich bin nämlich ein großer Fan von Methoden, die Selbstständigkeit fördern. Und je mehr Sie Ihre Schüler dazu bringen, verantwortungsbewusst zu agieren, desto einfacher wird Ihre Arbeit. Geben Sie Ihren Schülern eine Checkliste mit nach Hause, auf der alle Sachen notiert sind, die sie zum Unterricht mitbringen sollen. Erklären Sie ihnen dann, wie sie eine solche Checkliste verwenden können, zum Beispiel: *„Schaut am Vorabend auf diese Liste und überprüft, ob ihr alle Sachen in eure Schultasche gesteckt habt".*

Reden Sie mit den Eltern

Informieren Sie die Eltern, dass es große Probleme bereitet, wenn ihr Kind nicht die benötigten Sachen zum Unterricht mitbringt. Erklären Sie, dass sich das negativ auf die Lernfortschritte auswirkt und dass es sich um eine Fähigkeit handelt, die auch im späteren (Berufs-) Leben erforderlich sein wird. Sie können auch noch erwähnen, dass unorganisierte Jugendliche wenig Selbstständigkeit entwickeln und die Neigung haben, zuhause wohnen zu bleiben, bis sie weit über dreißig Jahre alt sind. Das lässt die Eltern gewöhnlich aufhorchen! Zeigen Sie ihnen die Checkliste und bitten Sie die Eltern darum, ihr Kind daran zu erinnern, diese Liste am Vorabend auch zu benutzen.

Stellen Sie eine Schachtel mit Utensilien bereit

Lassen Sie immer eine Schachtel mit Utensilien auf Ihrem Pult stehen. Sie können der Neigung der Schüler, geborgene Dinge zu behalten, zu vergessen, zu stibitzen etc., entgegenwirken, indem Sie die Utensilien deutlich markieren. Rosa Nagellack soll auf Jungen besonders abschreckend wirken.

Zählen Sie mit

Eine großartige Möglichkeit, Schüler mit den Auswirkungen ihrer Aktionen zu beeindrucken, besteht darin, ihnen ein klares Bild von der Bedeutung und den Ausmaßen eines Problems vor Augen zu halten. Ein Diagramm kann sowohl dem Lehrer als auch dem Schüler zeigen, wie oft der Betreffende schon etwas vergessen hat.

Außerdem wird dadurch ein bestimmter Ausgangspunkt gesetzt, von dem aus es nur noch besser werden kann. *„Tim, du hast in dieser Woche jeden Tag etwas vergessen. Wollen wir versuchen, dass du morgen doch noch einen Pluspunkt bekommst. Einverstanden?"*

Der Umgang mit Verspätungen

Wenn Sie mit der Filtermethode (→ siehe Seite 155) den Großteil einer Klasse bereits beruhigt haben, können zu spät kommende Schüler sehr störend wirken. Nachstehend finden Sie eine Auswahl an Methoden und kreativen Ideen, um dem Problem des Zuspätkommens vorzubeugen. Zusätzlich finden Sie noch einen Schritt-für-Schritt-Plan für den Umgang mit Nachzüglern:

Methoden

Führen Sie klare Regeln und Konsequenzen ein

Schüler, die zu spät zum Unterricht kommen, sind ein weit verbreitetes Problem, besonders, wenn sie älter werden. Sie können dem in vielerlei Hinsicht vorbeugen, wenn Sie klare und strikte Regeln einführen, die durch stahlharte Konsequenzen gestützt und unterstrichen werden. Die Schüler müssen genau wissen, was geschieht, wenn sie zu spät kommen. Und es muss ihnen klar sein, dass es jedes Mal zu Konsequenzen führt, ungeachtet der Güte der vorgebrachten Ausrede. Die Konsequenzen können Teil eines Stufenplans sein (→ siehe Seite 249) – von der zweiminütigen Nachbesprechung in der Pause über das Nachsitzen nach dem Unterricht bis hin zur Benachrichtigung der Eltern. Sie können aber auch etwas humorvoller sein. Beispielsweise könnten Sie Schüler, die beim Klingelzeichen nicht auf ihrem Platz sitzen, nach vorn zitieren und ein Lied vorsingen lassen. Das zaubert ein Lächeln auf alle Gesichter und der Unterricht kann in optimistischer Stimmung beginnen. Eine meiner Kolleginnen setzte auf diese Taktik. Wenn bei ihr zwei Schüler zu spät kamen, ließ sie die beiden im Duett auftreten. Manchmal hatte sie sogar einen ganzen Chor vorn stehen. Aber nach Einführung dieser Methode, so erzählt sie mir, war Unpünktlichkeit bald kein Problem mehr.

Belohnen Sie die Pünktlichen

Eigentlich machen Schüler gern etwas richtig und Pünktlichkeit ist etwas, das alle ganz unabhängig von ihren sonstigen Leistungen schaffen können. Pünktlichkeit sollte also wie alle anderen Fähigkeiten anerkannt werden. Diese Anerkennung kann ein mündliches oder schriftliches Lob sein, eine besondere Auszeichnung oder eine formellere Belohnung wie zum Beispiel freie Zeit.

Überraschung!

Pünktlichkeit und Anwesenheit können auf lustige Weise gefördert werden, wenn Sie nach dem Zufallsprinzip den Platz eines Schülers auswählen und unter seinem Stuhl oder Tisch einen Sticker anbringen. Der Schüler, der pünktlich kommt und den Sticker findet, darf sich einen kleinen Preis aussuchen. Wenn er aber zu spät oder gar nicht kommt, muss er eben auf diesen Preis verzichten.

Stufenplan für den Umgang mit Zuspätkommern

- Schenken Sie den Zuspätkommern so wenig Aufmerksamkeit wie möglich und stellen Sie lediglich fest, dass er zu spät kommt: *„Tim, du kommst zehn Minuten zu spät …“*
- Sorgen Sie dafür, dass der betreffende Schüler sich schnell an seinen Platz setzt und geben Sie ihm eine Beschäftigung, zum Beispiel den Rest einer Erklärung verfolgen, ein Arbeitsblatt oder eine schriftliche Aufgabe erledigen. Konzentrieren Sie sich auf die anderen Schüler.
- Fragen Sie in dieser Phase nicht nach dem Grund für das Zuspätkommen. Damit würden Sie den Verlauf der Stunde stören und die Aufmerksamkeit der Schüler dorthin lenken, wo Sie sie nicht haben wollen. Der Zuspätkommer wird in den Minuten nach dem Unterricht Gelegenheit bekommen, seine Entschuldigung vorzubringen. *„Setz dich bitte und mach mit* (nennen Sie die Aufgabe) *weiter – du kannst mir nachher erklären, warum du zu spät gekommen bist.“*

- Wenden Sie sich einzeln an Zuspätkommer, wenn alle anderen Schüler beschäftigt sind. Erst dann ist es Zeit für den nächsten Schritt – nämlich die Zuspätkommer in das Unterrichtsgeschehen einzubinden. Sie können ihnen als Gruppe das bisher Versäumte zusammenfassen und erklären. Oder, was besser ist, Sie setzen sie zu jeweils einem anderen Schüler, der ihnen in Partnerarbeit das bisher Durchgenommene oder eine Aufgabe erklärt.
- Unterbinden Sie die Fokussierung auf die Zuspätkommer und schenken Sie mit Lob positive Aufmerksamkeit denjenigen Schülern, die bereits mitarbeiten: *„Ausgezeichnet, ihr beiden – schön zu sehen, dass ihr vorankommt."*
- Machen Sie genaue Aufzeichnungen. Lassen Sie die Zuspätkommer ein Formular ausfüllen, auf dem der Zeitpunkt ihres Eintreffens und der Grund für die Verspätung vermerkt werden. Senden Sie eine Kopie zu ihnen nach Hause und weisen Sie darin auf die Konsequenzen hin, falls der Schüler weiterhin zu spät kommt.
- Wenn Schüler während der Verteilung von Arbeitsblättern abwesend sind, dann legen Sie die übrigen Kopien in Schnellheftern ab. Am Ende des Unterrichts versehen Sie die Hefter mit den Namen der abwesenden Schüler, damit ihnen die versäumten Aufgaben später zur Verfügung stehen.

Der Umgang mit wütenden Schülern – wie Sie Diskussionen und Streit entschärfen können

Nun folgen einige Methoden für den Umgang mit Schülern, die zu diskussionsfreudig oder aggressiv werden:

Methoden

Bleiben Sie distanziert und ruhig

Denken Sie daran, dass trotziges Verhalten oft nur ein Schrei nach Hilfe ist oder ein Versuch, die Angst vor dem Versagen zu überspielen. Niemand will vor anderen dumm dastehen. Der Streit mit einer Autoritätsperson kann eine sehr effektive Ablenkung sein und eine

Möglichkeit, sein Gesicht zu wahren. Wenn Sie ein Gespür für die Bedürfnisse Ihrer Schüler und für die Gründe hinter ihrem Verhalten haben, dann sinkt die Wahrscheinlichkeit, dass Sie etwas tun oder sagen, was eine Situation nur noch verschlimmert. Gehen Sie also nicht einfach davon aus, dass ein Schüler nur streitsüchtig ist. Denken Sie daran, dass sich sein Verhalten sehr wahrscheinlich nicht gegen Sie persönlich richtet. Versuchen Sie also, es auch nicht persönlich zu nehmen.

Nehmen Sie den Druck durch Zuschauer weg

Vor ihren Freunden oder Mitschülern werden manche Schüler versuchen, einen Vorfall auf die Spitze zu treiben. Sprechen Sie nach Möglichkeit mit dem Schüler allein oder verweisen Sie ihn auf einen späteren Zeitpunkt, um das Problem zu besprechen: *„Wir wollen jetzt nicht hier darüber sprechen – es könnte für uns beide unangenehm werden. Komm in der Mittagspause zu mir. Dann kannst du mir alles erklären, was dich so aufregt. Komm aber rechtzeitig, damit von deiner Pause noch etwas übrigbleibt."*

Lenken Sie die Aufmerksamkeit vom Problem ab

Wenn ein Schüler bei einer Auseinandersetzung immer weitermacht, dann lenken Sie seine Aufmerksamkeit von dem betreffenden Problem oder Vorfall ab. Jede Form der Ablenkung kann einer Situation die Brisanz nehmen und zu einer Abkühlung der Gemüter führen. Stellen Sie beispielsweise eine Frage, die mit der Sache nichts zu tun hat *(„Ich habe gehört, dass du in die erste Fußballmannschaft berufen wurdest. Stimmt das?").* Oder leiten Sie auf eine neue Aktivität oder ein neues Thema über *(„Komm, schau dir das mal an.").*

Ziemlich unbedarft habe ich einmal auf einen zornigen Teenager reagiert, der einem Tobsuchtsanfall nahe war, und ihn gefragt: *„Welche Farbe haben eigentlich deine Socken?"* Seine Gemütslage veränderte sich urplötzlich, sein Gesichtsausdruck mit vor Zorn weit aufgerissenen Augen wandelte sich zu äußerster Fassungslosigkeit. Er stand nur da, grübelte und starrte mich an. Dann kippte seine Stimmung und wir brachen beide in schallendes Gelächter aus. *„Welche Farbe haben deine Socken?"* Diese oder eine andere spontane Frage ist seitdem zu meiner Standardreaktion auf jeden hysterischen Anfall geworden.

Machen Sie gar nichts

Eine der besten Möglichkeiten, einen Streitwilligen zu stoppen und ihn zum Nachdenken über sein Verhalten zu bringen, besteht darin, jede Form der Reaktion zu verweigern. Sagen Sie nichts und machen Sie nichts. Schweigen ist in solchen Situationen ein sehr wirksames Mittel. Denn der Schüler erwartet eine Reaktion. Wenn er aber von Ihnen nur einen teilnahmslosen Blick und tiefes Schweigen erntet, geben Sie klar zu erkennen, dass Sie die Situation im Griff haben und sich in keine Auseinandersetzung verwickeln lassen.

Geben Sie nach

Erklären Sie einfach: *„Keiner von uns beiden will im Ernst, dass die Sache eskaliert. Ich lasse es damit bewenden. Wir können später darüber sprechen, wenn du willst."*

Schaffen Sie räumliche Distanz

Erklären Sie: *„Ich will nicht, dass du das Zimmer verlässt. Aber ich will genauso wenig, dass die Sache außer Kontrolle gerät. Wenn du es für besser hältst, das Klassenzimmer zu verlassen, damit du dich wieder beruhigst, dann verstehe ich das. Dort ist die Tür. Wenn du dich wieder gefangen hast, kannst du jederzeit zurückkommen."*

Lenken Sie ein

Es wirkt sehr entwaffnend, wenn Sie einem wütenden Schüler Recht geben und sich entschuldigen: *„Ich denke, du hast Recht. Vielleicht* *bin ich wirklich manchmal zu autoritär. Nimm meine Entschuldigung an. Dann können wir die Sache vergessen und weitermachen."*

Bitten Sie um Rat und Hilfe

Wenn Sie Schüler um Hilfe bitten, sind sie meist völlig überrascht und ihre negative Einstellung ändert sich meist sofort. Besser als mit allen anderen Methoden, die ich versucht habe, können Sie so die Situation mit einem wütenden Schüler entschärfen und ihn auf Ihre Seite ziehen. Tief in unserem Inneren hegen wir alle den Wunsch, von anderen Menschen gebraucht zu werden. Die Bitte um Hilfe ist der einfachste Weg, diesen ursprünglichen menschlichen Charakterzug anzusprechen:

„Tim, ich weiß, dass du dich gut mit technischen Geräten auskennst. Kannst du mir bitte dabei helfen, den AV-Receiver einzurichten? Danach können wir dann über deine Hausarbeit sprechen."

„Tim, ich habe ein kleines Problem. Mein Sohn hat Schwierigkeiten mit einem Lehrer an seiner Schule. Du erinnerst mich an ihn. Und ich bin beeindruckt, wie du es hinbekommen hast, dich in den letzten Monaten zum Positiven zu verändern. Hättest du einen Rat für mich, den ich an meinen Sohn weitergeben könnte?"

Wie Sie mit einer *unmöglichen* Klasse neu anfangen können

Wenn Sie den Punkt erreicht haben, an dem jede Unterrichtsstunde nur noch ein von Klingelzeichen zu Klingelzeichen **andauernder Kampf** ist, die Klasse nur noch gegen Sie arbeitet und das A-Team anderweitig Bösewichte zur Strecke bringt, ist es an der Zeit für eine einschneidende Aktion. Bei einer extrem schwierigen Klasse können sich Verhaltensweisen stark verfestigt haben. Die ganze Gruppe ist darauf eingestellt, mit dem Lehrer (und untereinander) zu streiten. Für die Schüler ist es zu einem Spiel geworden, jede Unterrichtsstunde zu „sprengen". Unter diesen Vorzeichen ist jede Unterrichtsstunde für den Lehrer ein Albtraum. Und jedem seiner Versuche, die Lage unter Kontrolle zu bringen, wird mit Hohn, Gelächter und Spott begegnet.

Eine Möglichkeit, diesen Teufelskreis zu durchbrechen, ist der **Rückgriff auf strengste Disziplin.** Bringen Sie die Klasse wieder aus dem Klassenzimmer und lassen Sie die Schüler nicht wieder hinein, bis alles unter Kontrolle ist. Halten Sie eine Reihe abgestufter Konsequenzen bereit und gehen Sie jedem Übeltäter nach. Das erfordert Vertrauen – nicht nur in sich selbst, sondern auch in die Organisation Ihrer Schule und in die vorgesehenen Hilfsangebote.

Ein **völliger Neuanfang** – eine *Tabula rasa* – ist ein alternativer Weg, um ein negatives Szenario zum Besseren zu wenden. Diese Methode habe ich schon oft erfolgreich angewandt. Aber es ist Vorsicht geboten. Sie brauchen ein gutes Gespür dafür, ob diese Methode bei einer bestimmten Klasse auch wirklich funktionieren kann. Nach Aufmerksamkeit ringende, kindische, alberne oder ganz allgemein schwierige Klassen werden auf die Methode wahrscheinlich ansprechen und schnell positiv darauf reagieren. Die sehr seltenen „rotzfrechen" Klassen aber (und sie sind wirklich sehr selten) werden alles daran setzen, dass Sie die Sitzung nicht zu Ende bringen. Wenn die Schüler damit Erfolg haben, dann versuchen Sie es kein zweites Mal – bei der *Tabula rasa* haben Sie nur einen Versuch frei.

Denken Sie daran, dass es oft die schwierigsten Klassen sind, welche die besten Gelegenheiten zu erzieherischen Maßnahmen bieten. Wenn Sie es schaffen, eine solche Gruppe schwieriger, aber auch sehr verletzlicher Schüler in die richtige Richtung umzudirigieren, wird dieser Erfolg eine der lohnendsten Erfahrungen in Ihrer Berufslaufbahn sein. Nachstehend beschreibe ich nun die Methode, wie Sie den **Teufelskreis durchbrechen** und eine Klasse auf Ihre Seite bringen können:

Methode

Tabula rasa

Schritt 1: Durchbrechen Sie die Routine

Als Erstes brauchen Sie einige Erfrischungen – einige günstige Tüten mit Keksen, dazu Fruchtsäfte und Plastikbecher sind das Minimum. Vielleicht lassen Sie etwas Musik im Hintergrund laufen (Musik nach dem Geschmack der Schüler, nicht nach Ihrem). Je mehr Sie diese Situation zu etwas Besonderem machen, desto besser. Die Gesundheitsbewussten werden vielleicht Obst, Nüsse, Weizengras und Walgesänge bevorzugen.

Verteilen Sie die Naschereien auf einem Tisch vorn im Zimmer und sagen Sie zu den Schülern etwas in der folgenden Art:

„Wir brauchen einen Neuanfang. Ich mache mir Sorgen, dass ihr alle zu viel verpasst. So können wir nicht weitermachen. Ich hoffe, ihr seid alle mit mir einer Meinung, dass wir bei einem kleinen Imbiss einen neuen Weg finden werden."

„Ich bin hier, um euch zu helfen. Aber ich kann euch nicht helfen, wenn wir die ganze Zeit Ärger miteinander haben. Und ich fühle mich schlecht dabei, wenn ich für einen Job bezahlt werde, den ich nicht richtig ausüben kann. Es ist nicht fair euch gegenüber, es ist nicht fair gegenüber euren Eltern und es ist nicht fair mir gegenüber."

„Keinem von uns nützt es, wenn wir so weitermachen wie bisher. Ich weiß, dass ihr alle tief in eurem Innern eigentlich das Beste in eurem Leben erreichen wollt. Und ich hoffe, dass wir in Zukunft vernünftig zusammenarbeiten können, damit ihr auch etwas Positives mitnehmen könnt von der Zeit, die wir zusammen verbringen."

Von dieser Methode sind die schwierigen Klassen völlig überrascht. Sie erwarten so etwas nicht und sie erkennen die Zeichen, dass Sie zu extremen Maßnahmen bereit sind. Das allein erregt schon Aufmerksamkeit und nötigt selbst den schwierigsten Schülern einen gewissen Respekt ab. Erklären Sie weiter, dass die Rückmeldungen und Meinungen der Schüler dazu dienen sollen, neue Regeln für das Klassenzimmer aufzustellen. Eine Kopie davon kann auch an die Eltern verschickt werden.

Schritt 2: Gruppendiskussion
Idealerweise sitzen die Schüler im Kreis. Ein Schüler führt Protokoll und schreibt alle Argumente, Antworten und Vorschläge auf, während Sie mit der Klasse die folgenden Fragen durcharbeiten:

* Was ist in Ordnung? Was gefällt euch an unseren Unterrichtsstunden?
* Was ist nicht in Ordnung? Was gefällt euch an unserem Unterricht nicht?
* Wie können wir als Klasse besser werden?
* Was wollt ihr öfter sehen? Welche Art von Aktivitäten bevorzugt ihr?
* Gibt es noch etwas, das wir ändern sollten?

Hinweis: Achten Sie vor Beginn der Diskussion darauf, dass die Gesprächsregeln allen Schülern bekannt sind. Nutzen Sie ein Poster zur Wiederholung und Visualisierung. Halten Sie abgestufte Konsequenzen für diejenigen Schüler bereit, die sich nicht an die Regeln halten. Beispiel:

Regeln für die Diskussion:
* Keine Beleidigungen.
* Wer sprechen will, hebt zuerst die Hand.
* Wer den Ball hat, hat auch das Wort. (Der Ball oder etwas Ähnliches wird an denjenigen weitergereicht, dem das Wort erteilt wird.)
* Hört dem Sprecher genau zu und unterbrecht ihn nicht. Jeder hat das Recht, angehört zu werden.
* Jeder behält Hände und Füße bei sich.

Konsequenzen:
* Stufe 1: Fünf Minuten Ausschluss aus der Diskussionsrunde, aber Verbleib im Klassenzimmer.
* Stufe 2: Für fünf Minuten das Klassenzimmer verlassen.
* Stufe 3: Vorübergehendes „Parken“ in einer anderen Klasse.

Gehen Sie die einzelnen Diskussionspunkte nicht zu schnell durch. Arbeiten Sie diese nacheinander ab und versuchen Sie, von den Schülern zu jedem Punkt so viele Rückmeldungen wie möglich zu erhalten. Der Frage, was den Schülern am Unterricht nicht gefällt, sollte beispielsweise genau nachgegangen werden, damit die Schüler alle für sie unerfreulichen Faktoren detailliert erklären können.

Mit ziemlicher Sicherheit werden Ihnen manche Schüler sagen, dass ihnen der Unterricht nicht gefällt, weil es viel zu laut ist. Tief in ihrem Innern wollen alle Schüler das Richtige machen. Das ermöglicht dann weitere Diskussionen über die Notwendigkeit von Regeln und Konsequenzen. Letztendlich können die Rückmeldungen der Schüler dazu dienen, neue Klassenregeln zu formulieren. Es ist also bei diesem Stand der Diskussion wesentlich, dass alle den Wert von Regeln erkennen.

Um dieses Thema genau zu durchleuchten, könnten Sie folgende Frage stellen: *„Was würde wohl in einem Klassenzimmer ohne Regeln geschehen?"* Oder Sie können einen Vergleich mit einem Fußballspiel oder dem Straßenverkehr anbringen: *„Was würde passieren, wenn es keinen Schiedsrichter und keine Regeln gäbe?", „Was würde geschehen, wenn es keine Ampeln und keine Verkehrszeichen gäbe?"*

Schritt 3: Schlussbesprechung
Fassen Sie nach der Diskussion die Rückmeldungen der Schüler auf einem Blatt zusammen, auf dem drei bis fünf neue Regeln stehen sollten (ausgehend von dem, was nach Ansicht der Schüler im Unterricht schiefläuft). Zudem sollte die Zusammenfassung eine Liste von Dingen enthalten, welche die Schüler von jetzt an in den Unterricht aufnehmen bzw. davon ausschließen wollen (z. B.: bestimmte Aktivitäten). Gehen Sie dann mit den Schülern die Zusammenfassung durch, um eventuell noch bestehende Streitpunkte zu bereinigen. Lassen Sie jeden Schüler eine Kopie unterschreiben. Es soll wie ein formeller Vertrag über das künftige Verhalten im Unterricht wirken.

Hausaufgaben
SPORT
1D

Hausaufgaben
1D

14 Schluss: Ende des Unterrichts

Nun kommen wir also zum Ende des Unterrichts. Sie haben Ihre Routinen parat und Sie haben die wesentlichen Elemente des *Classroom Managements* sowie die Methoden für den Umgang mit speziellen Problemen kennengelernt. Jetzt wissen Sie auch genau, was die Schüler als Nächstes tun sollen, – so schnell wie möglich aufräumen. Aber mit welcher **Anweisung** werden Sie wohl den besten Erfolg haben?

a) *„Alle herhören! Es klingelt gleich. Legt alles weg und macht euch bereit! Also los … schnell jetzt … räumt euer Zeug weg … Beeilung!"*

b) *„Alle mal bitte herhören! In fünf Minuten klingelt es. Es ist jetzt also Zeit zum Aufräumen. Ihr wisst, was zu tun ist."*

Nach Anweisung b) zeigt der Lehrer auf die ausgedruckte Routine, die an der vorderen Wand des Klassenzimmers für alle Schüler zu sehen ist.

Routine für das Ende des Unterrichts

1. Stellt alle Bücher ins Regal und legt die Hefte auf mein Pult.
2. Räumt alle Utensilien in die richtigen Schubladen und in den richtigen Schrank.
3. Räumt alles von euren Tischen weg und schaut still nach vorn.
4. Sobald ihr das Zeichen zum Verlassen des Zimmers bekommt, stellt ihr eure Stühle unter den Tisch und geht leise hinaus.
5. Wenn es die letzte Unterrichtsstunde des Tages ist, stellt ihr die Stühle auf den Tisch.

Unklare Anweisungen wie in Beispiel a) führen fast immer zu unerwünschtem Verhalten, weil die Schüler nicht genau wissen, was sie tun sollen. Sie wandern herum, stellen sich taub, tun so, als hätten sie die Klingel nicht gehört, und wissen natürlich auch nicht, wo sie die Utensilien hintun sollen. Was eigentlich eine einfache Übung sein sollte, verwandelt sich schnell in einen zeitraubenden Kampf, bei dem Sie Ihre Anweisungen wiederholen, zu schreien beginnen und mit einer Verzögerungstaktik nach der anderen zu tun haben.

Die Anweisung aus Beispiel b) funktioniert, weil der Lehrer bereits Zeit dafür aufgewendet hat, den Schülern die Routine für das Ende des Unterrichts beizubringen. Jetzt gibt es keinen Anlass mehr für Verwirrung oder Zeitverschwendung. Das Wiederholen von Anweisungen entfällt. Sie müssen sich keine Gedanken mehr machen, ob jeder Schüler alles verstanden hat. Und es sind auch keine Sondereinladungen mehr erforderlich. Jeder weiß genau, was zu tun ist. Und Sie können den ganzen Ablauf ohne großen Aufwand überblicken. Ihr Eingreifen ist nicht mehr erforderlich.

So, das wär's auch schon!

Hoffentlich fühlen Sie sich nun mit den Ideen und Methoden, die Sie im Laufe des Buches kennengelernt haben, als Herr der Lage und sind bereit für die nächste Unterrichtsstunde.

Liste der Methoden